Esther und Jerry Hicks

# The Law of Attraction – Liebe
# Das Gesetz der Anziehung in der Liebe

Esther & Jerry Hicks

# The Law of Attraction

## LIEBE

Das Gesetz der Anziehung
in der Liebe

Aus dem Amerikanischen
von Michael Nagula

Allegria

Titel der amerikanischen Originalausgabe:
THE VORTEX. WHERE THE LAW OF ATTRACTION ASSEMBLES
ALL COOPERATIVE RELATIONSHIPS
Erschienen 2009 beim Verlag Hay House, USA

Allegria ist ein Verlag der Ullstein Buchverlage GmbH
Herausgeber: Michael Görden

ISBN 978-3-7934-2180-1


Übersetzung: Michael Nagula
Lektorat: Marita Böhm
Umschlaggestaltung: FranklDesign, München
Titelabbildung: FranklDesign/www.leeladhar.com
Gesetzt aus der Palatino, Nimbus
Satz: Keller & Keller GbR
Druck und Bindearbeiten: Bercker, Kevelaer
Printed in Germany

# Widmung

Dieses Buch ist all jenen von euch gewidmet,
die in ihrem Wunsch nach Erleuchtung und Wohlbefinden
die Fragen gestellt haben, die dieses Buch beantwortet,
und den vier hinreißenden Kindern unserer Kinder,
die Beispiele dafür sind, was dieses Buch lehrt:
Laurel (fast 11), Kevin (8), Kate (7) und Luke (fast 4),
die noch keine Fragen stellen,
weil sie noch nicht vergessen haben.

Außerdem ist dieses Buch unseren Freunden
Louise Hay (Verlagsgründerin), Reid Tracy (Verlagsleiter),
Jill Kramer (Lektorin) und der gesamten Belegschaft von
Hay House gewidmet. Wir wissen sehr zu schätzen,
was sie getan haben und immer noch tun, um der
ganzen Welt die Lehren Abrahams zu bringen.

# Inhalt

*Teil II:*

*Partnerwahl und das Gesetz der Anziehung: Der perfekte Partner – wie man ihn bekommt, wie man einer ist und wie man ihn anzieht 105*

*Teil III:*

*Sexualität und das Gesetz der Anziehung: Sexualität, Sinnlichkeit und die Meinung anderer 143*

*Teil V:*

*Selbstschätzung und das Gesetz der Anziehung: Wertschätzung, der »magische« Schlüssel zu deinem Energiestrudel* 215

# Vorwort

## von Jerry Hicks

Sie sind im Begriff, sich dem Thema *Beziehungen* aus einer ganz anderen Sichtweise zu nähern, als Sie das bisher möglicherweise getan haben. Die Lehren in diesem Buch betreffen Aspekte unserer Beziehungen, die erheblich umfassender und tief greifender sind als die übliche Geschichte »des sicherheitsliebenden Mädchens, das den freiheitsliebenden Jungen trifft, die sich ineinander verlieben, zusammenziehen, arbeiten, um Geld zu verdienen und um sich Dinge leisten zu können, (in den meisten Fällen) Kinder bekommen, weiter ›Vollzeit‹ beschäftigt sind und ›Teilzeit‹ spielen dürfen, die sich üblicherweise bemühen, ihren Kindern eine Ausbildung angedeihen zu lassen, durch die sie in die vorherrschenden kulturellen und gesellschaftlichen Muster von Wortwahl, Verhalten und Überzeugungen hineinpassen, die auch ›politisch korrekt‹ sind … Und wenn sie nun lange genug leben, gehen sie von ihrer Vollzeittätigkeit in Rente – in der Hoffnung, nun Vollzeit ›spielen‹ zu dürfen – und ziehen dann weiter, um« … ja, was eigentlich zu machen?

Obwohl die Fragen und anschließenden Antworten in diesem Buch Sie sicher zu einem tieferen und sachdienlicheren Verständnis dieser typischen Familienbeziehungen führen werden, ist es hier unsere Absicht, Sie zu einer bewussteren Wahrnehmung der potenziellen Tiefe und Bandbreite des ausgedehnten Beziehungsnetzwerks zu führen, die auf einer sehr pragmatischen, alltäglichen Ebene Ihren wirbelnden Strudel natürlichen Wohlbefindens beeinflusst.

Diesen Lehren Abrahams (nicht des biblischen Abrahams und auch nicht des Präsidenten gleichen Vornamens) liegt eine profunde Vorstellung zugrunde: *Die Grundlage des Lebens ist Freiheit. Das Ergebnis des Lebens ist Entfaltung – und der Zweck des Lebens ist Freude.*

Und deshalb werden Sie, wenn Sie die Worte in diesem Buch an dem Leben messen, das sie bereits bewusst erfahren haben, diese Lehren als ein überwältigendes Gefühl von Klarheit wahrnehmen, während Sie Vorstellungen entdecken, durch die Sie bewusster die Beziehungen erschaffen können, die sich für Sie am besten anfühlen. *Einfach ausgedrückt: Hinsichtlich jeder Beziehung, in der Sie sich gerade befinden oder gerne befinden würden, werden die Lehren Abrahams hier dargeboten, um Sie dazu anzuleiten, mehr von dem zuzulassen, was Sie wollen, und weniger von dem, was Sie nicht wollen.*

Dies ist das dritte von vier geplanten Büchern in der *Law of Attraction*-Reihe. Das erste, *Law of Attraction – Das kosmische Gesetz hinter »The Secret«*, erschien ursprünglich 2006 in Buchform und schaffte es sehr schnell auf die Bestsellerliste der *New York Times.*[1] *Law of Attraction – Geld. Reich mit dem Gesetz der Anziehung*, das 2008 vorgelegt wurde, war das zweite, und *Spirituality, and the Law of Attraction*, das 2011 herauskommen soll, wird das abschließende Buch in der Reihe sein.

Das Material, das später den ersten Band unserer *Law of Attraction*-Reihe bilden sollte, erschien ursprünglich 1988 (vor mehr als zwanzig Jahren) als Teil von zwei Kassetten-Alben mit Speziellen Themen. Auf insgesamt zwanzig Tapes wurden für den Zuhörer Erkenntnisse eingeholt über das Verhältnis zwischen dem *Universellen Gesetz der Anziehung* und ihren Finanzen, Karrieren, körperlichen Befindlichkeiten und Be-

[1] *Ask and It Is Given* (*Wunscherfüllung. Die 22 Methoden*), unser erster *Amazon.com*-Bestseller, stammt aus dem Jahre 2004, und ihm folgten vier Abraham-Hicks-Bücher (alle im US-Verlag Hay House erschienen), die es rasch auf die Bestsellerliste der *New York Times* schafften: *The Amazing Power of Deliberate Intent*, 2005 (*Absicht und Erfolg*); *The Law of Attraction – The Basics*, 2006 (*The Law of Attraction – Das kosmische Gesetz hinter »The Secret«*); *The Astonishing Power of Emotions*, 2007 (*Wie unsere Gefühle die Realität erschaffen. Die Gesetze der Manifestation*); und dann wurde im August 2008 *Money, and the Law of Attraction* (*The Law of Attraction – Geld*) das erste Abraham-Hicks-Buch, das auf der Bestsellerliste der *New York Times* den ersten Platz belegte.

ziehungen … Unsere mehrere Hundert Fragen und Abrahams entsprechenden Antworten galten dabei zwanzig gängigen Themen, die es einem ermöglichen, seinen natürlichen Zustand des Wohlbefindens besser zuzulassen. (Wenn Sie sich gerne [kostenlos] eine dieser ursprünglichen Aufnahmen, die auch eine detaillierte Vorstellung Abrahams enthält, anhören möchten, nutzen Sie bitte auf unserer Webseite *www.abraham-hicks.com* die Möglichkeit, unsere siebzig Minuten lange *Introduction to Abraham* gratis herunterzuladen, oder bestellen Sie die CD-Version bei unserem Hauptbüro in San Antonio, Texas/USA.)

Als wir 2005 eines unserer *Law of Attraction*-Seminare auf einer Kreuzfahrt durchführten, wandte sich eine australische Fernsehproduzentin an uns. Sie wollte, dass wir ihr erlauben, auf der Grundlage der Lehren Abrahams eine australische TV-Serie zu entwickeln. Und als ein Ergebnis unserer vertraglichen Zusage brachte Rhonda 2005 ihr australisches Filmteam mit auf unsere *Law of Attraction*-Alaska-Kreuzfahrt und filmte rund vierzehn Stunden unseres Seminars. Auf diese Weise diente 2006 das Material unseres 1988 erschienenen Kassetten-Albums *The Law of Attraction* als Ausgangspunkt für die ursprüngliche Fassung des phänomenal erfolgreichen DVD-Films *The Secret* und des daraus entstandenen Buches.

In der überarbeiteten Fassung von *The Secret* tauchen Esther und ich nicht mehr auf. Wir sind nur in der ursprünglichen Fassung zu sehen, aber zwischen dem Erstvertrieb der Originalausgabe und dem Standardvertrieb der überarbeiteten »erweiterten« Fassung förderte *The Secret* nachhaltig die weltweite Verbreitung von Abrahams Lehren über das *Universelle Gesetz der Anziehung.* Und wir sind äußerst dankbar, dass Rhonda ihren Traum wahr machte, der Welt eine Vorstellung von Abrahams grundlegenden Konzepten des *Gesetzes der Anziehung* zu vermitteln. Dadurch hat sie nämlich in Millionen Zuschauern, die inzwischen die *Überzeugung* gewonnen haben, dass sie sehr wohl in der Lage sind, sich ein Leben zu erschaffen, mit dem sie sich besser fühlen, den *festen Glauben* daran und den *Wunsch* entstehen lassen … sodass sie jetzt darum *bitten.* (Und Abraham lehrt uns, dass die *Bitte* der erste Schritt im Schöpfungsprozess ist.) Als sie baten, wurde ihnen das, worum sie gebeten hatten, auch gegeben ... Ihr nächster Schritt wird nun darin bestehen, das, was ihnen gegeben wurde, für sich selbst *zuzulassen*.

Wenn Sie sich bereits wohl gefühlt hatten, als dieses Buch zu Ihnen kam, kann Ihr Leben, wenn Sie das hier enthaltene Material umsetzen, jetzt durch Ihre bewusste Absicht eine Richtung nehmen, durch die Sie sich noch besser fühlen. Wenn Sie sich aber gerade nicht so gut fühlen oder sogar glauben, dass Ihr Leben gar nicht schlechter werden könnte, können Sie hier Perspektiven erlernen, die dazu führen, dass Ihr Leben sich enorm verbessert ... Vielleicht gehören Sie auch zu den seltenen Personen, die durch das, was sie hier lesen, einen Paradigmenwechsel in ihrem Sein erleben, der sie irgendwie aus einem schon lange bestehenden Gefühl der Ohnmacht zu einer frischen und anhaltend erfreulichen Ausrichtung auf ihren natürlichen Zustand des Wohlbefindens bringt. Und wenn Sie diesen Zustand erreicht haben, werden Sie sich wie ein Magnet fühlen, der alles – und jede Beziehung – anzieht, zu dem Sie eine Schwingungsmäßige Entsprechung darstellen.

Ich habe immer behauptet, dass, wenn ein Buch, ein Vortrag oder jemandes Besuch mir nur *eine* praktische Idee zurücklässt, die ich umsetzen kann, es dann durchaus wert war, meine Zeit und mein Geld dafür aufzuwenden, denn eine einzige neue Sichtweise kann meinem Denken und damit meinem ganzen Leben eine neue Richtung geben. So sagte einmal ein befreundeter Geistlicher, Chet Castellaw, in den 1970er-Jahren zu mir: »Jerry, du wirst nie den Erfolg bekommen, von dem du sagst, dass du ihn willst.«

Ich fragte ihn: »Warum nicht?«

Und Chet antwortete: »Weil du erfolgreiche Menschen kritisierst.«

»Nun ja«, sagte ich, »weil sie lügen, betrügen und stehlen.«

Und Chet sagte zu mir: *»Du kannst sie dafür kritisieren, dass sie lügen, betrügen und stehlen, aber du kritisierst sie dafür, dass sie erfolgreich damit sind, zu lügen, zu betrügen und zu stehlen. Du kannst nicht den Erfolg kritisieren und selbst erfolgreich sein!«*

Da war es! Nur eine Idee, eine andere Sichtweise, die ich mir vor 38 Jahren sofort zu eigen machte, und sie rief eine Riesenwelle von, wie manche sagen würden, »zufälligen« Ereignissen hervor, die mich – voller Freude – dahin brachte, die Essenz von allem zu bekommen, was ich mir jemals wünschte, was ich tun oder haben wollte … Und unsere Absicht ist es nun, dass das vorliegende Buch Ihnen Ideen eingibt, die Sie zu neuen Denkmustern anregen, durch die Sie das anziehen, was *Ihnen* ausnahmslos alles bringen kann, was *Sie* sein, tun oder haben wollen.

In diesem Buch über *Liebe* und *Beziehungen* richten Abraham, die ein Kollektivwesen sind, das Licht ihrer Umfassenderen Perspektive auf die ganze Bandbreite *falscher Grundannahmen* (nach denen die meisten von uns leben) hinsichtlich unserer verschiedenen Beziehungen. Und wenn Sie zu den Abschnitten über falsche Grundannahmen kommen (»falsch«, gemessen an den *Naturgesetzen des Universums*), werden Sie, wenn Sie Abrahams Sichtweise auf Ihre persönliche Lebenserfahrung (wie nur Sie sie kennen) anwenden und dafür sorgen, dass Raum für Verbesserungen in Ihrem Leben ist, Gelegenheit haben, Ihr Leben zu verändern – ganz gleich, wie gut es auch gerade laufen mag – in jene Richtung, die Ihnen als eine Erfahrung erscheint, die sich für Sie besser anfühlt.

Hier sind ein paar Beispiele für falsche Grundannahmen, die ich viele Jahre lang mit mir herumtrug. Bitte beachten Sie, dass diese »falschen« Überzeugungen mir viel Unzufriedenheit einbrachten, aber was noch wichtiger ist, wie ein einfacher Perspektivenwechsel sofort zu einer beträchtlichen positiven Veränderung in meiner Lebenserfahrung führte.

Meine Mutter wurde als eingeschworene Nonkonformistin geboren. Auch ich wurde als beinharter Nonkonformist geboren. Mehr als dreißig Jahre lang versuchte meine Mutter, sogar recht gewaltsam, aus mir die Person zu machen, die sie haben wollte. Ich versuchte jedes Mal, wenn ich mit ihr zu tun hatte, sie vehement und nachhaltig dazu zu bringen, mich so zu behandeln, wie ich von ihr behandelt werden wollte. Außerdem war es mir immer ein wenig peinlich (obwohl ich auch irgendwie stolz darauf war), dass sie mich in der Öffentlichkeit so offensichtlich *nicht* unterstützte.

Und daher stritten wir uns mehr als dreißig Jahre lang bei jeder Begegnung! Doch dann, kurz nach dem Tod meines Vaters, nahm ich eine neue Einstellung an – es wurde mir schlagartig klar: Die »falsche«

Grundannahme, nach der wir beide all diese schrecklichen Jahre lang gehandelt hatten, lautete: »Wenn ich mich nur genug bemühe, kann ich aus einem geborenen Nonkonformisten einen Konformisten machen.« (Und wie soll das gehen? Es geht gar nicht!) Und so machte ich mir eine neue Einstellung zu eigen: »Da ich meine Mutter nicht kontrollieren kann – und meine Mutter mich nicht –, werde ich einfach weiter das entzückende unkontrollierbare Selbst sein, das ich bin, und ich werde es zulassen, dass meine Mutter meine unkontrollierbare Mutter ist… und da Fremde Mutters Eigenarten ja recht unterhaltsam finden (und nicht abstoßend), werde ich in ihrer Andersartigkeit nach der unterhaltsamen Seite suchen und sie auch finden…« Und seitdem leben wir glücklich und in Frieden miteinander!

Nach mehr als dreißig Jahren der Schläge, Abhängigkeit und Kämpfe… entschied ich mich, zu einer neuen Grundannahme zu wechseln (ich bat nicht *sie* darum, sich zu ändern), und in den folgenden vierzig Jahren gab es kein böses Wort mehr zwischen uns! Wenn ich es nicht selbst erlebt hätte, hätte ich es wahrscheinlich nicht für möglich gehalten – aber so war es.

Ich möchte dieses Vorwort mit einer weiteren Erfahrung mit einer persönlichen »Grundannahme« beschließen. Die Grundannahme von »Fülle« bei denen, mit denen ich in meiner Jugend Umgang hatte, lief darauf hinaus, dass derjenige, dem es gelang, arm zu bleiben, immer irgendwie durchkam, aber wenn wir es verpatzten und nicht mehr arm waren, dann – so glaubten wir – würden wir dermaßen fett werden, dass wir durch kein Nadelöhr mehr passen. (Oder so ähnlich – diese Geschichte hatte man uns in der Kirche beigebracht.) Eine andere Grundannahme, nach der meinesgleichen lebte, lautete: »Die Reichen werden reich, indem sie uns armen Leuten irgendwie Geld wegnehmen (oder es für sich behalten).« Wenn nach dieser Grundannahme eine reiche Person eine Luxuskarosse erwarb, dann ließ sie uns armen Gebrauchtwagen-Typen weniger Geld oder Luxus übrig. Und da ich nach dieser falschen Grundannahme handelte, war es mir nicht möglich, mich ohne Gewissensbisse dazu zu bringen, andere Menschen dadurch, dass ich mir ein Luxusfahrzeug leistete, potenziell zu verarmen.

Und dann dämmerte mir langsam das Konzept eines *Universums der niemals endenden Fülle* – ein weiterer simpler Gedanke, den ich übernahm und annahm und der mein Leben und das Leben derer, die ich durch mein Beispiel möglicherweise beeinflusst habe, auf dramatische Weise veränderte. Meine neue Grundannahme lautete: »Wenn ich mir mehrere Luxuskarossen kaufe, schaffe ich Jobs und sorge auf luxuriöse Weise für die Umverteilung von Geld. Anders ausgedrückt: Wenn ich ein teures Fahrzeug erwerbe, schaffe ich für Tausende von Menschen, die das Fahrzeug erst möglich gemacht haben, Arbeit und leite ihnen Geld zu. Manche von ihnen sind reich, manche sind auf dem Weg zum Reichtum, manche haben nicht vor, jemals reich zu werden, und manche glauben, dass Reichtum sie daran hindern wird, gerade so durchzukommen. Aber jeder Einzelne von ihnen hat die Möglichkeit, sein Niveau der Freude in gewisser Weise anzuheben. Und jeder Einzelne von ihnen hat irgendwie einen Nutzen davon, dass ich dieses Fahrzeug erwerbe: der Verkäufer von Luxuskarossen, das Büroteam, der Großhändler, der Einzelhändler, der Hersteller, der Aktionär (vielleicht), der Fließbandarbeiter, die Entwickler der Tausenden von Einzelteilen, die Designer des Lenkrads, der Radkappen, des Soundsystems … die Schürfer nach Eisenerz, die Zulieferer der Glas- und Plastikteile … die Hersteller von Farben und Reifen, die Fahrer der vielen Lkws, die Hersteller der Lkws. (Ups! Ich höre jetzt besser auf, bevor ich mich zu sehr hinreißen lasse.)

Aber ich bin sicher, Sie verstehen, worauf ich hinauswill. Sobald ich einmal die Grundannahme getroffen hatte, dass *sich alles für jeden fügt*, war es mir möglich, zuzulassen, dass die Schleusen zu meinem finanziellen Wohlstand sich (beinahe) weit für mich öffneten. Und nach dieser Entscheidung begann ich, mir einige Luxuskarossen zu kaufen, immer in dem Wissen, dass ich potenzielles Wohlbefinden an jeden weitergab, der dafür offen war, welches zu empfangen.

Und so sitze ich nun, während ich dieses Vorwort schreibe, an meinem Schreibtisch, und Esther arbeitet an ihrem Schreibtisch im hinteren Bereich unseres Zwei-Millionen-Dollar-Tourbusses – und ich denke oft daran, dass dieses Fahrzeug nicht nur uns, sondern auch Tausenden anderen, die an seiner Herstellung beteiligt waren und Geld damit verdienten, bereits ein gehöriges Maß an Freude bereitet hat.

Ich gebe Ihnen diese persönlichen Beispiele, um Sie die Langzeitwirkung spüren zu lassen, die es hat, wenn man nur eine einzige gute Idee annimmt, und den Wert für das eigene Handeln und das Walten unserer Bestimmung, wenn man eine falsche Grundannahme erkennt – und auflöst.

Dieses Buch über Liebe und Partnerschaft ist voller guter Ideen, die Ihnen zur Verfügung stehen, um sie in Ihre eigene Lebenserfahrung zu übernehmen. Und es geht auch auf zahlreiche falsche Grundannahmen ein, von denen jede Ihr Leben beherrschen könnte – und nun können Sie entscheiden, ob Sie sie auflösen und durch die Grundannahme ersetzen möchten, die Ihnen am besten dient.

Esther und mich freut es unbändig, mit Ihnen und mit Abraham an diesem Abenteuer als Mitschöpfer teilnehmen zu dürfen, und wir freuen uns auch schon auf die Freude, die Sie empfinden werden, wenn Sie erst mit den Prozessen und Perspektiven spielen, die diesen Lehren innewohnen.

*In Liebe,*
*Jerry*

(*Anmerkung der Herausgeber:* Bitte beachten Sie, dass unsere Sprache nicht immer über die geeigneten Worte verfügt, um die nichtverbalen Eindrücke, die Esther empfängt, präzise umzusetzen. Deshalb bildet Esther manchmal neue Wortkombinationen und benutzt normale Worte auf andere Weise – schreibt sie beispielsweise groß oder kursiv, obwohl man das gewöhnlich nicht macht –, um neue Sichtweisen auf die alten Sichtweisen des Lebens zum Ausdruck zu bringen.)

# Teil I

# Dein Energiestrudel und das Gesetz der Anziehung: Wie man freudige Mitschöpfer anzieht

## Wie man freudige Mitschöpfer anzieht

Dein Leben sollte sich für dich gut anfühlen.

*Vor deiner Geburt wusstest du, dass der grundlegende Bestandteil deiner körperlichen Erfahrung, der für deine persönliche und kollektive Entfaltung und Freude den größten Wert darstellen würde, die Beziehungen sein würden, die du mit anderen unterhältst. Es war dein Plan, die Vielfalt deiner Beziehungen zu genießen und ihnen die Details zu entnehmen, aus denen du deine Schöpfungen gestaltest – und hier stehst du nun.*

Vor deiner Geburt, als du die Entscheidung trafst, dich auf diese Raum-Zeit-Realität am äußersten Rand der Schöpfung zu fokussieren, war es deine kraftvolle Absicht, jeden Augenblick dieses Prozesses zu genießen. Du hast damals aus deiner Nicht-Körperlichen Perspektive verstanden, dass du ein Schöpfer bist und dass du dich in ein Umfeld begeben würdest, das ein enormes Potenzial für freudige, befriedigende Erfahrungen beim Erschaffen besaß. Du hast verstanden, dass du ein Schöpfer bist und dass die irdische Erfahrung die perfekte Bühne für dich böte, auf der du unzählige befriedigende Schöpfungen hervorbringen könntest – und hier stehst du nun.

*Schon vor deiner Geburt in deinem physischen Körper wusstest du, dass andere dich umgeben würden, sobald du hier wärst, und dass deine Beziehungen zu diesen anderen die Hauptquelle des Gegensatzes sein würde, den du lebst. Du wusstest auch, dass diese gegensätzlichen Beziehungen sowohl die Grundlage deiner persönlichen Entfaltung bilden würden als auch die Grundlage deines enormen Beitrags zur Entfaltung des Ewig Gültigen, und du konntest den Austausch mit ihnen allen kaum erwarten – und hier stehst du nun.*

Dein Plan sah nicht im Geringsten vor, dass du kämpfen oder Härten erleiden musst. Du hast nicht geglaubt, dass du in eine körperliche Gestalt eintrittst, um Irrtümer zu berichtigen oder eine kaputte Welt zu reparieren oder dich auch nur zu entwickeln (in dem Sinne, dass es dir gerade an etwas *fehlt).* Vielmehr wusstest du, dass diese physische Erfahrung ein Umfeld darstellen würde, das dir eine Harmonisierung des Gegensatzes ermöglichte, anhand deren du persönlich immer bessere Entscheidungen treffen könntest, die ebenso zu deiner eigenen Entfaltung wie zur kollektiven Entfaltung von *Allem-was-ist* beitragen würde. Du wusstest, dass diese Welt des Gegensatzes durch dich die Entfaltung erfahren würde, die buchstäblich die Zeitlosigkeit zur Ewigkeit werden lässt, und deine Wertschätzung für diese Umgebung voller Gegensätze auf dem Planeten Erde war enorm, denn du verstandest, dass der Gegensatz die Grundlage für jede Entfaltung bildet und dass die Entfaltung freudig erfolgen würde – und hier stehst du nun.

Vor deiner Geburt in deinem physischen Körper kanntest du den Wert der Vielfalt und Unterschiedlichkeit, denn dir war klar, dass jede neue Vorliebe, Sehnsucht oder Idee aus diesem Gegensatz hervorgehen würde. Und du wusstest, dass dieser Gegensatz nicht nur buchstäblich die Grundlage für Entfaltung darstellt, sondern auch die Grundlage für deine freudige Erfahrung. Und vor allem wusstest du, dass deine freudige Erfahrung der ultimative Grund für jeden Teil eines noch so kleinen Teils aller existierenden Teile dieses Seins sein würde. Du wusstest, dass alles um der freudigen Augenblicke wegen existiert, die unterwegs ständig in deinem Gewahrsein erblühen würden – und hier stehst du nun.

Vor deiner Geburt war dir klar, dass der *Gegensatz* die Vielfalt ist, auf deren Grundlage du deine Entscheidungen treffen würdest. Du wusstest, dass deine Umgebung wie ein großes Büfett sein würde, das vor dir ausgebreitet ist, an dem du dich bedienen könntest, und dass nichts an dieser Umgebung beständig wäre, weil deine unablässigen neuen Entscheidungen dazu führen würden, sie immer wieder zu verändern – und hier stehst du nun.

Vor deiner Geburt war dir klar, dass alle Entscheidungen dadurch getroffen werden, dass man seine Aufmerksamkeit auf etwas richtet. Du wusstest, dass du dein Bewusstsein in einem physischen Körper und in einer körperlichen Raum-Zeit-Realität konzentrieren würdest und dass du dich durch deine Aufmerksamkeit, deinen Fokus oder dein Denken am gegensätzlichen Büfett der Entscheidungen bedienen würdest, das dich umgäbe – und hier stehst du nun.

Vor deiner Geburt war dir klar, dass die irdische Umgebung wie alle Umgebungen, ob körperlich oder Nicht-Körperlich, auf Schwingungen beruht, die vom *Gesetz der Anziehung* (dem zufolge Gleiches sich gegenseitig anzieht) geschaffen werden, und du wusstest, dass du, wenn du deine Aufmerksamkeit auf etwas richtest, es dazu einlädst, zu einem Teil von dir zu werden – und hier stehst du nun.

Vor deiner Geburt batest du bei dem Gedanken an deine körperliche Erfahrung auf dem Planeten Erde nicht darum, in eine Umgebung der Gleichheit oder des Einvernehmens hineingeboren zu werden, in der für die Vielfalt Sorge getragen war und alle Entscheidungen darüber, wie ein Leben geführt werden sollte, bereits getroffen waren, denn du warst ein machtvoller Schöpfer, der in Erscheinung trat, um seine eigenen Entscheidungen zu treffen und seine eigenen freudigen Erfahrungen zu machen. Du wusstest, dass *Vielfalt* dein bester Freund und *Übereinstimmung* auf jeder Ebene das Gegenteil sein würde. Du hast dich buchstäblich voller Begierde ins körperliche Leben geworfen, um dich zurechtzufinden und dann damit anzufangen, aus deiner eigenen persönlichen, wichtigen und kraftvollen Perspektive heraus deine Umgebung des Gegensatzes zu erkunden, aus der du deine Schöpfungen herausmeißeln wolltest – und hier stehst du nun.

Viele Menschen bringen ihren Kummer und ihre Frustration, manchmal auch ihren Zorn und Groll, darüber zum Ausdruck, dass sie sich dieser vorgeburtlichen Entscheidungen nicht bewusst geblieben sind, aber wir geben zu, dass du mit etwas noch viel Wichtigerem, das erhalten geblieben ist, in deinem physischen Körper hier eingetroffen bist: *Du wurdest mit einem persönlichen Leitsystem geboren, das dir hilft, bei jedem Schritt (oder Gedanken) auf deinem Weg stets zu wissen, wann du von deinem vorgeburtlichen Verständnis des Lebens abweichst und wann du auf dem richtigen Weg bist.*

Es ist unser Wunsch, dass du dir deines *Leitsystems* bewusst wirst, damit du dieses neue Grenzland des Erschaffens erkunden kannst, ohne die Stabilität deines Nicht-Körperlichen Wissens zu verlieren.

Es ist unser Wunsch, dir dabei zu helfen, dich bewusst wieder mit *Dem-der-du-wirklich-bist* zu verbinden, und dir dabei zu helfen, eine Unzahl falscher Grundannahmen – die du auf deinem körperlichen Weg unbeabsichtigt aufgeschnappt hast – durch universelle, auf dem *Gesetz* beruhende Grundannahmen des Lebens zu ersetzen.

*Es ist unser Wunsch, dir dabei zu helfen, das Geheimnis anscheinend unmöglicher Beziehungen zu lösen, herauszufinden, wie du deinen Planeten mit Milliarden anderen teilen kannst, die Schönheit der Unterschiede neu zu entdecken und besonders die wichtigste Beziehung von allen wieder herbeizuführen: deine Beziehung zur Ewig Gültigen, Nicht-Körperlichen Quelle, die du eigentlich bist – und hier sind wir nun.*

## Im Leben geht es um unsere Beziehungen

*Für dich wird nie ein bestimmter Zeitpunkt kommen, wenn das Thema Beziehungen nicht ein aktiver Bestandteil deiner momentanen Erfahrung ist, denn alles, was du wahrnimmst, spürst oder weißt, verdankt sich deiner Beziehung zu jemand anderem. Ohne die Erfahrung des Vergleichens wärst du nicht in der Lage, über irgendetwas ein Verständnis in dir zu entwickeln. Daher kann man zweifellos sagen, dass man ohne Beziehungen nicht existieren kann.*

Es ist unser Wunsch, dir beim Lesen dieses Buches bewusster zu machen, dass du nur anzufangen brauchst, die Vielfalt der Beziehungen, die du bereits lebst, zu erkunden, damit *Der-der-du-bist* in dir erwacht.

Es ist unser Wunsch, dass deine Wertschätzung für deinen Planeten steigt, für deinen Körper, deine Familie, deine Freunde, deine Feinde, deine Regierung, deine Systeme, deine Nahrung, deine Finanzen, deine Tiere, deine Arbeit, dein Spiel, deinen Lebenssinn, deine Quelle, deine Seele, deine Vergangenheit, deine Zukunft, deine Gegenwart ...

*Es ist unser Wunsch, dich daran zu erinnern, dass jede Beziehung Ewig ist und dass sie, sobald sie entstand, immer ein Bestandteil deiner Schwingungsmäßigen Ausstattung bleibt und dass du in deinem machtvollen Jetzt – in dem alles, wozu du geworden bist, mit allem zusammenfließt, zu was du gerade wirst – die Kraft des Erschaffens besitzt.*

Oft glaubst du, wenn du siehst, dass jemand eine unangenehme Erfahrung macht, du wärst nicht persönlich daran beteiligt, sondern ein ferner, davon getrennter, unabhängiger Beobachter, aber das ist nie der Fall. *Wenn du eine Situation beobachtest – egal, wie wenig sie mit dir zu tun zu haben scheint –, macht dich das immer zu einem mitschöpfenden Partner dieser Erfahrung.*

Im Laufe der Zeit, während eures häufigen Austauschs miteinander, haben viele von euch kollektive Vorlieben entwickelt, wie man das Leben leben sollte, und obwohl ihr nicht einmal näherungsweise darin übereinstimmt, welches die angemessenste Lebensweise ist, versucht ihr doch bei unzähligen Themen, die *ihr* erfahrt, immer noch andere von *euren* Vorlieben zu überzeugen.

## Handle erst, wenn du in Harmonie mit dir bist

In jeder der großen Anzahl von Gesellschaften heutzutage auf eurem Planeten habt ihr Regeln, Ansprüche, Tabus und Gesetze etabliert – zusammen mit einer großen Vielfalt von Belohnungen und Strafen dafür, dass ihr übereinstimmt oder nicht übereinstimmt –, da jede Gesellschaft entschlossen zu sein scheint, verschiedene Stapel anzulegen für das *Erwünschte* und das *Unerwünschte*. Und obwohl ihr euch beim Sortieren sehr viel Mühe gebt, werden die Stapel doch immer wieder verschoben, und ihr kommt nicht einmal annähernd zu einem Einvernehmen darüber, was *erwünscht* und *unerwünscht, richtig* und *falsch, gut* und *böse* ist.

Es ist unser Wunsch, dass ihr nach dem Lesen dieses einen kleinen Buches nie wieder das Einverständnis der Welt, eurer Gruppe oder auch nur eures Partners einholen müsst, um Selbstvertrauen, Führung und Kraft zu finden. *Wir wollen euch daran erinnern, dass ihr einzig aufgrund eines Missverständnisses über die Gesetze des Universums das Bedürfnis habt, das Einverständnis anderer einholen zu müssen, und dass ihr dadurch Denen-die-ihr-wirklich-seid zuwiderhandelt.*

Es ist unser Wunsch, dass ihr euer persönliches *Leitsystem* versteht und wieder eins werdet mit der Macht, die in euch und durch euch hindurchfließt. Denn nur dann, wenn ihr mit der Macht, die aus euch herausfließt, ins Einvernehmen kommt, wird die Harmonie, nach der ihr auf allen anderen Ebenen und bei allen anderen Themen – und im Umgang mit allen anderen – strebt, möglich sein.

Die meisten Menschen würden es für unklug halten, einen großen, klobigen Laster mit einer lausigen Federung und einem Lenksystem, das so abgenutzt ist, dass man ihn kaum auf der Straße halten kann, mit ihrer kostbarsten Fracht zu beladen. Die meisten Menschen würden es auch für unklug halten, den Fahrradkorb ihres fünfjährigen Sohnes mit kostbaren Antiquitäten aus Glas vollzupacken, der dann zum ersten Mal sein neues Fahrrad ausprobiert. Und die meisten Menschen würden es auch für unklug halten, einen Sack mit allen Ersparnissen ihres Lebens und ihrem Lieblingsschmuck zu füllen und dann auf einen eisbedeckten See hinauszugehen, bevor das Eis wirklich stark genug ist, um ihr Gewicht zu tragen.

Mit anderen Worten: Es macht immer Sinn, erst grundlegende Stabilität zu suchen, bevor man sich auf eine Reise begibt, besonders bei den Reisen, die einem am wichtigsten sind. Und doch stürzen die Menschen sich, wenn sie sich über wichtige Themen austauschen, gewöhnlich Hals über Kopf in Gespräche, Entscheidungen und Verhaltensweisen, bevor sie den Eindruck echter Stabilität gewonnen haben, und dann dauert es häufig sehr lange, bis sich wieder Stabilität einstellt. Und oft stolpern sie, sobald sie einmal aus dem Gleichgewicht geraten sind, gleich weiter in die nächste, übernächste und überübernächste unkontrollierte Erfahrung. *Mit den Beispielen in diesem Buch möchten wir euch helfen, euch an die Kunst der Ausrichtung zu erinnern. Erst die Ausrichtung – dann das Gespräch. Erst die Ausrichtung – dann der Austausch. Erst die Ausrichtung – danach alles andere.*

Es gibt eine Redewendung, die viele benutzen: »Denke nach, bevor du etwas sagst.« Ein kluges Vorhaben, aber wir würden noch weiter gehen. Wir würden vorschlagen: *»Denke nach – und dann wäge den Wert dieses Gedankens ab, indem du in ihn hineinspürst, und mache das so oft, bis du zweifelsfrei weißt, dass du in Harmonie damit bist – dann erst sprich; dann handle und dann tausche dich aus.«*

Jemand, der sich die Zeit nimmt, sein Verhältnis zur Quelle zu verstehen, der aktiv die Ausgewogenheit mit seiner Umfassenderen Perspektive sucht, der bewusst nach Harmonie mit *Dem-der-er-wirklich-ist* strebt, hat mehr Charisma, ist attraktiver, effektiver und kraftvoller als Millionen andere, die diese Harmonie nicht gefunden haben.

Die historischen Meister und Heiler, die ihr verehrt, haben den Wert dieser persönlichen Ausrichtung verstanden. Und in diesem Buch über *Beziehungen* wollen wir an euch weitergeben: *Es gibt keine wichtigere Beziehung als die Beziehung zwischen euch in eurem physischen Körper, im Hier und Jetzt, und der Seele/Quelle/Göttlichkeit, der ihr entstammt. Nur wenn ihr zuallererst diese Beziehung pflegt, und nur dann, werdet ihr eine stabile Grundlage haben, um in andere Beziehungen einzutreten. Euer Verhältnis zu eurem Körper, euer Verhältnis zu Geld, euer Verhältnis zu euren Eltern, Kindern, Enkeln und den Menschen, mit denen ihr zusammenarbeitet, zu eurer Regierung und eurer Welt ... all das wird sich rasch und mühelos harmonisieren, wenn ihr euch zunächst um diese grundlegende, ursprüngliche Beziehung bemüht.*

## Leben wir mit falschen Grundannahmen?

Vielleicht hast du dich entschlossen, dieses Buch zu lesen, weil du mit jemandem in deinem Leben eine bestimmte Sache laufen hast, und du sollst wissen, dass die Antworten, nach denen du suchst, zwischen diesen Buchdeckeln enthalten *sind*. Wenn du das Inhaltsverzeichnis am Anfang des Buches gelesen hast, konntest du vielleicht die spezielle Beziehung finden, die dich am meisten beschäftigt. Und wir verstehen, wie groß die Versuchung ist, diese Seiten einfach aufzuschlagen, um deine Antwort zu bekommen, und tätest du es, *würdest* du deine Antwort auch bekommen, und es wäre die *richtige* Antwort, aber wenn du dieses Buch stattdessen systematisch in der Reihenfolge liest, in der es geschrieben wurde, dann versprechen wir dir: Wenn du den Buchabschnitt erreichst, der sich mit der Beziehung befasst, an der du am meisten arbeiten möchtest, wirst du mehr davon haben und die Erklärung eher verstehen, und du wirst das Problem, das diese Beziehung dir bereitet, rascher lösen können.

Ob du dieses Buch gleich auf einen Rutsch durchliest oder in einem Zeitraum von mehreren Tagen, auf jeden Fall wird eine bedeutende Veränderung in dir erfolgen: *Falsche Grundannahmen, die du auf deinem physischen Weg aufgeschnappt hast, werden eine nach der anderen verschwinden, und du wirst zu dem Verständnis im tiefsten Inneren dessen zurückfinden, was du bist. Und wenn das geschieht, wirst du nicht nur jede gegenwärtige und ehemalige Beziehung zu verstehen beginnen, sondern dir wird auch der Nutzen, den dir jede Beziehung gebracht hat, sofort vor Augen stehen.*

Die falsche Grundannahme oder das instabile Fundament, das die meisten Menschen aufweisen, beruht ausnahmslos darauf, dass ihnen wichtig ist, was ein anderer von ihnen denkt. So haben sie im Laufe der Zeit durch den Austausch mit vielen anderen (die sich ebenfalls besser fühlen wollen und jene um sie herum darauf getrimmt haben, sich auf eine Weise zu verhalten, *dass* sie sich auch vorübergehend besser fühlen – z. B.: »Mach das nicht für dich, sondern für mich« – z. B.: »Wage es nicht, so egoistisch zu sein, dir einen Wunsch zu erfüllen anstatt mir«) ihre eigene Führung aus den Augen verloren und sich immer weiter von sich selbst entfernt. Und so fühlen sie sich im Laufe der Zeit immer schlechter und schlechter und gelangen zu einer falschen Schlussfolgerung nach der anderen, bis sie sich völlig verrannt haben.

Es erscheint logisch, dass sich die Dinge klären lassen und alles wieder ins Lot gebracht werden kann, wenn diese falschen Grundannahmen aufgedeckt werden, aber wenn du gerade mitten in einer falschen Grundannahme steckst und dich auf die Ergebnisse konzentrierst, bist du gewöhnlich so sehr von dieser Schwingung erfüllt und ziehst sie deshalb so aktiv an, dass du den innewohnenden Irrtum nicht sehen kannst. Es erscheint dir nicht falsch, wenn dein Leben sich auf die Weise entwickelt, wie du es »geglaubt« hast.

Um eine falsche Grundannahme zu entdecken oder zu verstehen, musst du weit genug zurücktreten und dich erneut mit *Dem-der-du-bist* verbinden, bevor du sie sehen kannst. Mit anderen Worten: Wenn du dich gerade mit einer unhöflichen (unverbundenen) Person austauschst, die dir ständig erzählt, dass etwas nicht klug von dir wäre, würdest du anfangs nicht damit übereinstimmen. Die negative Emotion, die du spürst, würdest du empfinden, weil die Worte *Das ist nicht klug von dir* im Widerspruch zum wahren Wissen deiner Quelle stehen. *Aber wenn du es immer wieder hörst, bis du es selbst zu glauben beginnst und die falsche Grundannahme wiederholst, wird deine eigene Aktivierung der widersprüchlichen Schwingung nun deinem eigenen Gefühl für Intelligenz in die Quere kommen, und du wirst Beweise für deine fehlende Intelligenz anziehen, damit die falsche Grundannahme sich als wahr herausstellt. Es wird dir immer schwerer fallen, es eine »falsche« Grundannahme zu nennen, wenn die Beweise dafür zu sprechen scheinen, dass sie stimmt. Mit der Zeit wirst du daran glauben, dass sie stimmt.*

Die gute Nachricht bei alledem ist, dass du immer, wenn du weißt, was du *nicht* willst, spontan einen entsprechenden Wunsch nach dem, was du *willst,* aussenden wirst, der raketengleich in deine Schwingungsrealität vorstößt. Anders gesagt: Das Potenzial zu einer erheblich besseren Erfahrung entsteht immer aus einer unerwünschten Erfahrung, und nach einer Weile (wenn der Widerstand nachlässt) wird sich die Verbesserung einstellen.

Wir schreiben dieses Buch, damit du deine Verbesserung früher als bisher zulassen kannst, oder überhaupt noch in diesem Leben, und wenn es zu irgendeinem Vorfall gleich welcher Art kommt, werden künftige Generationen immer einen drastischen Vorteil von dem Gegensatz haben, den die jetzige Generation lebt. Es ist unser Wunsch, dir dabei zu helfen, deine irrtümlichen, unkorrekten und keinesfalls hilfreichen Überzeugungen zu entwirren und aufzulösen, damit du dich von den Fesseln der falschen Grundannahmen befreien kannst. Wir wollen dich daran erinnern, wer du wirklich bist, damit du in einem neuen Licht stehen kannst, an diesem neuen Ort, von dem aus du alle Themen anziehst.

Die meisten Menschen, die gerade etwas Unerwünschtes an einer anderen Person feststellen, glauben, wenn es diesen unerwünschten Zustand nicht gäbe, dass sie ihn dann auch nicht beobachten würden.

Die meisten Menschen, die gerade etwas Unerwünschtes an einer anderen Person feststellen, glauben, dass das Unbehagen, das sie empfinden, sich der unangenehmen Situation verdankt, die durch die andere Person entsteht, und dass die andere Person diese unangenehme Situation nur nicht mehr herbeizuführen bräuchte, und schon würde sie (die beobachtende Person) sich besser fühlen.

Die meisten Menschen glauben, dass die Kontrolle der Situation und anderer Personen der Schlüssel dazu wäre, sich besser zu fühlen, aber dieser Glaube ist die falscheste Grundannahme von allen. Der Glaube, dass du nur alle Umstände zu ändern bräuchtest, damit deine Sichtweise der anderen Person dazu führt, dich besser zu fühlen, widerspricht den *Gesetzen des Universums* ebenso wie dem Grund deines

Hierseins. *Es war niemals deine Absicht, alles um dich herum zu kontrollieren. Es war deine Absicht, die Richtung zu kontrollieren, die deine Gedanken nehmen.*

Das ganze Buch über werden wir falsche Grundannahmen benennen, die den Kern der Verwirrung und Verzerrung deiner physischen Realität bilden. Es ist unser Wunsch, dass es dir beim Lesen dieses Buches immer leichter fällt, die falschen Grundannahmen loszulassen, die deinem Umfassenderen Wissen widersprechen, damit du zu deinem natürlichen Zustand zurückkehren kannst, in dem du zulässt, dass das Gefühl des Wohlbefindens in deinem Leben zu dir fließt.

## Nimm eine klare Perspektive ein, indem du einen Schritt zurücktrittst

Obwohl wir uns bemühen, dich genau dort abzuholen, wo du bist, um dir zu helfen, jede Beziehung zu verbessern, die gerade in deiner Erfahrung aktiv ist, wird es für dich wichtig sein, dich erst zu entspannen und mit uns ein wenig den üblichen menschlichen Austausch durchzugehen, der vom Augenblick der körperlichen Geburt bis zum Zeitpunkt des physischen Todes erfolgt. Natürlich unterscheidest du dich in vieler Hinsicht von allen anderen – aber meistens gibt es, egal wann du geboren wurdest oder in welchem Teil der Welt du lebst, typische vorherrschende Verhaltensmuster, die es wirklich wert sind, einmal näher zu betrachten. Dieser Überblick über die Entwicklung der Beziehungen, die du als körperlich ausgerichteter Mensch erlebst, ermöglicht dir – unabhängig davon, in welcher Phase der menschlichen Entwicklung du dich gerade befindest –, eine Vielzahl falscher Glaubenssätze zu erkennen, die die Menschen schon seit langer Zeit einander weitergeben. Wenn du einen Schritt zurücktrittst aus deiner augenblicklichen Erfahrung und dir auf die Weise, wie wir sie hier präsentieren, die ganze Bandbreite der Erfahrungen deines körperlichen Lebens als Mensch ansiehst, wirst du eine klare Perspektive auf deinen Lebenszweck gewinnen, und du wirst sofort ein stabiles Fundament erhalten, das dich für den Rest dieser Lebenserfahrung auf dem Weg der Freude hält.

## Vor deinem Eintritt in diesen physischen Körper

Bevor du einen Teil deines Bewusstseins in diesen physischen Körper, den du jetzt als dein Selbst betrachtest, fokussiertest, warst du ein intelligentes, klares, glückliches Bewusstsein ohne alle Widerstände, begierig auf diese neue Erfahrung, in die du eintauchen würdest. Vor deiner Geburt war die einzige Beziehung, die du erlebtest, die Beziehung zu deiner Quelle, aber da du damals Nicht-Körperlich warst und somit keine Widerstände kanntest, erfuhrst du keine wahrnehmbare Trennung und deshalb auch keine wahrnehmbare »Beziehung« zwischen dir und der Quelle. *Du warst die Quelle.*

Mit anderen Worten: Du hast Finger, Zehen, Arme und Beine nicht als voneinander getrennte Wesen betrachtet. Sie waren für dich ein Teil von dir. Deshalb versuchst du normalerweise auch nicht, deine *Beziehung* zu deinem Bein zu beschreiben, denn du weißt, dass du selbst das Bein bist. So warst du vor deiner körperlichen Geburt Schwingungsmäßig mit der *Quelle* verbunden oder mit dem, was die Menschen oft *Gott* nennen, und deine volle Einbindung in *Gott* lief darauf hinaus, dass es kein Verhältnis zwischen euch beiden gab, keine Beziehung – ihr wart alle Eins.

## Der Augenblick deiner Geburt

Im Augenblick deiner Geburt fokussierte sich ein Teil des Bewusstseins, das dich ausmacht, in deinem physischen Körper, und deine erste Beziehung begann: die Beziehung zwischen dem körperlichen Selbst und dem Nicht-Körperlichen Selbst.

Hier stoßen wir auf eine maßgebliche falsche Grundannahme oder auf ein Missverständnis, das viele, eigentlich die meisten unserer physischen Freunde unter den Menschen mit sich herumtragen:

**Falsche Grundannahme 1:** *Ich bin entweder körperlich oder Nicht-Körperlich, entweder tot oder lebendig.*

*Viele Menschen verstehen nicht, dass sie schon vor ihrer körperlichen Geburt existierten. Viele andere glauben, wenn sie vor ihrer Geburt im Nicht-Körperlichen existierten, dass ihr Nicht-Körperlicher Anteil im Augenblick der Geburt in diesem Körper dann aufgehört hat zu existieren. Anders ausgedrückt: »Ich bin entweder körperlich oder Nicht-Körperlich, entweder tot oder lebendig.«*

Wir wollen euch daran erinnern, dass während eurer Fokussierung hier in diesem am äußersten Rand der Entfaltung befindlichen Körper, auf diesem Gipfelpunkt der Zeit, der Ewige, Nicht-Körperliche, ältere, weisere, größere Anteil von euch auch weiter Nicht-Körperlich fokussiert bleibt. Und weil dieser Nicht-Körperliche Anteil von euch existiert und weil *Du* existierst, besteht eine Ewige, unleugbare Beziehung zwischen diesen beiden wichtigen Aspekten deines Selbst.

Diese Beziehung (dieses Schwingungsverhältnis) zwischen dem körperlichen Selbst und dem Nicht-Körperlichen Selbst ist aus vielen Gründen bedeutsam:

1. Die Emotionen, die du spürst (dein *Emotionales Leitsystem*), verdanken sich der Beziehung zwischen diesen beiden Schwingungsanteilen deines Selbst.
2. Während du hier am äußersten Rand der Ausdehnung des Lebens nach neuen Gedanken und Entfaltungsmöglichkeiten Ausschau hältst, hast du den Vorteil des stabilen Wissens deiner Nicht-Körperlichen Entsprechung.
3. Während du hier am äußersten Rand der Ausdehnung des Lebens nach neuen Gedanken und Entfaltungsmöglichkeiten Ausschau hältst – hat der Nicht-Körperliche Anteil deines Selbst den Vorteil der Entfaltung, die du durch deine körperliche Erfahrung erst möglich machst.

4. Jede andere Beziehung, die du unterhältst (z. B. zu anderen Menschen, zu Tieren, zu deinem eigenen Körper, zu Geld, zu Vorstellungen und Ideen, zum Leben selbst), wird grundlegend durch diese über alle Maßen wichtige Beziehung zwischen *dir* und *Dir* beeinflusst.

## Deine Beziehung zu deinen Eltern

Natürlich sind deine physischen Eltern von großer Bedeutung für dich, denn gäbe es nicht ihre Beziehung zueinander, würdest du in deiner jetzigen körperlichen Gestalt nicht existieren. Aber es gibt viele Missverständnisse oder – wie wir es nennen – *falsche Grundannahmen* hinsichtlich deiner Beziehung zu deinen Eltern.

Aus deiner Nicht-Körperlichen Perspektive heraus hattest du verstanden, dass deine körperlichen Eltern dein wichtigster Wegweiser in die körperliche Erfahrung sein würden und dass du in eine Umgebung hineingeboren werden würdest, die stabil genug ist, um dir ein physisches Fundament zu gewährleisten. Du wusstest, dass es eine Zeit der Akklimatisierung geben würde, und empfandest enorme Wertschätzung gegenüber denen, die dich begrüßen würden.

Du wusstest, dass deine Eltern, die sich bereits an ihre körperliche Umgebung angepasst hatten, dir dabei helfen würden, Nahrung, Unterkunft und physische Stabilität zu finden. Aber du hattest nicht die Absicht, dich in Bezug auf deinen Lebenszweck nach ihnen zu richten oder hinsichtlich der Richtigkeit oder Effektivität deiner physischen Reise ihre Führung anzunehmen. Aufgrund deiner Nicht-Körperlichen Perspektive vor deiner Geburt wusstest du sogar, dass *deine persönliche Führung* am Tag deiner Geburt intakter (und daher effektiver) sein würde als die Führung der Erwachsenen, die dich willkommen heißen würden.

Mit anderen Worten: Als du in deinen physischen Körper hineingeboren wurdest, sah die Beziehung zwischen dir und Dir (deinem Nicht-Körperlichen *Inneren Wesen*) so aus, dass du immer noch fast nur aus dieser *Einen* reinen, positiven Energie bestandest.

Aber in den ersten Tagen in deinem physischen Körper begannst du, eine allmähliche Verlagerung deines Bewusstseins zu erfahren (die du vorausgesehen hattest), während du anfingst, deine persönliche Sichtweise deiner neuen irdischen Umgebung (aus deiner *körperlichen* Perspektive heraus) zu entwickeln. Und bei diesem Prozess verlor deine Energie oder dein Bewusstsein seine Einheit und spaltete sich auf. Anders ausgedrückt, als Säugling in den Armen deiner Mutter waren zwei Schwingungsperspektiven in dir aktiv – *und dadurch begannst du, Emotionen zu empfinden.*

Da du gerade aus einer Umgebung kamst, in der du das absolute Wissen über das Wohlbefinden des Universums und des Planeten Erde und von *Allem-was-ist* hattest, fühltest du dich unwohl, wenn deine Mutter dich hielt und sich Sorgen um dich machte. Wenn deine Eltern sich vom Leben überwältigt fühlten, fühltest du dich unwohl. Wenn sie dich in reiner Liebe und Wertschätzung ansahen, spürtest du die Harmonie ihres Wesens, und das tat dir gut. Doch schon als Säugling fiel dir wieder ein, dass es nicht ihre Aufgabe war, ihre Harmonie auf dich zu übertragen. Dir fiel schon damals ein, noch bevor du sprechen oder gehen konntest, dass es nicht ihre Aufgabe war, dich mit einer behaglichen Zuflucht harmonischer Energie zu versorgen. Du wusstest, dass es *deine* Aufgabe war, und du wusstest, dass du herausfinden würdest, wie das geht. Und inzwischen konntest du dich mühelos in die Harmonie mit deinem Einssein zurückziehen – und so schliefst du. Oft.

Du bist mit dem Wissen in diese körperliche Umgebung gekommen, dass du von Anfang an vom *Gegensatz* umgeben sein würdest und dass dieser Gegensatz den Kern der Schöpfung deiner Lebenserfahrung bilden würde. Du wusstest, dass du allein dadurch, dass du dich in dieser Umgebung aufhieltest, unwillkürlich zu deinen eigenen Vorlieben finden würdest und dass beide Aspekte, die *erwünschten* wie die *unerwünschten,* dir von Nutzen sein würden. Und vor allem wusstest du, dass du es sein würdest (der Einzige), der für dich Entscheidungen treffen würde (oder konnte). Doch als du in die Lebenserfahrung deiner Eltern eintratest, hattest sie diese Dinge über dich (in den meisten Fällen) schon vergessen. Was uns zu einer weiteren falschen Grundannahme bringt:

**Falsche Grundannahme 2:** *Weil meine Eltern schon lange vor meiner Geburt hier waren und weil sie meine Eltern sind, wissen sie besser als ich, was für mich richtig oder falsch ist.*

*Du hattest nicht die Absicht, deine Überzeugungen, Wünsche oder Handlungen an den Vorstellungen deiner Eltern zu messen, um herauszufinden, wie angemessen sie sind. Vielmehr wusstest du (und hast dich noch lange nach deiner Geburt daran erinnert), dass das Verhältnis zwischen der Meinung (oder dem Wissen) der Quelle in dir und deinen momentanen Gedanken dir jederzeit in Form von Emotionen die perfekte Führung bieten würde. Du hattest nicht die Absicht, dein Emotionales Leitsystem durch die Vorstellungen deiner Eltern zu ersetzen, auch wenn sie in dem Versuch, dich zu führen, gerade mit ihrem Emotionalen Leitsystem harmonierten. Für dich war es viel wichtiger, die Existenz deines eigenen Leitsystems zu erkennen und es zu nutzen, statt sich korrigieren zu lassen oder von anderen Bestätigung zu erfahren.*

Ein großer Teil der fehlenden Ausgeglichenheit, die Menschen empfinden, noch lange nachdem sie die unmittelbare Kindheitsumgebung verlassen haben, rührt von dem vergeblichen Bemühen her, ihr eigenes Leitsystem zu ersetzen, indem sie nach der Billigung durch ihre Eltern trachten. Dein Gefühl von Freiheit wird immer dann zerstört, wenn du versuchst, dich auf die Meinung von jemandem außerhalb von dir (etwa von deinen Eltern) auszurichten statt auf die Schwingung, die aus dir selbst kommt (etwa aus deinem Inneren Wesen). Natürlich ist es möglich, ein wundervolles, effektives Verhältnis zu seinen Eltern zu haben, sofern du vorher zur Harmonie zwischen dir und Dir gefunden hast. Solange du nicht zur Harmonie zwischen dir und Dir gefunden hast, wirst du keine gute Beziehung erleben.

## Deine Beziehung zu deinen Geschwistern

Ob du nun das erste Kind warst, das deine Eltern in deinem Kindheitszuhause willkommen geheißen haben, oder ob du auf ein anderes gefolgt bist, das schon da war ... mehrere Kinder verändern immer die Dynamik der elterlichen Beziehungen. In den meisten Fällen erhöht sich die Möglichkeit persönlicher Unausgeglichenheit, je mehr Personen beteiligt sind, aber das muss nicht immer so sein.

Oft läuft die Familiendynamik wie folgt ab: Deine Eltern waren sich ihrer eigenen *Leitsysteme* nicht bewusst, und so bieten sie sich selbst und einander keine beständigen Muster der Harmonie an. Meistens glauben sie, dass du dein Verhalten ändern solltest, um ihre Erfahrung positiv zu beeinflussen. Deshalb versuchen sie, nicht lange nachdem du in ihre Lebenserfahrung eingetreten bist, dich zu Verhaltensmustern zu bewegen, die *sie* für erstrebenswert halten. Doch sie versuchen das Unmögliche. Statt mit *Denen-die-sie-wirklich-sind* in Harmonie zu kommen, bitten sie *dich*, dich auf eine Weise zu verhalten, durch die *sie* sich besser fühlen. Das ist *bedingte Liebe:* »Wenn du dein Verhalten oder deinen Zustand änderst, fühle ich mich bei diesem Anblick besser. Damit übergebe ich dir die Verantwortung für mein Befinden.«

Wenn ein zweites Kind zu dem Gemenge hinzukommt, werden deine Eltern nicht nur mehr Verhaltensweisen zu kontrollieren versuchen, es widerfährt dir noch etwas viel Verwirrenderes: Du wägst dein Verhalten jetzt nicht nur auf die Reaktion deiner Eltern hin ab, auf die Art und Weise, wie sie dich haben wollen, jetzt beobachtest du auch noch, wie deine Eltern auf das Verhalten des anderen Kindes reagieren. *Das Potenzial für Unausgeglichenheit und Verwirrtheit erhöht sich exponentiell durch jede weitere Person, die hinzukommt.*

*Es ist nicht möglich, dadurch, dass du versuchst, dich an die Wünsche und Ansprüche der Menschen, mit denen du zusammenlebst, anzupassen, ein angemessenes persönliches Verhalten zu entwickeln. Die Unterschiede in der Persönlichkeit, in den Interessen, Absichten und Lebenszielen sind einfach zu groß, um dafür auf der Ebene des Verhaltens eine Lösung zu finden. Aber es gibt etwas, was du tun kannst, um all diese*

*Beziehungen zu deiner Zufriedenheit in eine für dich angemessene Perspektive zu bringen: Trachte erst nach Harmonie zwischen dir und Dir, bevor du dich mit anderen befasst. Und bitte nie einen anderen, dass er sein Verhalten ändern soll, damit du dich besser fühlst oder eine schönere Sicht der Dinge hast. Es gibt einfach zu viele bewegliche Teile, und es wird dir nicht gelingen.*

## Unser Energiestrudel und das Gesetz der Anziehung

Es ist unser Wunsch, dass du durch das Lesen dieses Buches ein neues Gefühl von Klarheit dafür bekommst, wie deine körperlichen Lebenserfahrungen in das übergeordnete Ganze hineinpassen. Du sollst dich erinnern, wer du wirklich bist und warum du hier in diesem physischen Körper bist. Vor allem aber ist es unser Wunsch, dass du dein Selbstwertgefühl und dein absolutes Wohlbefinden zurückerlangst, und es ist unser Wunsch, dass du die wichtige Aufgabe verstehst, die du dadurch erfüllst, dass du dich hier am äußersten Rand dieser Raum-Zeit-Realität des Gegensatzes befindest.

Bevor du in diesen Körper eintratest, warst du Nicht-Körperliche Energie, und aus dieser Nicht-Körperlichen Perspektive der Quelle verlängertest du durch Fokussierung einen Teil deines Bewusstseins in deine physische Zeit hinein, auf die physische Erde, in deinen physischen Körper. Und als du in diesen Körper hineingeboren wurdest, erlangtest du Gewahrsein durch die physischen Sinne deiner neuen Umgebung – das Bewusstsein, das du als dein *Selbst* kennst, erhielt zwei spezielle Aspekte: den Nicht-Körperlichen Teil deines Selbst und den körperlichen Teil deines Selbst.

Manche bezeichnen ihren Nicht-Körperlichen Aspekt als *Seele* oder *Quelle,* und obwohl wir Bezeichnungen wie *Inneres Wesen* oder *Umfassendere Nicht-Körperliche Perspektive* oder *Der-der-du-wirklich-bist* vorziehen, gibt es einen noch wichtigeren Unterschied, den wir dir gern verständlich machen möchten: *Die Nicht-Körperlichen und die körperlichen Aspekte existieren gleichzeitig.* Die meisten Menschen räumen ein, dass ein Aspekt von ihnen schon vor ihrer körperlichen Geburt existierte, und die meisten glauben, dass sie nach ihrem körperlichen Tod wieder Nicht-Körperlich sein werden, und dabei geschieht etwas ganz anderes: *Ihr seid Erweiterungen der Quellenergie, und wenn ihr euch körperlich fokussiert, hört euer Nicht-Körperlicher Aspekt nicht auf zu sein. Vielmehr hat euer Nicht-Körperlicher Aspekt sich erst aufgrund der Existenz und Erfahrungen eures körperlichen Aspekts hin ausgedehnt.*

Es war deine klare Absicht, in diesem prächtigen physischen Körper zur Welt zu kommen und dich mit der Vielzahl von Absichten und Überzeugungen anderer auf deinem Planeten auszutauschen – zum Zwecke der Ausdehnung.

Du wusstest, dass du, wenn du dich der Vielfalt aussetzt, die dich in jeder Hinsicht umgibt, naturgemäß zu Schlussfolgerungen kommen würdest, die eine Verbesserung herbeiführen.

Du wusstest, dass deine unangenehmen Erfahrungen dich zu besseren Erfahrungen führen würden. Du wusstest, dass Schwingungsmäßig eine Bitte, ein Wunsch, ein Verlangen von dir ausgehen und dein *Inneres Wesen* sich deines neuen Wunsches bewusst werden, ihm nachgehen, sich darauf konzentrieren und zu ihm werden würde.

Du wusstest, dass dein *Inneres Wesen* sofort zur Schwingungsmäßigen Entsprechung jedes Wunsches werden würde, den deine physische Umgebung dir eingibt.

Und so wirst du jetzt, wenn du deine Aufmerksamkeit deinem erweiterten *Inneren Wesen* zuwenden kannst, das den Höhepunkt von allem bildet, was du erlebt hast, und das eine Schwingung aussendet, das alles zum Ausdruck bringt, wozu du geworden bist – so wirst du jetzt weitaus besser verstehen, wer dein *Inneres Wesen* ist und wie dein körperlicher Aspekt zu dieser Ausdehnung beigetragen hat.

*Wir wollen dir verdeutlichen, dass es gleichzeitig, während du in deinem physischen Körper fokussiert bist, Gedanken denkst, Worte sprichst und Tätigkeiten ausübst, einen Nicht-Körperlichen Aspekt deines Selbst gibt, der in dem Nicht-Körperlichen Reich existiert, von dem du gekommen bist – und dieser Nicht-Körperliche Aspekt deines Selbst hat sich aufgrund deiner körperlichen Erfahrungen ausgedehnt.*

Viele Menschen betrachten ihre physische Lebenserfahrung als *Realität*. Du entschlüsselst deine physische Realität durch deine physischen Sinne, und wenn du auf deinem Planeten all die Orte, Menschen und Erfahrungen betrachtest, nennst du sie *Realität*. Wir wollen dir deutlich machen, dass deine physische Realität, auch wenn du Beweise dafür siehst, hörst, schmeckst, riechst und berührst, erheblich mehr ist als die Realität aus Fleisch, Blut und Knochen, für die du sie hältst. *Alles, was du hier in deiner physischen Umgebung wahrnimmst, ist Schwingung, und das Leben, das du lebst, ist deine Schwingungsmäßige Interpretation.*

Der Kern all dessen, was du erlebst, ist das kraftvolle *Gesetz der Anziehung,* und die stabile, unveränderbare und immer korrekte Grundannahme dieses Gesetzes lautet: *Gleiches zieht sich gegenseitig an.*

Wenn du an etwas denkst, beginnst du die Essenz dieses Themas in deine Lebenserfahrung zu ziehen. Sobald du dadurch, dass du dem Thema deine Aufmerksamkeit geschenkt hast, eine Gedankenschwingung in dir aktivierst, setzt sich die Ausdehnung fort.

Mit anderen Worten: Je mehr Aufmerksamkeit du einer Sache entgegenbringst, desto aktiver schwingt diese Sache in dir, und je länger das anhält, desto kraftvoller ist die Anziehung, bis du schließlich den unwiderlegbaren Beweis für die aktive Schwingung in deiner Erfahrung hast. Alles, was in deiner Erfahrung geschieht, ereignet sich aufgrund der Wünsche, die du in Gedanken aussendest.

*Das Gesetz der Anziehung ist der Universelle Verwalter jeder Schwingung, die sich auf alles ausdehnt, was im Universum existiert. Und so reagiert das Gesetz der Anziehung, während es auf den Schwingungsinhalt deiner physischen Gedanken reagiert, gleichzeitig auch auf den Schwingungsinhalt deines Inneren Wesens.*

Wir wollen deine Aufmerksamkeit auf diesen kraftvollen, Nicht-Körperlichen Aspekt deines Selbst und die Wirkung lenken, die das *Gesetz der Anziehung* darauf hat: Jedes Mal, wenn deine körperliche Lebenserfahrung dich veranlasst, um etwas zu bitten, löst sich raketengleich ein Verlangen, das von deinem *Inneren Wesen* empfangen und zu einer Schwingungsmäßigen ausgedehnten Version deines Wunsches wird. Damit du dir eine Vorstellung von diesem Ausdehnungsvorgang machen kannst, haben wir ihn dein *Schwingungskonto* oder deine *Schwingungsrealität* genannt. Es ist im Wesentlichen eine erweiterte Fassung deines Selbst.

*Auf die gleiche Weise, wie das Gesetz der Anziehung auf die Gedanken, Worte und Handlungen reagiert, die du hier in deiner physischen Realität darbietest, reagiert das Gesetz der Anziehung immer auch kraftvoll auf deine Schwingungsrealität. Wenn das Gesetz der Anziehung, der Universelle Verwalter aller Schwingungen, auf die Klarheit der Schwingung, die dein gerade ausgedehntes Inneres Wesen darbietet, reagiert, ist das Ergebnis ein kraftvoll wirbelnder Strudel der Anziehung.*

Hier haben wir nun diesen Energiestrudel des Werdens – einen Strudel, der all deine Bitten enthält, alle korrigierten Bitten, jedes einzelne Detail einer jeden einzelnen Bitte, die jemals von dir ausgegangen ist, und das *Gesetz der Anziehung* reagiert darauf. Stell dir diesen wirbelnden, wirbelnden, wirbelnden Strudel und die Kraft der Anziehung vor, die sich darin ballt, während das *Gesetz der Anziehung* auf dieses reine, widerstandsfreie und fokussierte Begehren reagiert. *Der Strudel zieht buchstäblich alles an, was für die Erfüllung jedes Wunsches, den er enthält, erforderlich ist. Alle kooperierenden Komponenten werden zusammengerufen und kommen herbei zur Komplettierung der Schöpfungen, zur Beantwortung der Fragen, zur Lösung der Probleme.*

Der Zweck dieses Buches besteht nicht nur darin, dich an den Schöpfungsprozess zu erinnern und an die Bühne aus Reiner Positiver Energie, auf die du dich begeben hast, sondern auch, dich an die Kraft dieses Energiestrudels zu erinnern und an dein *Emotionales Leitsystem*, sodass du *bewusst* und *absichtlich* die Schwingungsfrequenz deines Energiestrudels erreichen kannst.

Der Zweck dieses Buches besteht darin:

- dir zu helfen, dich zu erinnern, wer du wirklich bist
- dir zu helfen, dich an den Zweck deiner körperlichen Erfahrung zu erinnern
- dein Gefühl der Wertschätzung für das wiederherzustellen, was du in deinem physischen Körper leistest

- dir zu helfen, dich zu erinnern, dass du vor allem und in erster Linie ein Schwingungswesen bist
- dir zu helfen, dich zu erinnern, dass es einen Nicht-Körperlichen Aspekt von dir gibt, der in diesem Augenblick ebenfalls existiert
- dir zu helfen, dir der Beziehung zwischen deinen beiden Schwingungsaspekten bewusst zu sein
- dir zu helfen, dein Gewahrsein unablässig auf den wirbelnden Strudel der Schöpfung zu richten, der alles enthält, was du dir wünschst, und alles, wozu du geworden bist

Kurz und gut: Dieses Buch wurde geschrieben, um dir zu helfen, in deinen Energiestrudel einzutreten.

*Jeder, der in deinem Leben auftaucht – von den Leuten, die du deine Freunde nennst, bis zu denen, die du als Feinde oder Fremde bezeichnest –, kommt als Antwort auf dein Schwingungsmäßiges Verlangen zu dir. Du lädst nicht nur diese Person ein, du lädst auch die persönlichen Eigenschaften dieser Person ein.* Vielen Menschen fällt es schwer, das zu akzeptieren, weil sie dabei an die vielen unerwünschten Charakterzüge der Menschen in ihrem Leben denken. Sie argumentieren, dass sie niemals gewollt hatten, dass etwas so Unerwünschtes in ihre Erfahrung tritt, denn sie glauben, um etwas zu bitten würde bedeuten, um etwas zu bitten, was man sich wünscht. Doch mit bitten meinen wir, eine passende Schwingung anzubieten ... *Wir wissen, das du viele der Beziehungen und Erfahrungen, die du angezogen hast, nicht bewusst angezogen hättest und ganz bestimmt nicht absichtlich, doch Anziehung erfolgt größtenteils nicht durch bewusste Absicht, sondern durch Unterlassung ... Es ist wichtig zu verstehen, dass du das bekommst, woran du denkst, ob du willst oder nicht. Und ständige Gedanken an Unerwünschtes bitten um entsprechende Erfahrungen und laden sie ein. So ist das mit dem Gesetz der Anziehung.*

Eine Beziehung oder das gemeinsame Erschaffen mit anderen ist für nahezu jeden Gegensatz in deinem Leben verantwortlich. Es ist verantwortlich für die Schwierigkeiten in deinem Leben *und* für deine größten

Freuden. Doch am wichtigsten ist, dass die Beziehungen, die ihr miteinander eingeht, die Grundlage fast der gesamten Entfaltung sind, die ihr erreicht, und deshalb kann man zu Recht sagen, dass die Beziehungen in deinem Leben jederzeit der Grund für deine potenzielle Freude und deinen potenziellen Schmerz sind. Einfach ausgedrückt: Wenn dich nicht jemand zur größeren Entfaltung inspiriert hätte, könntest du jetzt nicht die Schmerzen empfinden, die es mit sich bringt, dieser Entfaltung nicht gerecht werden zu können. Der Austausch, das Ineinandergreifen und gemeinsame Schöpfen in Beziehungen verstärken deine individuelle Erfahrung enorm. *Deine Beziehungen sind die Grundlage für deine größte Freude und dein größtes Leid, aber du hast mehr Kontrolle darüber, ob du Freude oder Leid erlebst, als dir bewusst ist.*

## Das kraftvolle, ewige und universale Gesetz der Anziehung

Das kraftvolle *Gesetz der Anziehung* ist die Wurzel von allem, was du erlebst. Wenn du an etwas denkst, beginnst du die Essenz dieses Themas in deine Lebenserfahrung zu ziehen. Sobald in dir eine Gedankenschwingung aktiviert wird, indem du einem Thema deine Aufmerksamkeit schenkst, vollzieht sich die Entfaltung. Mit anderen Worten: Je mehr Aufmerksamkeit du einer Sache entgegenbringst, je aktiver die Schwingung dieses Themas in dir ist und je länger diese Schwingung anhält, desto stärker wird die Anziehung sein, bis du schließlich den unwiderlegbaren Beweis für diese aktive Schwingung in deiner Erfahrung hast. Alles, was zu deiner Erfahrung wird, kommt zu dir aufgrund der Wünsche, die du mit deinen Gedanken ausschickst.

*Behalte im Gedächtnis, ob du an erwünschte oder unerwünschte Dinge denkst, immer sendest du ein Verlangen aus, mehr von dem anzuziehen, was Gegenstand deines Denkens ist. Und alles, was dir widerfährt, alle Menschen, Dinge, Erfahrungen, Situationen, die dir begegnen, kommen als Antwort auf deine Schwingungseinladung zu dir.*

*Der Höhepunkt der Beziehungen, Umstände und Ereignisse, die du anziehst, ist eben die Antwort auf deine Schwingungsmäßige Bitte.*

*Wenn du verstehen willst, welche Wünsche du Schwingungsmäßig aussendest, achte darauf, wie sich alles für dich entwickelt, denn du bekommst immer die Essenz dessen, woran du denkst, ob du willst oder nicht.* Wir nennen dies das *Gewahrsein nach der Manifestation*: Du schwingst, ohne deinen Gedanken eine bewusste Richtung zu geben, und erkennst dann die Ergebnisse der Gedanken, nachdem sie sich als etwas Reales oder Greifbares manifestiert haben, wie ein niedriger Kontostand, eine unerwünschte körperliche Befindlichkeit oder eine unangenehme Beziehung.

Du kannst dir bewusst werden, dass du eine unerwünschte Situation anziehst, und von ihr ablassen, bevor sie sich in deiner Erfahrung voll verwirklicht, indem du dich ihrer bewusst wirst und dann das wundervolle *Emotionale Leitsystem* benutzt, mit dem du geboren wurdest. Aber die meisten Menschen schenken allem, was sie vor sich sehen, unterschiedslos ihre Aufmerksamkeit und akzeptieren die emotionale Reaktion auf diese Gedanken dann als unvermeidlich. Sie akzeptieren, dass es da draußen in der Welt Böses gibt, und wenn sie sich auf dieses Böse konzentrieren, erwarten sie, sich schlecht zu fühlen – und tun es dann auch. Selten verstehen sie den wahren Grund dafür, dass sie sich schlecht fühlen, aber wir werden ihn euch hier nennen:

*Wenn du dich auf einen Gegenstand oder eine Situation konzentrierst und du fühlst dich schlecht, liegt es nicht an dem Gegenstand oder der Situation, dass du dich schlecht fühlst. Du fühlst dich schlecht, weil die Gedanken eine Schwingungsmäßige Trennung in dir herbeigeführt haben. Anders gesagt, du hast dich entschieden, deine Aufmerksamkeit auf etwas zu richten, dem die Quelle in dir keine Aufmerksamkeit schenkt.* Und die Quelle in dir hat einen Grund, weshalb sie dem keine Aufmerksamkeit schenkt. Es geschieht aus gutem Grund, dass die Quelle in dir dem keine Aufmerksamkeit schenkt, was dir ein schlechtes Gefühl bereitet, wenn du ihm Aufmerksamkeit schenkst. *Die Quelle versteht die Kraft der Anziehung und will nicht zur Erschaffung unerwünschter Dinge beitragen, und wenn du es dennoch tust, fühlst du dich schlecht. Jedes Mal.*

Und wenn du umgekehrt Gedanken denkst, bei denen du Leidenschaft, Glück, Liebe oder Verlangen empfindest, entscheidest du dich für Gedanken, in denen du größtenteils aufgehst, doch statt zur Trennung zwischen deiner Quelle und dir führt das zur Erschaffung einer Partnerschaft oder Beziehung voller Kraft, Klarheit und Wohlbefinden.

Nichts ist wichtiger zu verstehen und von größerem Wert als die Existenz deines persönlichen *Emotionalen Leitsystems.* Wenn du dir deiner beiden bedeutenden Schwingungsperspektiven bewusst bist und der Art und Weise, wie sie sich miteinander austauschen, hältst du bewusst den Schlüssel zu deiner freudigen Bewussten Schöpfung in Händen. Und ohne dieses Verständnis bist du ein wenig wie ein kleiner Korken auf einer tosenden See, getrieben von der Strömung und vom Wind, außerhalb deiner Kontrolle.

Man könnte sagen, dass du eigentlich in jedem beliebigen Moment nur Zugang zu zwei Emotionen hast: einer, die sich besser anfühlt, und einer, die sich schlechter anfühlt. Wenn du die Entscheidung triffst, dass du, wo immer du gerade bist und worauf du dich auch gerade ausrichtest, nach dem Gedanken greifst, der sich aus deiner momentanen Perspektive heraus am besten anfühlt, wirst du eine anhaltende Beziehung mit deinem *Inneren Wesen* aufbauen, mit der Quelle und mit allem, was du dir wünschst – und dein Leben wird voller Freude sein. Das war dein Plan: die Vielfalt zu durchdringen und zu persönlicher Klarheit darüber zu gelangen, was du bevorzugst, und dann in Harmonie zu gelangen mit deinem sich ewig entwickelnden Selbst.

## *Andere tolerieren oder ihnen nachgeben?*

JERRY: Aber da wir alle so verschieden sind, scheint mir keine große Chance zu bestehen, dass wir uns jemals darauf einigen werden, wie wir unser Leben führen sollten.

ABRAHAM:
Wir stimmen dir zu. Und es wäre auch ein sehr langweiliger Ort, wenn es anders wäre.

JERRY: Wenn wir alle verschieden sind und unterschiedliche Dinge wollen, wie können wir uns dann weiterentwickeln, ohne darunter zu leiden, diese Unterschiede in anderen hinnehmen oder tolerieren zu müssen?

ABRAHAM:
Dein Leid oder deine negative Emotion entsteht nicht dadurch, dass du mit einer anderen Person nicht übereinstimmst. Es geht immer um die fehlende Übereinstimmung zwischen *dir* und *Dir*. Wenn du deine Aufmerksamkeit vom Unerwünschten abziehst und es auf etwas richtest, was dir *gefällt,* wird dein Leid nachlassen. Konzentrierst du dich länger auf etwas, was du *willst*, wirst du nicht nur nicht mehr leiden, sondern du wirst positive Emotionen verspüren wie Interesse, Begehren oder Glück.

JERRY: Aber wenn wir doch alle irgendwie miteinander verbunden sind, wie kann man dann lernen, die unangenehmen Dinge, die im Leben anderer geschehen, zuzulassen?

ABRAHAM:
Jedes Verständnis im Leben verdankt sich dem Vergleichen. Und mit »Vergleichen« meinen wir das Abwägen aller gegenwärtigen Beobachtungen gegen das wahre Wissen, das von deiner Quelle ausgeht. Aus deiner Umfassenderen Perspektive heraus weißt du, dass die Aufmerksamkeit auf Unerwünschtem dieses stärkt – und so zieht der Quellanteil in dir diese Aufmerksamkeit von allem ab, was unerwünscht ist. Wenn du

in deinem physischen Körper deine Aufmerksamkeit auf unerwünschte Dinge richtest, bewirkst du eine Unausgewogenheit im Schwingungsverhältnis zwischen dir und *Dir,* und deine negative Emotion weist dich auf diesen Missklang oder die fehlende Harmonie hin. Und während dieser fehlenden Harmonie bist du wertlos für die Person, über die du dir Sorgen machst oder auf die du wütend bist. Und wenn du es recht bedenkst, bleibt dir, da du die Lebensumstände anderer nicht kontrollieren kannst und den Wunsch hast, glücklich zu sein, nichts anderes übrig, als deine Aufmerksamkeit von ihrer unangenehmen Situation abzuziehen.

**JERRY: Aber fühlen die anderen sich denn nicht im Stich gelassen, wenn wir unsere Aufmerksamkeit von dem Leid, das sie empfinden, abziehen? Sind wir denn nicht verpflichtet, anderen in der Not beizustehen?**

ABRAHAM:
Hier bietet sich eine Gelegenheit, eine falsche Grundannahme eurer Gesellschaft verstehen zu lernen.

*Falsche Grundannahme 3: Wenn ich mich nur heftig genug gegen unerwünschte Dinge wehre, werden sie verschwinden.*

Du lebst in einem Universum, das auf dem *Gesetz der Anziehung* beruht. Das bedeutet, dieses Universum beruht auf Einvernahme, nicht auf Ausschluss. In einem auf Einvernahme und Anziehung beruhenden Universum gibt es so etwas wie ein »Nein« nicht. Wenn dein Blick auf etwas fällt, was du willst, und du sagst »Ja« dazu, nimmst du es in deine Schwingung auf, und es wird zu einem Teil deines Schwingungsangebots, was bedeutet, dass es ein Teil deines Ortes der Anziehung wird, was wiederum bedeutet – dass es zu dir zu kommen beginnt. Doch wenn du etwas ein »Nein« entgegenhältst, nimmst du das *ebenfalls* in deine Schwingung auf, worauf es zu einem Teil deines Schwingungsangebots wird, was bedeutet, dass es ein Teil deines Ortes der Anziehung wird, was wiederum bedeutet – dass es zu dir zu kommen beginnt.

Du bist nicht im Vorteil gegenüber jemandem, auf den du deine negative Aufmerksamkeit richtest. Wenn du etwas an jemandem beobachtest, was dir ein schlechtes Gefühl bereitet, während du es beobachtest – ist deine negative Emotion ein Hinweis darauf, dass du zu etwas Unerwünschtem beiträgst. In den frühen Stadien der negativen Emotion empfindest du nur Unbehagen, doch wenn du dich weiter auf das Unerwünschte konzentrierst, wird dieses Unerwünschte immer häufiger in deiner eigenen Erfahrung auftauchen.

In jedem bewussten Augenblick ist dein Ort der Anziehung aktiv, und das bedeutet, das *Gesetz der Anziehung* reagiert auf deine aktive Schwingung und du befindest dich im Zustand des Mehrwerdens. Deine Emotionen sind ein Hinweis darauf, ob du *mehr* wirst in Bezug auf das positive, erbauliche Wesen deiner *Quelle* oder *mehr* hinsichtlich des Gegenteils. *Du kannst nicht stillstehen. Wenn du wach bist, befindest du dich im Prozess der Entfaltung.*

*Wann immer du weißt, was du nicht willst, weißt du noch deutlicher, was du willst, und deshalb wirst du, sobald du dir schmerzlich der unerwünschten Situation einer anderen Person bewusst wirst, unwillkürlich deine Version einer verbesserten Situation in deine Schwingungsrealität einbringen. Nun besteht deine Arbeit, dein Wert für diese Person, dein Wert für dich selbst, dein natürlicher Seinszustand darin, der Vorstellung von Verbesserung, der deinem Austausch/deiner Beobachtung entstammt, deine ungeteilte Aufmerksamkeit zu schenken. Und während du das lernst, wird nicht nur dein Wert für andere ständig steigen, du wirst auch sehen, wie deine Beziehungen zu anderen unermesslich viel zu deinem eigenen Werden beitragen.*

## Die »Kunst des Zulassens« lernen

JERRY: Ihr habt oft über die *Kunst des Zulassens* zu uns gesprochen. Ist es das, wovon ihr hier redet?

ABRAHAM:

Ja. Besonders die *Kunst des Zulassens* wollt ihr verstehen, denn wenn ihr sie bewusst einsetzt, »lasst« ihr zu, all das zu sein, wozu ihr geworden seid. Und alles, was weniger ist als dein Zulassen, *Du* zu sein, fühlt sich weniger gut an. Mit anderen Worten: Jede Erfahrung von Gegensatz bewirkt eine Entfaltung dessen, was du bist, denn dein größerer Nicht-Körperlicher Anteil bewegt sich auf diesen Ort der größten Entfaltung zu. Aber wenn du weiter auf die Ereignisse oder Umstände zurückblickst, die zu der Entfaltung geführt haben, hältst du dich im Gegensatz zu eben dieser Entfaltung. Du lässt sie nicht zu – und fühlst dich dann schlecht.

Bei der *Kunst des Zulassens* erlaubst du dir, kraft deiner bewusst gewählten Gedanken mit der Entfaltung deines Selbst Schritt zu halten. Und da die Entfaltung nun einmal erfolgt – weil der Gegensatz deiner Raum-Zeit-Realität darauf besteht, dass sie erfolgt –, hast du keine andere Wahl, als Schritt zu halten, wenn du glücklich sein willst.

Dein Umfassenderer Nicht-Körperlicher Anteil, zu dem du eine Ewige Beziehung unterhältst, liebt dich. Wenn du nicht liebst, übst du dich nicht in der *Kunst des Zulassens.* Dein Umfassenderer Nicht-Körperlicher Anteil kennt deinen Wert. Wenn du dich wertlos fühlst, übst du dich nicht in der *Kunst des Zulassens.* Hier ergibt sich eine Gelegenheit, eine weitere falsche Grundannahme deiner Gesellschaft verstehen zu lernen:

*Falsche Grundannahme 4: Ich bin hierhergekommen, um das Leben auf die richtige Weise zu führen und andere dahingehend zu beeinflussen, dass sie auf die gleiche Weise leben.*

Du bist nicht in diese körperliche Erfahrung eingetreten, um alle existierenden Vorstellungen auf eine Handvoll guter Ideen herunterzustutzen, auf die sich alle einigen können. Vielmehr war das Gegenteil deine Absicht. Du sagtest: »Ich werde mich in das Meer des Gegensatzes begeben, und daraus werden weitere Vorstellungen geboren.« Du wusstest, dass diese erfreuliche Entfaltung aus der Vielfalt entsteht.

*Da sich jeder gut fühlen will, es aber so vieles gibt, was andere tun, das sich, wenn du es beobachtest, gar nicht gut anfühlt, fällt es leicht zu verstehen, wie du zu dem Schluss gelangst, dass dein Weg zum Wohlgefühl darin besteht, das Verhalten anderer zu beeinflussen oder zu kontrollieren. Aber wenn du sie (durch Einflussnahme oder Zwang) zu kontrollieren versuchst, stellst du fest, dass du sie nicht ständig im Zaum halten kannst – und dass deine auf sie gerichtete Aufmerksamkeit auch noch andere ihresgleichen in deine Erfahrung bringt.*

Deine gegenwärtige Gesellschaft führt einen Krieg gegen illegale Drogen, einen Krieg gegen die Armut, einen Krieg gegen das Verbrechen, einen Krieg gegen die Schwangerschaft bei Teenagern, einen Krieg gegen den Krebs, einen Krieg gegen Aids, einen Krieg gegen den Terrorismus ... und das alles nimmt immer mehr zu. Du kannst nicht dorthin gelangen, wohin du willst, indem du das Unerwünschte einfach kontrollierst oder eliminierst.

Und wer unter euch will eigentlich entscheiden, welche Art zu leben die »richtige« ist? Ist die größte Gruppe im Besitz dieses »Wissens« oder hat diejenige Gruppe »recht«, die andere Gruppen am ehesten töten kann? Liegt die Antwort bei den Armen? Haben Reiche die Lösung? Welche Religion ist die »richtige«? Welche Lebensweise ist die »richtige«? Ist es richtig, Kinder zu bekommen? Welche ist die richtige Anzahl? Und wenn eine Frau Kinder hat, ist es angemessen für sie, noch an etwas anderes zu denken? Kann sie einem Beruf nachgehen oder ist sie jetzt verpflichtet, nur noch an ihre Kinder zu denken? Wie sollte ein Mann seine Frau behandeln? Wie viele Ehefrauen darf er haben?

*Die falsche Grundannahme, dass »meine Gruppe/unsere Lebensweise die einzig richtige ist und deshalb allen anderen ein Ende bereitet werden muss, weil ich mich schlecht fühle, wenn ich etwas beobachte, womit ich nicht übereinstimme«, ist die Grundlage des meisten Unglücks auf deinem Planeten. Nicht nur diejenigen verspüren den Schmerz, gegen die vorgegangen wird, sondern auch diejenigen, die gegen sie vorgehen. Tatsächlich sind die unglücklichsten und am wenigsten erfüllten Menschen unter euch diejenigen, die gegen andere vorgehen, weil sie dabei die wichtigste aller Beziehungen nicht zulassen: die Beziehung zwischen dir und Dir.*

Es war zwar deine Absicht, dass neue Wünsche in dir entstehen und du dir diese Wünsche erfüllst, aber du hattest nie die Absicht, andere in irgendeiner Weise daran zu hindern, sich *ihre* Wünsche zu erfüllen. Du wusstest, dass diese Welt groß genug ist, um es jedem zu ermöglichen, in ihr seine eigenen Wünsche zu erschaffen. Und du warst nicht beunruhigt, dass dich der Anblick ihrer Schöpfungen hindern könnte (selbst wenn dir nicht gefiel, was du sahst), weil du wusstest, dass du die Kraft haben würdest, dich auf das Erwünschte zu konzentrieren. Und so war es nicht nötig, das, was dir persönlich unerwünscht war, aus deiner Welt zu entfernen. *Deine Absicht bestand darin, zu entscheiden, was du willst, und es kraft deiner Konzentration und des Gesetzes der Anziehung anzuziehen – und das allen anderen auch zu erlauben. Du wusstest, dass Vielfalt nicht nur die Basis für deine Stärke und deine Entfaltung ist, sondern für deine Existenz schlechthin – denn wenn es keine Entfaltung gibt, kann auch nichts mehr existieren.*

## *Haben wir die Macht, andere zu beeinflussen, statt sie zu kontrollieren?*

JERRY: Ich möchte gerne noch etwas über die Macht der *Einflussnahme* oder die Macht der *Kontrolle* reden, die wir in unseren Beziehungen übereinander haben. Wie viel Macht haben wir wirklich über andere? Und wie können wir es vermeiden, durch die Einflussnahme von jemandem, der findet, dass wir uns etwas anderes wünschen sollten, von etwas, was wir uns wünschen, abgebracht zu werden?

ABRAHAM:

Es ist gut, dass du siehst, dass es einen Unterschied zwischen *Kontrolle* und *Einflussnahme* gibt, und wir möchten dein Verständnis gerne erweitern: Wenn jemand die Kontrolle über eine andere Person oder eine Situation zu erlangen versucht, gelingt ihm das niemals, denn der Haltung der Kontrolle wohnt ein so großer Wissensanteil darüber inne, was du nicht willst, dass deine Schwingung und dein Ort der Anziehung deinem eigentlichen Wunsch entgegenarbeiten. *Selbst wenn du dich mit anderen zusammenschließt, um gegen das Unerwünschte vorzugehen, und selbst wenn es den Anschein hat, als hätten deine Kräfte die gegnerischen Kräfte bezwungen, erlangst du doch nie wirklich Kontrolle, sondern verstärkst vielmehr deine Anziehung des Unerwünschten und trägst noch dazu bei. Die Gesichter und Orte mögen wechseln, aber Unerwünschtes begegnet dir immer, und es lässt sich nicht dauerhaft kontrollieren.*

Außerdem macht es einen gewissen Unterschied, *ob du nach der Kontrolle über eine Situation strebst und eine Situation dahingehend beeinflussen willst, dass sie sich ändert,* oder ob du zu diesem Zweck selbst Hand anlegst. Mit anderen Worten: Wenn du *Einfluss* zu nehmen versuchst, bedienst du dich vielleicht der Worte, um jemanden zu überreden, oder sogar der Androhung entsprechender Konsequenzen, während du bei der tatsächlichen Haltung der *Kontrolle* vielleicht deftigere Worte verwendest oder sogar Maßnahmen ergreifst, um das Verhalten eines anderen sicherzustellen.

Aber wir möchten festhalten, dass es sogar noch einen wichtigeren Unterschied als den zwischen *Einflussnahme* und *Kontrolle* gibt, und das ist der Unterschied zwischen der Einstellung, ob du dorthin zu kommen versuchst, wohin du willst, und dir dabei gewahr bist, was du *nicht willst*, und der Einstellung, ob du dorthin zu kommen versuchst, wohin du willst, und dir dabei gewahr bist, was du *willst*. Bei Ersterem geht es eher darum, jemanden zu einem anderen Verhalten zu *motivieren,* bei Letzterem darum, jemanden zu einem anderen Verhalten zu *inspirieren*.

*Wenn du dich um Motivation bemühst, bist du auf das ausgerichtet, was du nicht willst, und kannst deshalb keinen Nutzen aus deiner wahren Kraft ziehen, sie hilft dir nicht. Aber wenn du dich ganz auf das ausrichtest, was du willst, und dadurch jeden Widerstand und jedes Widerstreben gegen deinen Wunsch loslässt, setzt du die Energie frei, die Welten erschafft, und deine Macht der Einflussnahme ist enorm. Durch deine Verbundenheit mit deiner wahren Macht und dadurch, dass du sie zulässt, kannst du dann großen Einfluss darauf nehmen, dass andere in ihre Macht gelangen.*

## Eine ungleiche Familie in Harmonie bringen?

JERRY: Ein Wort zu familiären Beziehungen zwischen Eltern und Kindern. Wie kann ein unabhängig denkendes Kind, das ständig die Grenzen auslotet und dabei lernt und wächst, in Harmonie mit Eltern existieren, die es auf ihre statischen Denk- und Verhaltensweisen ausrichten wollen? Mit anderen Worten: Was ist, wenn deine Eltern keine Veränderungen oder neuen Gedanken sehen wollen?

ABRAHAM:
Das führt uns zur Erklärung einer weiteren falschen Grundannahme.

**Falsche Grundannahme 5:** *Weil ich älter bin als du, bin ich auch klüger als du, und deshalb solltest du zulassen, dass ich dich führe.*

Auch wenn deine Eltern und andere, die vor dir auf diesem Planeten eingetroffen sind, dir helfen, bei deiner Geburt eine Bühne der Stabilität für dich zu errichten, besitzen sie doch nicht die Weisheit, nach der du suchst. Deine Entfaltung wird sich deinen persönlichen Erfahrungen verdanken, und dein Wissen wird aus der Verbindung mit deiner Umfassenderen Perspektive kommen. *Die meisten Belehrungen, Regeln und Gesetze, die von Generation zu Generation weitergegeben werden, wurden von Menschen aufgeschrieben, die sich hinsichtlich der Verbundenheit mit ihrem Umfassenden Wissen nicht im Zustand des »Zulassens« befanden. Also: Die meisten Belehrungen, die du erfährst, kommen aus einer Perspektive des Mangels und können dich nicht zu einer verbesserten Situation führen.*

Natürlich gibt es Dinge physischer Natur, die ihr voneinander lernen könnt. Es gibt viele Entdeckungen und Kenntnisse, die schon vor deiner Geburt gemacht und erlangt wurden, sodass du nicht alles neu erfinden musst, um einen Nutzen daraus ziehen zu können. Aber auf deinem Planeten herrscht allenthalben eine Überzeugung vor, die ganz im Widerspruch zu dem steht, der du wirklich bist, und zu deinem wahren Daseinsgrund, was uns unmittelbar zur nächsten falschen Grundannahme führt:

**Falsche Grundannahme 6:** *Wer ich bin, entschied sich an dem Tag, als ich in meinem physischen Körper geboren wurde. Als wertloses Wesen wurde ich in ein Leben anhaltender Kämpfe hineingeboren, damit ich mich bemühe, größeren Wert zu erlangen.*

Du hast nicht an dem Tag begonnen, an dem du in deinem physischen Körper geboren wurdest. Du bist Ewiges Bewusstsein mit einer Ewigen Geschichte des Werdens und der Wertfülle. Und während ein Teil dieses wertvollen, Nicht-Körperlichen, Ewigen und mit *Gotteskraft* erfüllten Schöpferischen Bewusstseins einen Teil von sich in Gestalt des Wesens zum Ausdruck brachte, das du als dich selbst kennst – blieb der größere Anteil von *Dir* zurück und ist weiterhin Nicht-Körperlich in reiner, positiver Energie und vollkommenem Wert fokussiert.

Du bist so gern in diese körperliche Raum-Zeit-Realität gekommen, weil sie die vorderste Linie der Schöpfung ist und du ein Schöpfer bist. Du warst begeistert von der Idee, dich in dieser Welt des Gegensatzes zu fokussieren, weil du wusstest, wie wertvoll der Gegensatz bei deinem Bestreben sein würde, dich als Schöpfer auszurichten und zu erschaffen. Du wusstest, dass dein eigenes Leben bei dir zu ständig neuen Ideen führen würde und dass diese Ideen durch die Kraft deiner Fokussierung zu dem werden konnten, was in der physischen Welt »Realität« genannt wird. Und du wusstest, welche Freude es bereitet, die kreativen Manifestationen *auszuwählen, zu fokussieren* und *zuzulassen.* Du wusstest, dass du in jedem

Augenblick würdest spüren können, wie stark deine Schwingungsharmonie zwischen deinen gegenwärtigen Gedanken und dem Wissen ist, das die *Quelle* in dir zur gleichen Zeit von der gleichen Sache hat, und du wusstest, dass dieser Eindruck der positiven und negativen Emotionen die einzige Quelle und Hilfestellung deiner Führung sein würde, um auf deinem Ewigen Weg des Werdens zu erschaffen, zu entdecken und zu entfalten.

Vielleicht erinnerst du dich noch, wie du dich als Kind fühltest, wenn dir jemand seine Missbilligung zeigte. Das negative Gefühl, das du empfandest, gab dir einen Hinweis darauf, dass seine Meinung über dich nicht mit dem übereinstimmte, der du wirklich bist und was du wirklich weißt. In dem Augenblick begannst du zu spüren, wie diese Person dich dadurch, dass sie dich so verzerrt sah, von deiner Umfassenderen Perspektive *Dessen-der-du-bist* wegzog. Deine Führung (das negative Gefühl) ließ dich wissen, dass die Fokussierung, zu der sie dich gebracht hatte, nicht mit dem Fokus deiner *Quelle* übereinstimmte. *Obwohl es sich für dich nie gut anfühlte, dich (oder einen anderen) anders zu sehen, als die Quelle in dir dich (oder ihn) sieht, gewöhntest du dich mit der Zeit an das Unbehagen deiner allmählichen Entmächtigung, bis du dich schließlich auf der Suche nach Führung anderen zuwandtest und es zuließest, dass deine eigene Führung in den Hintergrund trat.*

Und jetzt kommen wir auf die Frage zurück: »Wie kann ein Kind in Harmonie mit Eltern existieren, die ihm *ihre* Denkweisen aufzwingen wollen?« Unsere vorherrschende Absicht wäre es, dem Kind dabei zu helfen, sich zu erinnern, wer es ist. Wir würden es an sein eigenes *Leitsystem* erinnern, wir würden ihm helfen, sich wieder mit seiner persönlichen Kraft zu verbinden und seine persönlichen Träume zu erkennen. Doch viele würden einwenden, dass das nicht so einfach ist. »Selbst wenn das Kind sich an all das wieder erinnern würde, ist es immer noch in einer Beziehung mit Menschen gefangen, die sich nicht daran erinnern, die nicht damit einverstanden sind, die größer als das Kind sind und die die Kontrolle über seine Erfahrungen haben. Wie könnte ein Kind unter solchen

Bedingungen jemals Harmonie finden?« Wir werden unsere Antwort zunächst an das Kind in der fraglichen Situation richten, dann an die Eltern und schließlich an dich, der du diese Frage stellst.

## An das Kind

Deine Eltern meinen es gut. Sie versuchen dich meistens nur auf die Kämpfe im Leben vorzubereiten, die *sie* auf *ihrem* Weg austragen mussten. Ihr Verhalten zeigt, dass sie sich nicht nur nicht daran erinnern, wer du bist, sondern sich auch nicht mehr daran erinnern, wer sie sind. Deshalb sind sie immer so vorsichtig. Sie fühlen sich verletzbar und sie halten dich ebenfalls für verletzbar.

Es wäre einiges an Erklärungen nötig, um deinen Eltern zu helfen, sich zu erinnern, und wenn sie nicht danach fragten, würden sie ohnehin nichts von dem hören können, was wir zu sagen haben ... Es besteht eine gute Chance, dass du bereits erwachsen und aus dem Haus sein wirst, bevor *sie* Fragen stellen oder zuhören oder sich erinnern.

Wenn du fragst und zuhörst (egal wie alt du bist), dann sagen wir dir gerne das Wichtigste, was dir jemand sagen kann: *Es spielt keine Rolle, was ein anderer über dich denkt. Es spielt nur eine Rolle, was du denkst. Und wenn du bereit bist, sie denken zu lassen, was immer sie denken wollen, über alles, selbst über dich, dann werden deine Gedanken bei dem bleiben, der du wirklich bist, und du wirst dich, ungeachtet all dessen, mit der Zeit wohl fühlen.*

Wenn du dies hörst und dich erinnerst, dass es wahr ist, *dass du ein machtvoller Schöpfer bist, der den Gegensatz erfahren wollte, um dir bei der Entscheidung zu helfen, was du als Nächstes willst,* wird dir das bei anderen, die sich nicht erinnern, helfen, mehr Geduld zu haben. Wenn du dich erinnerst, dass alles auf dich und deine Gefühle reagiert, und du dann die Kontrolle über deine Gefühle erlangst, wirst du von vielen verschiedenen Orten enorm dabei unterstützt, die Kontrolle über deine Erfahrung zu erlangen.

Wenn du allein bist und an einige der Probleme denkst, die du mit deinen Eltern hattest – lädst du weitere Gelegenheiten ein, Schwierigkeiten zu haben. Doch wenn du allein bist und an angenehmere Dinge denkst – lädst du keine Schwierigkeiten zu dir ein. *Du hast erheblich mehr Kontrolle darüber, wie andere dich behandeln, als dir manchmal bewusst ist. Je weniger du an Probleme denkst, desto weniger Probleme bekommst du. Je weniger du daran denkst, dass deine Eltern dich kontrollieren wollen, desto weniger wollen sie dich kontrollieren. Je mehr du an Dinge denkst, die dir gefallen, desto wohler wirst du dich fühlen. Je wohler du dich fühlst, desto besser wird alles für dich laufen.*

Du hast den Eindruck, deine Eltern trügen die Verantwortung dafür, wie sie dich behandeln, doch das stimmt nicht. *Du* trägst die Verantwortung dafür, wie deine Eltern dich behandeln, und wenn du dies hörst und dich darauf einstellst, wird ihr verändertes Verhalten dir den Beweis bringen. Und das Beste ist, dass du ihnen zeigen wirst (selbst wenn sie es nicht erkennen), wie viel besser es ist, durch *Inspiration* zu Harmonie zu gelangen, statt sie *einzufordern*.

## An die Eltern

*Je mehr Dinge ihr in eurem Kind seht, die ihr nicht sehen wollt – desto mehr werdet ihr davon sehen. Das Verhalten, das ihr in eurem Kind auslöst, zeigt mehr von euch als von eurem Kind. Im Grunde gilt das für alle eure Beziehungen, aber weil ihr öfter an euer Kind denkt als an die meisten anderen Menschen, spielt eure Meinung über euer Kind eine größere Rolle in seinem Verhalten.*

Wenn ihr das unerwünschte Verhalten, das ihr in eurem Kind seht, herunterspielen würdet, indem ihr es ignoriert, und es in euren Gedanken nicht immer wieder von Neuem durchspielen, nicht mit anderen darüber sprechen und euch keine Sorgen darüber machen würdet, dann würdet ihr nicht unablässig zu diesem unerwünschten Verhalten beitragen.

Ist jemand oder etwas der Gegenstand eurer Aufmerksamkeit, so wendet ihr euch in eine von zwei Richtungen: in Richtung dessen, was *er-*

*wünscht* ist, oder in Richtung dessen, was *nicht erwünscht* ist. Wenn ihr euch darin übt, euch bei euren Gedanken an euer Kind dem zuzuwenden, was erwünscht *ist,* werdet ihr sehen, dass die Verhaltensmuster sich eher in Richtung dessen verschieben, was ihr sehen wollt. *Euer Kind ist ein machtvoller Schöpfer, der sich gut fühlen und wertvoll sein will. Wenn ihr ihm nicht den Augenblick vorhaltet und ihm andere Möglichkeiten eröffnet, wird es sich zur Güte seines natürlichen Wesens erheben.*

Befindet ihr euch im Zustand der *Furcht, Sorge,* des *Zorns* und der *Frustration* – werdet ihr in eurem Kind *unerwünschtes* Verhalten hervorrufen.

Befindet ihr euch im Zustand der *Liebe, Wertschätzung,* des *Eifers* und der *Freude* – werdet ihr in eurem Kind *erwünschtes* Verhalten hervorrufen.

*Euer Kind wurde nicht geboren, um euch gefällig zu sein.*
*Ihr wurdet nicht geboren, um euren Eltern gefällig zu sein.*

## An dich, der du diese Frage gestellt hast

Sorge dich nicht um ein Kind, das seine Freiheit an unwissende Eltern verliert, und sorge dich nicht um unwissende Eltern, die ihre Freiheit an ihre Kinder verlieren. Wisse, dass sie alle die Erfahrung des gemeinsamen Erschaffens machen wollten, damit sie sich ihrer Wünsche neu gewahr werden. Betrachte sie einfach alle als Personen, die einen *Ersten Schritt* machen (Fragen stellen), durch den sie ständig klarstellen, was sie wollen.

Durch das Gefühl der elterlichen Vorherrschaft entsteht in dem *Kind* der Wunsch danach …

… mehr Freiheit zu haben.
… wertgeschätzt zu werden.
… andere mehr wertzuschätzen.
… unabhängig zu sein.

... mehr Gelegenheiten zur Entfaltung zu haben.
... mehr Gelegenheiten zu haben, sich auszuzeichnen.

Durch die Ausübung der elterlichen Kontrolle entsteht im *Elter* der Wunsch danach ...

... mehr Freiheit zu haben.
... häufiger zusammenzuarbeiten.
... dass sein oder ihr Kind ein gutes Leben führt.
... dass sein oder ihr Kind bereit ist für die Welt, in die es eines Tages hinausgehen soll.
... verstanden zu werden.

Mit anderen Worten: Diese gegensätzliche Erfahrung des gemeinsamen Erschaffens veranlasst alle Beteiligten, weitere Wünsche auszusenden, sich Schwingungsmäßig an diese neuen Orte zu begeben und sich dadurch zu entfalten. Und der einzige Grund, weshalb einer von ihnen jemals eine negative Emotion empfinden könnte, ist der, dass er oder sie sich im Augenblick ihrer negativen Emotion diese Entfaltung *verwehrt. Das Leben hat sie dazu gebracht, zu etwas zu werden, das sie sich zurzeit noch nicht erlauben zu sein, und beide, Elternteil und Kind, benutzen einander als Ausrede dafür, es nicht zu sein ... Vor deiner Geburt warst du begeistert von der Vorstellung gegensätzlicher Beziehungen, die deine Entfaltung herbeiführen würden, und wann immer du dir erlaubst, mit dieser Entfaltung Schritt zu halten, wirst du danach den vermeintlichen Kampf, der dazu führte, segnen.*

## Erledigt das Gesetz der Anziehung auch Hausarbeiten?

JERRY: Würdet ihr noch etwas näher ausführen, auf welche Weise Familienmitglieder *harmonisch* die gemeinsamen häuslichen Aufgaben bewältigen, beim familiären Fluss der allgemeinen Tätigkeiten helfen und dabei ihr individuelles Freiheitsgefühl bewahren können?

ABRAHAM:

Wenn du von *Aufgaben* sprichst, meinst du gewöhnlich *Tätigkeiten,* und wir wissen natürlich, dass bei der Herbeiführung, Bewältigung und Aufrechterhaltung einer häuslichen Umgebung viele aufgabengebundene Tätigkeiten anfallen. Und wir wissen auch, dass es den meisten Menschen logisch erscheint, bei einer bestimmten Anzahl von Aufgaben, die erledigt werden müssen, und wenn eine bestimmte Anzahl von Personen sich diese Aufgaben teilen muss, jemanden zu haben, der die *Einteilung* vornimmt. In solchen Situationen läuft allerdings gewöhnlich schief, dass die Personen, die den Familienmitgliedern ihre Aufgaben zuweisen, das oft von einem persönlichen Ort des Ungleichgewichts aus tun. Sie fühlen sich nicht etwa wegen der Menge an Arbeit, die sie persönlich bewältigen, aus dem Gleichgewicht gebracht, sondern wegen des Grolls, den sie darüber empfinden, mehr tun zu müssen, als ihrer Auffassung nach ihrem persönlichen Anteil entspricht, oder wegen der Frustration, die sie darüber empfinden, dass die Arbeit nicht so erledigt wird, wie sie ihrer Meinung nach erledigt werden sollte ... *Auch wenn wir hier von der Bewältigung täglicher Haushaltspflichten reden, ist es nötig, zuerst die persönliche Harmonie zu erreichen, und das führt uns zu einer weiteren falschen Grundannahme.*

***Falsche Grundannahme 7:*** *Wenn ich mich nur genug anstrenge und schwer genug arbeite, kann ich alles erreichen.*

Bist du Schwingungsmäßig nicht im Gleichgewicht mit den Ergebnissen, die du dir wünschst, kann kein Handeln auf der Welt das ausgleichen. Wenn du deine Arbeit nicht machst, um die Schwingungsmäßige Harmonie mit dem zu erreichen, was du wirklich willst, sondern stattdessen auf eine Weise handelst, die gegen bestehende Probleme angeht oder sie zu lösen versucht, wird das *Gesetz der Anziehung* dir einen ständigen Strom von Problemen bringen, die du lösen darfst – und du wirst sie niemals hinter dir lassen. Bist du auf Probleme ausgerichtet – wird das *Gesetz der Anziehung* dir schneller Probleme bringen, als du sie bewältigen kannst.

Bist du auf ein unordentliches Zuhause ausgerichtet – wird das *Gesetz der Anziehung* dir mehr Erfahrungen von Unordnung, Durcheinander und Problemen bringen, als du bewältigen kannst.

*Einfach ausgedrückt: Die Reaktion des Gesetzes der Anziehung auf deine Schwingung wird immer stärker sein als deine Fähigkeit, durch dein Handeln damit Schritt zu halten. Es führt einfach kein Weg von hier nach dort. Der einzige Weg, Ordnung in dein Leben, dein Zuhause oder deine Beziehungen zu bringen, besteht darin, die mächtige Wirkung der energetischen Harmonie zu nutzen. Wenn du das tust, werden Dinge, die dir vorher mühsam erschienen sind, sich mühelos von selbst ergeben.*

Lässt du nicht vom ständigen Gewahrsein unerledigter Aufgaben und unkooperativer Familienmitglieder ab, wirst du niemals eine Zusammenarbeit mit anderen, die sich gut anfühlt, herbeiführen können. Du musst vom Kampf ablassen und dich auf das Endergebnis dessen ausrichten, wonach du strebst. *Du musst gefühlsmäßig den Ort eines wundervollen gemeinsamen Zuhauses einnehmen, das organisiert ist und in dem du dich wohl fühlst, bevor du dieses Verhalten in anderen anregen kannst. Die Menschen in deinem Leben werden dir immer genau das geben, was du erwartest. Ausnahmslos.*

Viele Menschen sagen uns, dass ihre negativen Erwartungen von der Beobachtung negativen Verhaltens herrühren und nicht anders herum. »Ich hatte nicht *erwartet,* dass mein Sohn sich weigert, den Abfall hinauszutragen, bis er sich dauernd weigerte, es zu tun.« *Du kannst dich in einer Endlosschleife wiederfinden, in der du erklärst, dass du dich wegen des schlechten Verhaltens eines anderen schlecht fühlst. Aber wenn du stattdessen die Kontrolle über deine eigenen Emotionen übernimmst und einen besseren Gedanken denkst, weil sich das eben besser anfühlt, wirst du feststellen, dass, egal wie dieser negative Trend auch anfing, du ihn umkehren kannst. Du hast nicht wirklich die Kontrolle darüber, was ein anderer mit seiner Schwingung macht (oder wie er handelt), aber du hast die vollkommene Kontrolle über deine eigenen Gedanken, Schwingungen und Emotionen und über deinen Ort der Anziehung.*

## Aber wenn wir doch keine gemeinsamen Interessen mehr haben?

JERRY: Wenn Menschen in einer Beziehung, die einst harmonisch war, feststellen, dass ihre Interessen sich geändert haben und sie jetzt oft Meinungsverschiedenheiten haben, wie können sie dann zur Harmonie zurückfinden, obwohl sie unterschiedliche Überzeugungen und Wünsche haben?

ABRAHAM:
Diese Frage führt uns zu einer weiteren falschen Grundannahme.

**Falsche Grundannahme 8:** *Um mit einer anderen Person in Harmonie leben zu können, müssen wir die gleichen Dinge wollen und glauben.*

Oft wenden Menschen sich so nachdrücklich gegen vieles, was sie nicht wollen, dass sie, wenn sie Menschen begegnen, die das Gleiche glauben wie sie – die bereit sind, sich gegen dieselben unerwünschten Dinge zu wenden –, der Meinung sind, im gemeinsamen Vorgehen *Harmonie* gefunden zu haben. Das Problem dabei ist, dass sie darauf ausgerichtet sind, was sie *nicht wollen*, und deshalb weder mit ihren eigenen Wünschen noch mit dem größeren Anteil ihres Selbst in Harmonie sind (der immer mit ihren Wünschen in Harmonie ist). Da sie sich gegen ihre Gegner wenden, ist ihr grundsätzliches Seinsgefühl also eines der äußersten Disharmonie. Und auch wenn sie Übereinstimmung mit anderen Menschen finden, die sich gegen die gleichen Vorstellungen wenden, könnten sie von der Harmonie nicht weiter entfernt sein.

*Erst musst du die Harmonie zwischen dir und Dir herbeiführen, und dann – auf keinen Fall vorher – sind andere Formen der Harmonie möglich. Erreichst du eine dauerhafte Harmonie zwischen dir und Dir (was wir als den Zustand des Zulassens bezeichnen), dann ist es möglich, auch mit anderen Harmonie zu finden, selbst wenn ihr nicht übereinstimmt. Das ist sogar die perfekte Umgebung für Entfaltung und Freude: die Vielfalt der Überzeugungen und Wünsche – aber die Harmonie mit der Quelle.*

Beziehungen sind am Anfang gewöhnlich besser, weil beide nach Dingen Ausschau halten, die sie sehen wollen. Und so sind eure Erwartungen am Anfang einer Beziehung gewöhnlich positiver. Nach positiven Aspekten Ausschau zu halten ist auch ein mächtiges Werkzeug, um seine eigene Harmonie oder Ausrichtung auf sich selbst zu finden. Am Anfang glaubt ihr vielleicht beide, dass euer wundervolles Gefühl sich der Harmonie verdankt, die ihr mit dem oder der anderen gefunden habt, obwohl ihr in Wahrheit einander als euren positiven Grund benutzt, mit *Dem-der-ihr-wirklich-seid* in Harmonie zu kommen.

*Die Quelle in dir sieht nur positive Aspekte in deinem Partner, und wann immer du positive Aspekte findest, bist du in Harmonie mit Dem-der-du-wirklich-bist.*

## *Und wenn jemand die Beziehung nicht beenden will?*

**JERRY: Aber was ist, wenn deine Wünsche einmal *wirklich* anders sind als die deines Partners? Was ist, wenn einer von beiden beschlossen hat, die Beziehung zu beenden, und der andere will sie fortsetzen?**

ABRAHAM:

*Wir verstehen, dass das den Eindruck vermitteln kann, »unterschiedliche Wünsche« zu haben, aber im Herzen beider Menschen gibt es ein mächtiges beiderseitiges Verlangen: den Wunsch, sich besser zu fühlen.* Der eine glaubt, dass die Trennung der beste Weg ist, um sich besser zu fühlen, während der andere glaubt, dass der beste Weg darin besteht, zusammenzubleiben.

Beginnen wir die Erörterung damit, dass wir auf eine weitere falsche Grundannahme hinweisen, die in dieser Frage wesentlich zu dem Durcheinander beiträgt.

**Falsche Grundannahme 9:** *Der Weg zu meiner Freude führt über das Handeln. Wenn ich mich schlecht fühle, kann ich durch Handeln an einen Ort gelangen, an dem ich mich besser fühle. Ich kann mich auf eine Situation konzentrieren, die ich für den Grund dafür halte, dass ich mich schlecht fühle, und sie hinter mir lassen. Und sobald ich sie hinter mir habe, werde ich mich besser fühlen. Ich kann dorthin gelangen, wohin ich will, indem ich das hinter mir lasse, was ich nicht will.*

Die positiven Momente, die du in deiner Beziehung vielleicht einst empfunden hast, rührten nicht von der Harmonie her, die ihr miteinander geteilt hattet (und die jetzt verschwunden zu sein scheint), sondern vielmehr von deiner eigenen Ausrichtung auf *Den-der-du-wirklich-bist*. Es ist wahr, dass es dir leichter fällt, in Harmonie mit dir selbst zu sein, wenn du nicht auf Unerwünschtes ausgerichtet bist. Eine Person in deiner Nähe, die dir angenehm ist, *kann* dir daher als positiver Gegenstand der Aufmerksamkeit dienen, indem sie dich *nicht* von deiner Ausrichtung ablenkt. Aber die Überzeugung, dass eine andere Person dich glücklich »machen« könnte, ist unzutreffend. *Dein Glück ist dein natürlicher Seinszustand.* Die richtige Sichtweise ist, dass du diese derzeit angenehme Person nicht zum Anlass nimmst, dich von dem zu entfernen, der du wirklich bist. Im Zustand des Unglücklichseins nimmst du die derzeit unangenehme Person zum Anlass, dich von dem zu entfernen, der du wirklich bist.

*Dein wahres Glück erfährst du, wenn du feststellst, dass kein anderer als du selbst verantwortlich dafür ist, wie du dich fühlst. Wenn du glaubst, dass andere dafür verantwortlich sind, wie du dich fühlst, bist du in echter Unfreiheit, weil du nicht kontrollieren kannst, wie sie sich verhalten oder wie sie sich fühlen.*

Es ist nur natürlich, dass du einfach alles hinter dir lassen willst, was sich nicht gut anfühlt, aber in einem auf Einvernahme beruhenden Universum ist das nicht möglich. Du kannst dich nicht auf Unerwünschtes konzentrieren – und dadurch das Unerwünschte in deiner Schwingung aktivieren – und es dann einfach hinter dir lassen, denn die Zugkraft des *Gesetzes der Anziehung* ist stärker als jede Handlung, die du aufbieten kannst.

*Lässt du eine unangenehme Situation hinter dir, indem du einfach davongehst, wird das Gesetz der Anziehung dir eine andere Situation bringen, die sich ganz ähnlich anfühlt, und das gewöhnlich recht schnell. Du kommst nicht von hier nach dort. Um an den Ort zu gelangen, an den du willst, an diesen Ort, an dem du dich besser fühlst, musst du die Harmonie zwischen dir und Dir erreichen.*

## 30 Minuten harmonisierende Energiearbeit

Du kannst einen Tag voll harmonischer Energie beginnen, indem du am Abend zuvor auf bestimmte Weise zu Bett gehst.

Finde etwas in deiner Nähe – dein Bett, dein Bettlaken, dein Kissen –, dem du deine Wertschätzung zeigen kannst. Dann formuliere deine Absicht, gut zu schlafen und erfrischt aufzuwachen. Wenn du am nächsten Morgen aufwachst, bleibe noch mindestens fünf Minuten in weiterer Wertschätzung liegen, dann erfrische dich durch Baden und Essen. Setze dich für weitere fünfzehn Minuten hin und beruhige deine Gedanken. Spüre, wie jeder Widerstand, den du vielleicht hast, von dir abfällt, und spüre auch, wie deine Schwingung steigt. Dann öffne die Augen und setze dich noch einmal für fünf bis zehn Minuten hin, um eine Liste dessen aufzustellen, was du in deinem Leben zu schätzen weißt.

Wenn du diese harmonisierende Energiearbeit leistest, wird dein Ort der Anziehung dir nicht nur Aktivitäten und Begegnungen mit Menschen, Orten und Dingen bringen, die dir ein gutes Gefühl bereiten – es wird sich auch deine Fähigkeit, ihre köstlichen Tiefen zu erfahren, dramatisch verstärken. Statt in dem Versuch, dir ein gutes Gefühl zu *bereiten,* Dinge zu tun und Orte aufzusuchen, wirst du dich einfach *gut fühlen*. Lass diese Dinge, Menschen und Orte zu *dir* kommen. Es ist durchaus möglich, dass sich, sobald du mit *Dem-der-du-wirklich-bist* in Harmonie gelangst, eine neue Beziehung ergibt. Aber ebenso gut ist es möglich, dass die Beziehung, in der du gerade bist, von deinem harmonischen Seinsort aus angezogen wurde und sich jetzt, da du diese Harmonie wiedergefunden hast, für dich erneuert.

Bist du von einem Ort der Harmonie aus in deine derzeitige Beziehung eingetreten, so ist das Potenzial dafür, dass sie wieder zu einem Ort des Wohlgefühls wird, hoch. Bist du in diese Beziehung eingetreten, weil du vor etwas Unerwünschtem flohst, gründet diese Beziehung vielleicht eher auf dem, was du *nicht willst*, als auf dem, was du *willst*.

*Jedenfalls ist es immer das Beste, sich selbst erst gut zu fühlen, bevor man zu handeln beginnt, und wenn du dich nicht gut fühlst, kannst du zu keiner Handlung inspiriert werden, die dieses Problem löst.*

## Gibt es eine Person, die für mich perfekt ist?

**JERRY: Gibt es »die eine Person«, mit der wir eine perfekte Beziehung führen können? Und wenn es sie gibt, habt ihr irgendwelche Empfehlungen für uns, wie wir diese Person finden können? Und was haltet ihr von dem Begriff »Seelengefährte«? Mit anderen Worten: Gibt es für jeden von uns einen idealen spirituellen Partner?**

ABRAHAM:

Dein ganzes Leben lang hast du durch deinen Austausch mit anderen die charakteristischen Merkmale an denjenigen bestimmt, die du am attraktivsten findest, und zunehmend hast du Wünsche hinsichtlich dieser begehrenswerten Eigenschaften ausgesandt. Mit anderen Worten: Nach und nach hast du (in deiner eigenen Schwingungsrealität) deine Version deines perfekten Partners erschaffen. Aber bevor du deinen perfekten Partner finden kannst, musst du eine Schwingungsmäßige Entsprechung zu diesem Begehren aufbringen, und das heißt, du musst ständig eine Schwingungsmäßige Entsprechung zu dem sein, was du dir wünschst.

Fühlst du dich einsam oder empfindest du Frustration, weil du deinem Partner noch nicht begegnet bist, so entsprichst du *nicht* deiner Schwingungsrealität, und eure Begegnung wird sich aufschieben. Bist du neidisch auf andere, die wundervolle Beziehungen haben, so entsprichst du *nicht* deiner Schwingungsrealität, und eure Begegnung wird sich aufschieben. *Denkst du an die Vergangenheit und an unangenehme Beziehungen und benutzt diese als Rechtfertigung dafür, dass du eine bessere willst oder brauchst, so bist du eine Entsprechung zu dem, was du nicht willst, und das, was du willst, wird sich aufschieben. Aber wenn du dich an einen Ort des ständigen Wohlbefindens versetzen kannst, auch in Ermangelung der Beziehung, nach der du dich sehnst, ist dir die Begegnung sicher. So will es das Gesetz.*

Unter »Perfektheit« deines Partners ist zu verstehen, dass er den Dingen entspricht, um die dein Leben dich veranlasst hat zu bitten, aber das Auffinden eines solchen Partners hängt davon ab, ob du erst zu einer Entsprechung zu diesen Wünschen wirst. Du kannst deinen perfekten Partner nicht in dem Bewusstsein finden, dass dir in deinem Leben ein Partner fehlt. Du musst einen Weg finden, nicht länger die Schwingung eines »fehlenden Partners« auszusenden.

Genauso wie du ständig deine *aktuelle* physische Erfahrung filterst und neue Wünsche aussendest – hast du schon vor deiner Geburt aus deiner Nicht-Körperlichen Perspektive Wünsche hinsichtlich deiner physischen Erfahrung ausgesandt. Und manchmal gehörten zu diesen Wünschen oder Absichten auch so spezielle Dinge wie schöpferische Eigenschaften, Talente oder Pläne, die du erfüllen, oder besondere Menschen, mit denen du gemeinsam etwas erschaffen wolltest. Ein »Seelenpartner« wäre eine solche Person. Aber normalerweise spielen wir diese Vorstellung vom »Seelenpartner«, wie die meisten Menschen sie verstehen, herunter, *weil eigentlich jede Person, mit der du diesen Planeten teilst, eine Art Seelenpartner ist.* Und das Gefühl der Verbundenheit, nach dem die Menschen suchen, das Entzücken, mit jemandem zusammen zu sein, bei dem einem das Herz in Flammen steht, ist im Grunde keine Funktion der Person, mit der du zusammen bist, sondern vielmehr eine Funktion deiner eigenen Verbundenheit mit dir. Der Begriff *Seelenpartner* bedeutet für uns eher, dass du dich mit deiner eigenen *Seele* oder *Quelle* oder deinem *Inneren Wesen* oder *Selbst* zusammenfindest oder bewusst damit in Verbindung trittst. Wenn du in deinem physischen Hier und Jetzt eine Schwingung aussendest, die der deines *Inneren Wesens* entspricht, hast du in der Tat deinen *Seelenpartner* gefunden.

Und wenn du das *unablässig* tust, werden sich enorm befriedigende Menschen von dir angezogen fühlen.

*Denke daran, was du in einer Beziehung willst und warum du es willst. Schau dich nach Menschen um, die gute Beziehungen führen, und empfinde Wertschätzung für sie. Mache Listen mit den positiven Aspekten derjenigen, mit denen du Zeit verbracht hast ... Einer der schnellsten Wege zu einer wundervollen Partnerschaft besteht übrigens darin, ein Thema zu finden, das sich immer gut anfühlt, und sich auch dann darauf zu konzentrieren, wenn es nichts mit Beziehungen zu tun hat.*

Wenn du dich erinnerst, dass du Schwingungsmäßig bereits deine perfekte Beziehung erschaffen hast und in deiner Schwingungsrealität alles für dich aufgereiht ist und dass deine Arbeit jetzt nur noch darin besteht, keine Schwingung auszusenden, die in die entgegengesetzte Richtung geht – und dass diese perfekte Beziehung zu dir kommen *muss* –, dann *geschieht* es auch. Der vorrangige Grund, warum Menschen nicht sofort ihrem perfekten Partner begegnen, sind ihr fehlendes Gewahrsein und ihr Unbehagen, vielleicht keinen zu finden. Erinnere dich oft daran, dass deine Arbeit getan ist, dass du deinem Wunsch Ausdruck verliehen hast, dass du dein Begehren ausgesandt hast und die *Quelle* sich bereits um diese miteinander verbundenen Wünsche kümmert, dass das *Gesetz der Anziehung* die Umstände und Ereignisse, durch die die Begegnung erfolgen wird, bereits organisiert hat und deine Aufgabe (deine einzige Aufgabe) nun darin besteht, mit dem aufzuhören, was immer es ist, das eure Begegnung *verhindert*. Wenn du das tust, was immer es auch ist, empfindest du immer und ausnahmslos eine negative Emotion. Bist du also einsam, mürrisch, ungeduldig, mutlos oder eifersüchtig – dann schiebst du die Begegnung auf.

Stünden wir an eurer Stelle, würden wir uns erinnern, dass wir die Arbeit des Präzisierens und Bittens bereits hinter uns haben. Wir würden akzeptieren, dass die Schöpfung bereits erfolgt ist. Es ist getan! Und dann würden wir nur noch daran denken, weil es uns Freude bereitet. *Ist der momentane Gedanke segensreich und angenehm, ohne die widersprüchliche Energie, etwas herbeiführen zu wollen, was noch nicht geschah, ist deine Schwingung rein und kraftvoll, und deine Schöpfung kann leicht und ohne Hindernisse fließen.*

## Den perfekten Geschäftspartner finden

JERRY: Wenn ihr nach einem Geschäftspartner suchtet, würdet ihr dann nach jemandem mit außerordentlichen Fähigkeiten und besonderen Talenten Ausschau halten oder nach jemandem, der eher mit den allgemeinen Absichten übereinstimmt?

ABRAHAM:

Wir wollen deine Frage umfassend beantworten, aber erst möchten wir eine weit verbreitete falsche Grundannahme erläutern, auf die du uns gerade hingewiesen hast.

**Falsche Grundannahme 10:** *Ich kann nicht alles haben, was ich mir wünsche, und deshalb muss ich einiges von dem, was mir wichtig ist, aufgeben, um anderes zu bekommen.*

Wenn du Beziehungen erlebt hast, bei denen der andere einige angenehme und einige unangenehme Charakterzüge hatte, ist es leicht zu verstehen, warum du zu der Auffassung gelangt bist, dass das Schlechte mit dem Guten einhergeht und du die unerwünschten Anteile hinnehmen musst, um in den Genuss der angenehmen Anteile kommen zu können. Und da die meisten Menschen sich kaum die Mühe machen, ihre Gedanken über das bloße Beobachten *Dessen-was-ist* hinauszuführen, setzen sie gewöhnlich das Muster fort, sich auf *Das-was-ist* einzustellen – wodurch sie noch mehr von dem bekommen, worauf sie sich eingestellt haben – und sich dadurch weiter darauf einstellen – wodurch sie noch mehr von dem bekommen, worauf sie sich eingestellt haben – und sich dadurch weiter darauf einstellen – wodurch sie noch mehr von dem bekommen, worauf sie sich eingestellt haben ... und dann zu dem Schluss kommen, dass sie wenig oder überhaupt keine Kontrolle über diejenigen haben, mit denen sie im Austausch stehen.

*Stellst du dich auf die erwünschten Charakterzüge derjenigen um dich herum ein, richtest du dein Schwingungsangebot also darauf aus, nur in ihren besten Aspekten eine Entsprechung zu finden, kann das Gesetz der Anziehung nicht mehr in den schlechten Aspekten von ihnen eine Entsprechung finden. Stellst du dich auf ihre schlechtesten Aspekte ein und richtest du dein Schwingungsangebot darauf aus, nur im Schlechten eine Entsprechung zu finden, kann das Gesetz der Anziehung für dich keine Entsprechung mehr im Besten von ihnen finden.*

Sagst du von einer Person, dass sie »außerordentliche Fähigkeiten« besitzt, ist sie gewöhnlich in Harmonie mit *Dem-der-sie-wirklich-ist. Die Brillanz, Klarheit und Intuition, durch die »außerordentliche Fähigkeiten« sich auszeichnen, sind Charakterzüge einer harmonischen Person.*

Wenn wir nach einem Partner suchen, ob geschäftlich oder privat, suchen wir zunächst nach jemandem, der in Harmonie mit sich ist, denn wenn jemand auf die Fülle *Dessen-der-er-ist* eingestimmt ist, fühlt er sich gut, ist inspiriert, harmoniert mit Wohlbefinden und Liebe und all den guten Dingen ... *Darüber, wie man eine solche Person findet, können wir dir nur sagen, dass du erst in Harmonie mit dir selbst sein musst, weil du sonst keine Schwingungsmäßige Entsprechung für eine solche Person darstellst.*

*Viele Menschen, die nicht in Harmonie mit sich selbst sind, wenden sich an ihren Partner, damit er Besserung herbeiführt, aber das Problem daran ist, dass du dann keinen Zugang zu der harmonischen Person hast, sie aber benötigst, damit es dir besser geht, sofern du nicht in Harmonie mit dir selbst bist. Du kommst einfach nicht von hier nach dort.*

Unsere Antwort auf diese wichtige Frage lautet also: Es gibt eindeutig glückliche Menschen, die nicht deine Fähigkeiten oder Interessen mitbringen, und es gibt Menschen, die alle für deine Geschäfte erforderlichen Fähigkeiten mitbringen, ohne jedoch glücklich zu sein. *Wir würden nach einer talentierten Person Ausschau halten – mit Fähigkeiten, die unseren Erfordernissen entsprechen –, die offensichtlich glücklich ist. Kurz und gut: Suche nach Harmonie zwischen dir und Dir (das heißt, sei glücklich), dann wird alles, wonach du suchst, seinen Weg zu dir finden.*

## Wer ist am besten geeignet, uns zu regieren?

JERRY: Zum Thema Regierung. Von wem unter uns habt ihr den Eindruck, dass er am besten geeignet wäre, für das Leben der anderen die Standards, Vorgaben und Bedingungen festzulegen?

ABRAHAM:
Deine Frage führt uns zu einer früher schon erwähnten falschen Grundannahme, wonach es eine *richtige* und eine *falsche* Lebensweise gibt und die Bestimmung deiner Gesellschaft darin besteht, letztlich die richtige Lebensweise zu finden und dann alle anderen davon zu überzeugen, sich dieser »richtigen« Lebensweise zu bedienen.

Die Vielfalt eures Planeten ist von höchstem Wert und Nutzen, *denn ihr entspringen alle neuen Ideen und jedwede Entfaltung. Ohne Vielfalt gäbe es nichts als Gleichgültigkeit und allgemeines Beenden.*

Treiben wir die falsche Grundannahme ein wenig weiter, indem wir so tun, als gelangte die derzeitige Bevölkerung völlig ins Einvernehmen miteinander. Sagen wir, dass ihr durch Überzeugung oder Zwang zu einem weltweiten Einvernehmen über die richtige Lebensweise gelangt. Aber jeden Tag werden aus *ihrer* kraftvollen Nicht-Körperlichen Perspektive des Verstehens heraus neue Babys geboren – und sie wünschen sich Vielfalt. Es ist ein dermaßen perfekter Prozess, bei dem ein zahlenmäßig kleiner Anteil sich in eure Umgebung begibt (durch Geburt) und ein zahlenmäßig kleiner Anteil geht (durch Tod), während der größte Teil eurer Bevölkerung bleibt und euch mit Kontinuität und Stabilität versieht.

*Als Individuen, die ihr Leben führen, äußert ihr individuell, aber auch kollektiv, Schwingungsmäßig unablässig den Wunsch nach einem besseren Leben auf eurem Planeten, und es gibt keine Möglichkeit, individuell oder kollektiv das Angebot dieser Schwingungsmäßigen Wünsche zu beenden – und das auf Reaktion ausgerichtete Universum kommt diesen Wünschen unablässig nach.*

Diese stabile Mehrheit eurer Bevölkerung, von der wir gerade sprachen, hält gewöhnlich (durch die Aufmerksamkeit auf *Das-was-ist)* hartnäckig an ihren eingeschränkten Überzeugungen fest, die sie daran hindern, den unmittelbaren Nutzen aus der angestrebten Verbesserung zu ziehen, aber dann sterben eure alten und eingeführten Lebensweisen auch wieder, während offenere und sehnlich herbeigewünschte neue Lebensweisen geboren werden.

*Und so verbessert sich das Leben unablässig als Reaktion auf die Wünsche, die das Leben euch abverlangt.*

Viele würden argumentieren, dass es Ideologien gibt, die einem besseren Leben dienlicher sind, und dass es selbst innerhalb dieser Ideologien Menschen gibt, die besser als andere zu Anführern und Lenkern geeignet sind und dazu, Gesetze zu erlassen und Entscheidungen darüber zu treffen, wie man ein besseres Leben führt, und all dieses Erschaffen von Gussformen für das Leben ist ja auch recht angenehm und befriedigend. Aber auf eurem Planeten spielt sich etwas sehr viel Größeres ab: *Ihr seid Milliarden Menschen, die die perfekte Vielfalt leben, genauso wie ihr von vornherein wusstet, dass es geschehen würde, die ständig um Verbesserung bitten und dadurch für die nächste Generation diese bessere Lebenserfahrung herbeiführen. Wenn ihr das versteht und nicht länger nach der »einen richtigen Lebensweise« sucht, würde für euch bald alles viel besser laufen.*

Die Antwort auf deine Frage »Wer unter uns ist am besten geeignet, die Standards, Vorgaben und Lebensbedingungen für den Rest von uns festzulegen?« lautet also: *Niemand ist besser dafür geeignet als du, um Standards für dich festzulegen.* Das muss dich nicht beunruhigen, denn du kannst nicht aufhören, deine Wünsche auszusenden, und die Quelle wird niemals aufhören, sie dir zu erfüllen. Wenn du hier und jetzt aufhören würdest, dem, worum du bittest, Widerstand entgegenzubringen (indem du dich auf das Gegenteil konzentrierst), wird sich das in deiner Lebenserfahrung sofort offenbaren.

Mit anderen Worten: Gefällt dir etwas von dem, was deine Regierung oder einer eurer Anführer euch anbietet, und richtest du dich darauf aus – dann bringst du den Dingen, die du durch deine Lebensführung ausgewählt hast, keinen Widerstand mehr entgegen. Aber beunruhigt dich etwas, was du siehst, und gehst du ständig dagegen an, nimmst du diese unerwünschte Sache zum Anlass, deinen Widerstand gegen das, was du dir ausgesucht hast, aufrechtzuerhalten.

*Wertschätze deine Regierung, und jede andere, in jeder dir möglichen Hinsicht, dann verhinderst du nicht, dass das Wohlergehen auch zu dir gelangt, das du für dich bereits angelegt hast und das unterwegs zu dir ist. Das machtvolle Gesetz der Anziehung ist immer, ausnahmslos, am besten geeignet, dir die Standards zu liefern, die dein eigenes individuelles Leben gesetzt hat.*

## Die perfekte Regierungsform

JERRY: Wie würde denn aus eurer Sicht die perfekte Regierungsform für uns aussehen?

ABRAHAM:

Es wäre eine Regierung, die euch die Freiheit ließe, nach euren Wünschen zu sein, zu handeln und zu besitzen. Und das wird nur geschehen, wenn ihr ein Verständnis dafür entwickelt, *wie* ihr das erlangt, was ihr erlangt. Ihr müsst wissen, dass eure Regierung vorwiegend deshalb so viele Regeln und Anordnungen erlässt, um euch voreinander zu schützen. *Wenn ihr zu verstehen lernt, dass ihr durch eure Gedanken Einladungen aussprecht, werdet ihr kein so großes Verlangen mehr nach all diesen Restriktionen haben, und dann kann eure Regierung sich wieder so etablieren, wie es anfangs der Fall war, um euch dienlich zu sein, statt Gesetze zu erlassen und Kontrolle auszuüben.*

## Unsere natürliche Beziehung zu Tieren

JERRY: Wie würdet ihr unsere natürliche Beziehung zu den Tieren unseres Planeten beschreiben?

ABRAHAM:

Vor allem müsst ihr hinsichtlich der Tiere, mit denen ihr diesen Planeten teilt, bedenken, dass sie, genau wie ihr, als Erweiterungen der Quellenergie in diese Umgebung gekommen sind. Mit anderen Worten: Wie ihr haben auch eure Tiere eine aus dem *Inneren Wesen* oder der *Inneren Quelle* geborene Perspektive und wie Menschen können auch sie, wenn ihre *körperliche* Perspektive sich von der Perspektive ihrer *Quelle* unterscheidet, in einem Zustand des Widerstands sein. Aber die Tiere auf eurem Planeten sind nicht so oft in einem Zustand des Widerstands oder der Trennung. Im Gegensatz zu Menschen bleiben sie meistens in einem Zustand der Verbundenheit mit ihrer Umfassenderen Perspektive oder in einem Zustand der Ausrichtung auf sie.

Wenn Menschen ein Tier sehen, das auf die Schwingung seiner Umfassenderen Perspektive eingestimmt ist, sprechen sie oft vom »Instinkt« des Tieres. Was Menschen als den »Instinkt« eines Tieres bezeichnen, nennen wir »den Zustand der Harmonie des Tieres mit der Umfassenderen Perspektive«.

Beweise für die Harmonie des physischen Tieres mit seinem Umfassenderen Nicht-Körperlichen Gegenstück finden sich überall um euch herum, und so akzeptiert ihr etwas als tierisches Verhalten oder »Instinkt«, während ihr in Wahrheit ein physisches Tier erlebt, das – weil es keinen Widerstand aufbringt – vollen Zugang zur Umfassenderen Perspektive hat und immer den größeren Zusammenhang versteht.

## Der Drei-Schritte-Schöpfungsprozess

Der Schöpfungsprozess vollzieht sich in drei Schritten.

**Erstens:** BITTEN – (und dazu veranlasst euch der Gegensatz der Lebenserfahrung).

**Zweitens:** ANTWORTEN – (und das tut ihr nicht so sehr aus eurer körperlichen Perspektive heraus, vielmehr ist das die Arbeit der Nicht-Körperlichen Quellenergie).

**Drittens:** ZULASSEN – (ihr müsst eine Möglichkeit finden, eine Schwingungsmäßige Entsprechung zu dem zu sein, worum ihr bittet, sonst lasst ihr nicht zu, dass es in eure Erfahrung gelangt, obwohl euch die Antwort zur Verfügung steht).

*Wenn Menschen und Tiere aus dem Nicht-Körperlichen kommen, haben sie unterschiedliche Absichten.* Menschen haben eher mit *Schritt eins* zu tun: Sie fokussieren sich auf den Gegensatz eurer Zeit und eures Raumes und filtern ihn mit zunehmender Klarheit, um eine *Bitte* oder einen *Wunsch* für eine bessere Lebenserfahrung zu äußern. Tiere haben es naturgemäß eher mit *Schritt drei* zu tun – ihre Harmonie mit der Umfassenderen Perspektive zu bewahren. *Menschen sind hier, um durch immer spezifischere Fokussierungen ganz spezifisch zu erschaffen. Tiere erschaffen weniger spezifisch und neigen eher dazu, durch den Gegensatz und ihre Entscheidungen zu filtern. Einfach ausgedrückt, Menschen sind kreativer und Tiere lassen mehr zu. Das ist eure natürliche Tendenz.*

Zwar erfahren auch Tiere den Gegensatz und äußern Schwingungsmäßig den Wunsch nach besseren Bedingungen, doch bleiben sie öfter in Harmonie mit ihrer Umfassenderen Perspektive als Menschen. Es ist aber auch möglich, den Gegensatz aktiv zu filtern, wie Menschen es tun, seine Gedanken bewusst in Resonanz mit seiner Umfassenderen Perspektive zu bringen und daraus die Erfahrung zu beziehen, gleichzeitig ein aktiver Schöpfer und im Zustand des Zulassens zu sein. Obwohl die Tiere auf eurem Planeten eine wichtige Nahrungsquelle füreinander und für die Menschen sind, besteht der größte Nutzen, den sie dem Leben auf dem Planeten Erde bringen, in dem Schwingungsgleichgewicht, das sie bieten, weil sie Erweiterungen der *Quellenergie* sind und mit dieser Energie meistens in Harmonie bleiben. *Menschen und Tiere sind eine sehr schöne Verbindung, und ihr wusstet auch, dass es so sein würde.*

## Können wir Tiere beeinflussen oder kontrollieren wir sie nur?

JERRY: Können Menschen die anderen Lebewesen auf dem Planeten *beeinflussen* oder üben sie lediglich die *Kontrolle* über sie aus? Etwa so, wie man den Willen eines Pferdes bricht und dann das Sagen hat.

ABRAHAM:

*Kontrolle erweist sich niemals als befriedigend für denjenigen, der Kontrolle auszuüben versucht, oder für denjenigen, der kontrolliert wird, denn beides, das Kontrollieren anderer und das Kontrolliertwerden durch andere, ist für Mensch und Tier unnatürlich.*

Gäbe es keinen Anspruch auf Kontrolle, würden alle in Harmonie mit der *Quelle* leben, und alle würden in Harmonie miteinander gemeinsam erschaffen. Ob Mensch oder Tier, ihr habt angeborene, euch innewohnende selbstsüchtige Züge, die ihr Ewig zu befriedigen versucht.

Mit anderen Worten: Wenn ihr in vollkommener Harmonie mit der *Quelle* in euch seid und dadurch die Wohltat dieser Umfassenderen Perspektive erfahrt, ist die Kontrolle über andere für euer Überleben oder euer Wohlbefinden nicht erforderlich. In diesem Zustand der Harmonie werdet ihr immer zu Umständen geführt, die dem Wohlbefinden, das ihr anstrebt, Rechnung tragen. Nur jemand, der sich nicht in diesem Zustand der Harmonie befindet, würde jemals die Kontrolle über andere anstreben.

Solange du dich im Zustand der Harmonie befindest, sendest du keine widersprüchlichen Schwingungen zu deiner Absicht aus, und wenn du dich frei von jeder Absicht im mächtigen Zustand der Harmonie befindest, *versorgt das Gesetz der Anziehung dich mit Beweisen für diese widerstandsfreie Absicht. Das ist Einflussnahme: Im Zustand der Verbundenheit ist deine Kraft der Einflussnahme sehr ausgeprägt, denn es ist nur deine widersprüchliche Schwingung, die jemals bewirkt, dass du schwach bist.*

Befindest du dich in einem Zustand starker Einflussnahme, bedeutet das nicht, dass du jemanden dazu bringen kannst, mit dem aufzuhören, was er gerade macht, und etwas zu tun, was dir gefällt. Es bedeutet, wenn du deinen eigenen Absichten nicht widersprüchlich gegenüberstehst, dass du dann ein kraftvolles Schwingungssignal aussendest – worauf das *Gesetz der Anziehung* dir sofort Menschen, Umstände und Ereignisse zuführen wird, die diesem Signal entsprechen. Jeder, mit dem du dich austauschst, besitzt unzählige Absichten, und im Kern einer jeden Absicht befindet sich ein Wesen, das Reine Positive Energie ist. Deshalb kannst du dich im Zustand der Harmonie mit ihrer wahren Natur verbinden. *Dich auf deine eigene Harmonie auszurichten ist der beste Weg, deine Kraft der Einflussnahme aufrechtzuerhalten.*

*Tiere bewegen sich intuitiv auf alles und jeden zu, der ihnen guttut, und entfernen sich von allem und jedem, der ihnen nicht guttut.*

## Unsere optimale körperliche/Nicht-Körperliche Beziehung

JERRY: Wie würdet ihr die Beziehung zwischen uns, die wir gegenwärtig Menschen sind, und der *Nicht-Körperlichen Intelligenz* beschreiben? Und wie sähe für euch die optimale Beziehung zwischen den beiden aus?

ABRAHAM:

Das ist eine wirklich tief greifende Frage, und sie bildet wahrhaftig die Grundlage dieses gesamten Buches über *Liebe* und *Beziehungen. Die Beziehung zwischen dir und deiner Quelle ist die wichtigste Beziehung von allen, und solange diese Beziehung nicht verstanden wird, können auch alle anderen Beziehungen nicht genau verstanden werden.*

In deinem physischen Körper fällt es dir vergleichsweise leicht, dich als getrennt von den anderen zu verstehen, die du ringsum siehst. Du triffst klare Unterscheidungen zwischen »mein« und »dein«, während du dein Leben in das Leben derjenigen in deiner Umgebung integrierst. Und auf ganz ähnliche Weise fasst die »Menschheit« auch das, was sie *»Gott«* oder die *»Quelle«* oder das *»Nicht-Körperliche«* nennt, als etwas auf, was getrennt von ihr ist.

*Du bist zwar in deinem physischen Körper fokussiert, aber nicht getrennt von dem, was die »Quelle« ist, sondern vielmehr eine Erweiterung dessen, was die »Quelle« ist. Und die wichtigste Klarstellung von allen ist, dass die Quelle nicht die geringste Trennung zwischen euch in eurem physischen Körper und der Quelle sieht.* Jede Trennung oder Weigerung, die vollständige Integration oder Harmonie zwischen dir in deinem physischen Körper und der *Quelle* in dir zuzulassen, rührt von deiner körperlichen Perspektive und deinem körperlichen Verhalten her, nicht von der Perspektive und dem Verhalten der *Quelle.*

Die *Quelle* oder dein *Inneres Wesen,* oder wie du diesen Nicht-Körperlichen Anteil von dir auch nennen willst, versteht die Ewige Beziehung zwischen den körperlichen und Nicht-Körperlichen Aspekten von dir. Die *Quelle* versteht auch die Ewige Beziehung zwischen dir und jedem anderen körperlichen Wesen, mit dem du diesen Planeten teilst, aber das werden wir ausführlicher in anderen Abschnitten dieses Buches erörtern.

Wir bitten dich hier in diesem Buch über *Liebe* und *Beziehungen* also, die Definition deiner Beziehung zur Nicht-Körperlichen Intelligenz auf die folgende wichtige Weise neu zu fassen: Wenn du an eine Beziehung zwischen zwei Menschen denkst, siehst du sie gewöhnlich als getrennte Individuen oder Wesenheiten, die miteinander Umgang haben und sich austauschen. Wir wollen euch deutlich machen, dass ihr nicht von eurer Quelle getrennt, sondern eine Erweiterung eurer Quelle seid. Wir wollen, dass ihr euch jederzeit eurer Schwingungsharmonie bewusst seid und sie spürt, oder den Missklang mit diesem Umfassenderen Anteil von euch. Wir wollen, dass es euch vollkommen bewusst ist, wenn der Gedanke, den ihr gerade denkt, so vollkommen mit eurer Umfassenderen

Perspektive harmoniert, dass das volle Wissen eurer Umfassenderen Perspektive euch durchströmt und dadurch belebt, Freude und einen klaren Verstand herbeiführt. Und wenn ihr durcheinander oder wütend seid oder euch nicht wohl fühlt, sollt ihr erkennen, dass der Gedanke, den ihr gerade denkt, einen Missklang herbeiführt und nicht mit der Umfassenderen Nicht-Körperlichen Perspektive harmoniert.

Die Beziehung zwischen der »Menschheit« und der »Nicht-Körperlichen Intelligenz« entspricht deinem *Leitsystem*.

Die Beziehung zwischen der »Menschheit« und der »Nicht-Körperlichen Intelligenz« entspricht der Entfaltung von *Allem-was-ist.*

Die Beziehung zwischen der »Menschheit« und der »Nicht-Körperlichen Intelligenz« ist aus Sicht der *Quelle* diejenige, dass es niemals eine Trennung zwischen beiden gegeben hat.

Die Beziehung zwischen der »Menschheit« und der »Nicht-Körperlichen Intelligenz« ist aus eurer körperlichen Sicht heraus eine Variable. Je besser du dich fühlst, desto vollkommener ist die Verbundenheit oder Beziehung. Je schlechter du dich fühlst, desto fragmentarischer ist die Verbundenheit oder Beziehung.

Deine Frage trifft mitten ins Herz der Absicht dieses Buches und der Absicht, die die »Menschheit« hatte, als ihr in eure physischen Körper eintrat: *Ihr kamt als körperliche Erweiterungen der Quellenergie und in dem Wissen, dass ihr den Gegensatz erforschen und die Ausdehnung nicht nur für euch herbeiführen würdet, sondern für Alles-was-ist. Und ihr wusstet, dass die Führung in euch, selbst wenn ihr unbekanntes Terrain erreichen würdet, niemals zögern, sondern ein anhaltendes Signal des Wohlbefindens aussenden würde, auf das ihr jederzeit zustreben und das ihr jederzeit würdet wahrnehmen können. Ihr wusstet, dass ihr unter allen Umständen euren Weg zurück zu den Ressourcen eurer Quelle würdet finden können, einfach indem ihr euren Weg »erfühlt« – durch das Verständnis, dass die Beziehung zwischen dir und Dir nicht eine der Trennung ist, sondern eine der Harmonie und Resonanz ... Wenn ihr die Kunst des Zulassens meistert, die anhaltende Harmonie mit der Quelle in euch – wird jede andere Beziehung nutzbringend und erfreulich sein.*

## Wenn man sich an seiner Arbeitsstelle nicht mehr wohl fühlt

JERRY: Abraham, wenn jemand eine Arbeit hat, die ihm Freude bereitet, aber von einem diktatorischen, herrischen Vorgesetzten tyrannisiert wird, würdet ihr dann empfehlen, dass er oder sie den Job wechselt, oder könnt ihr uns eine bessere Lösung anbieten?

ABRAHAM:
Das führt uns unmittelbar zu einer weiteren falschen Grundannahme.

*Falsche Grundannahme 11: Wenn ich eine unerwünschte Situation hinter mir lasse, werde ich finden, wonach ich suche.*

*Worauf du deine Aufmerksamkeit auch richtest, es sendet eine Schwingungsfrequenz aus, und wenn du deine Aufmerksamkeit längere Zeit darauf richtest, bewirkt dies, dass dieselbe Frequenz in dir aktiviert wird.* Es ist wichtig zu wissen, dass, wenn eine Schwingung einmal in dir aktiv ist, die körperliche Handlung des Davongehens sie nicht daran hindern wird, weiter in deiner Erfahrung präsent zu sein. Deutlich gesagt: Der *Akt* des Davongehens birgt nicht genug Kraft in sich, um die *Anziehungskraft* deiner Gedanken auszugleichen.

Bis du an dem Punkt bist, an dem du für jemanden, für den du arbeitest, so derbe Bezeichnungen wie *diktatorisch* und *herrisch* verwendest, hast du zweifellos bereits seit einiger Zeit unerwünschte Zustände beobachtet, und das bedeutet, du hast ein Gedankenmuster und ein Schwingungswiderstandsmuster aufgebaut, und das wiederum bedeutet, dass dein Ort der Anziehung sehr stark ist. Selbst wenn du nun die physischen Schritte vollziehst, dich aus der Situation zu entfernen, indem du deinen Job kündigst und dir einen anderen suchst oder darum bittest, aus der Abteilung dieses bestimmten Vorgesetzten in eine andere versetzt zu werden – *wohin du auch immer gehst, du wirst dich selbst mitnehmen.*

Wenn du also zur Tat schreitest und gehst, bedeutet das nicht, dass deine Schwingungsmuster sich verändert haben, und gewöhnlich rechtfertigen viele, selbst wenn jemand die unerwünschten Charakterzüge seines früheren Vorgesetzten nicht mehr beobachten kann, die Erfordernis ihres Schrittes, sich an einen neuen Ort zu begeben, damit, dass sie sich erinnern oder erklären, wie die frühere Erfahrung war, wodurch sie diese Schwingung in sich aktiv halten.

Diese *tyrannische, herrische* Beziehung hat dir einen großen Nutzen gebracht, auch wenn es, als sie sich abspielte, schwer zu erkennen war, denn während dieser unangenehmen Momente, in denen du so deutlich wusstest, wie du *nicht* behandelt werden willst, wie dein Job *nicht* aussehen sollte, dass du *nicht* deinen Wert abgesprochen bekommen willst, dass du *nicht* respektlos behandelt und *nicht* missverstanden werden willst – während dieser Erfahrungen hast du spontan Wünsche in Bezug darauf ausgesandt, was du *vorziehen* würdest und wie du behandelt werden *willst*. Mit anderen Worten, diese unangenehmen Erfahrungen waren die Absprungfläche für deine erweiterte und verbesserte Lebenserfahrung.

Jedes Mal, wenn etwas geschah, was dich veranlasste, eines dieser Wunschgeschosse abzufeuern, folgte der größere Anteil von dir, deine *Quelle* oder dein *Inneres Wesen,* dem Geschoss, nutzte die Ausdehnung und ermittelte für dich die Position der erweiterten Erfahrung. Die einzige Frage ist dann, *wo stehst du im Verhältnis zu der Erweiterung und Ausdehnung? Stellst du dir die Verbesserung vor, weißt du den Gegensatz, der sie hervorrief, zu schätzen? Blickst du hinsichtlich deiner Arbeitsumgebung optimistisch auf eine verbesserte Lebenserfahrung? Oder sprichst du weiter von den Ungerechtigkeiten deiner vergangenen Erfahrung und hältst dich dadurch fern von jeder Harmonie mit der neuen Ausdehnung, die durch diese Beziehung herbeigeführt wurde?*

Eine negative Emotion bedeutet, dass dein Leben eine Ausdehnung bewirkt hat, die du im Augenblick der negativen Emotion nicht zulässt. Immer. Ausnahmslos. Egal, was deiner Meinung nach der Anlass für deine negative Emotion ist (und wir verstehen natürlich, warum du deine negativen Gefühle rechtfertigen willst, denn es *würde* sich besser anfühlen, wenn *sie* netter wären), *deine negative Emotion bedeutet, dass du deine eigene Ausdehnung nicht zulässt.* Punktum.

Wenn dein tyrannischer Vorgesetzter dich nicht zu deinem Wunsch und deiner Entfaltung zu mehr inspiriert hätte, würdest du kein Unbehagen dabei empfinden, die Ausdehnung zuzulassen. Die bessere Lösung wäre also folgende: *Versuche mit dem Ort, an dem du dich befindest, Frieden zu schließen* – vielleicht dadurch, dass du dieser unfreundlichen Person Anerkennung dafür entgegenbringst, dass sie dir half, dir Klarheit darüber zu verschaffen, wie du behandelt werden willst und wie du andere behandeln willst. Halte nach dem Nutzen der Beziehung Ausschau, statt dich gegen ihre unerwünschten Aspekte zu wehren, und wenn du dich dem einfachen – und sehr viel leichteren, als du anfangs vielleicht glaubst – Vorgang hingibst, dich ein wenig zu entspannen, und vielleicht sogar versuchst, deinem Vorgesetzten eine günstige Auslegung zweifelhafter Umstände zuzugestehen, wird dein Widerstand nachlassen, und dann wirst du zulassen, dass du dich in Richtung deiner neu gefundenen Ausdehnung bewegst ... *Wenn dein Leben dich veranlasst hat, um eine bessere Situation zu bitten, egal worum es sich handelt, und du nicht länger ständig Gedankenschwingungen aussendest, die im Widerspruch zu deinem Wunsch stehen, muss dein Wunsch zu dir kommen. Aber du kannst nicht weiter in den Schwingungsmustern dessen leben, was du nicht willst, und das erhalten, was du willst. Das widerspricht dem Gesetz der Anziehung.*

## Wie können wir alle »alles haben«?

JERRY: Ihr sagtet, dass wir *alles* haben könnten, aber wie funktioniert das, wenn es andere gibt, die ebenfalls *alles* haben wollen. Was verhindert, dass unsere Wünsche aufeinanderprallen?

ABRAHAM:

Hier greift wieder eine sehr weit verbreitete falsche Grundannahme, die erst geklärt werden muss, bevor du unsere Antwort auf deine sehr wichtige Frage wirst verstehen können.

***Falsche Grundannahme 12:** Es gibt eine begrenzte Menge an Ressourcen, von der wir uns mit unseren Wünschen alle bedienen. Wenn ich also mein Verlangen nach etwas befriedige, bringe ich andere um diese Ressource. Jegliche Fülle, alle Ressourcen und Lösungen existieren bereits und warten nur darauf, entdeckt zu werden, und wenn jemand anders vor mir auf sie stößt, bringt er den Rest von uns um diese Entdeckung.*

Was viele als die »Entdeckung« von Fülle, Ressourcen oder Lösungen betrachten, und das wollen wir euch gern bewusst machen, ist in Wahrheit die »Schöpfung« von Fülle, Ressourcen und Lösungen. *Wenn dein Leben dich veranlasst, dir eine Verbesserung zu wünschen, löst deine Schwingungsmäßige Bitte den Prozess der Anziehung und Selbstverwirklichung dieser Verbesserung aus. Wenn du dein Leben am äußersten Rand der Ausdehnung lebst, entdeckst du nicht nur größere Vorteile und einen höheren Nutzen. Du erschaffst sie.*

Viele Menschen bringen sich um ihre sehnlichsten Wünsche, weil sie den sich stets entwickelnden, ewig ausdehnenden und ständig neu schöpfenden Pool der Ressourcen missverstehen. Wenn du den Schöpfungsprozess deines Planeten und die wichtige Rolle, die du in der Entfaltung spielst, nicht verstehst, wirst du dich in die Reihe der vielen Menschen eingliedern müssen, die eine Verkürzung des Bewusstseins erfahren, herbeigeführt durch dieses Missverständnis.

Dieses Missverständnis liegt auch dem Konkurrenzgefühl zugrunde. Du bist nicht hierhergekommen, damit du um die Ressourcen deines Planeten wetteiferst. Du kamst als Schöpfer hierher. *Wenn deine Raum-Zeit-Realität die Mittel hat, einen Wunsch in dir zu inspirieren, können wir dir hoch und heilig versprechen, dass deine Raum-Zeit-Realität auch die Möglichkeit haben wird, in voll manifestierter Form die Realität dessen zu liefern, was sie inspirierte.* Du kamst in diesem Wissen hierher, und solange du dich nicht vollständig daran erinnerst und dieses Wissen bewusst einsetzt, bringst du dich um deine größten Ressourcen – die Klarheit, Kenntnis und Energie deiner *Quelle*. Das ist wahrlich die einzige Knappheit, die es in deiner Welt gibt, und es ist wundervoll, wenn dir bewusst wird, dass diese Knappheit immer und ausnahmslos selbst herbeigeführt ist.

Du stehst also nicht in Konkurrenz zu den anderen, mit denen du deinen Planeten teilst. Sie können dich nie um etwas bringen, indem sie sich selbst etwas nehmen. Vielmehr *verstärkt* ihre Existenz deine Fähigkeit zu empfangen noch, denn im Austausch mit ihnen werden deine Wünsche inspiriert. *Ausnahmslos jeder Wunsch kann erfüllt werden, solange du mit deinem Wunsch in Harmonie bist. Das Gefühl von Konkurrenz oder Knappheit oder der Begrenzung von Ressourcen bedeutet, dass du mit deinem Wunsch nicht in Harmonie bist.*

## Sind juristische Verträge kontraproduktiv in Bezug auf Kreativität?

JERRY: Ihr ermutigt uns immer, uns unserer augenblicklichen Emotionen bewusst zu sein, damit wir die beste Wahl treffen können. Aber wie können wir »im Augenblick« leben und erschaffen, wenn wir gleichzeitig in langfristige Beziehungen oder Vereinbarungen eintreten, bei denen juristische Dokumente uns oft bis weit in die Zukunft hinein binden?

ABRAHAM:

Ob ihr euch auf eine unmittelbare Situation ausrichtet, die euer sofortiges Denken und Handeln erfordert, oder ob ihr an ein zukünftiges oder sogar an ein vergangenes Ereignis denkt, es geschieht in diesem Augenblick. Daher bewirkt es hier und jetzt eine Schwingungsaktivierung. Anders gesagt, wenn du deine Gefühle im Hier und Jetzt betrachtest, kannst du erkennen, wie du gerade auf ein zukünftiges Ereignis einwirkst, während du daran denkst. Bist du dir also jederzeit deiner Gefühle bewusst und ist es dir wichtig, dich gut zu fühlen, und bemühst du dich deshalb bewusst, deine augenblicklichen Gedanken mit dem Denken deines *Inneren Wesens* in Harmonie zu bringen – dann hast du nicht nur viel mehr angenehme Momente, *sondern jedes Thema, an das du denkst, wird durch die Ausrichtung auf dein mit der Quelle harmonisierendes Denken einen Nutzen davon haben.*

Manchmal widersprechen die Menschen der Grundannahme: »Wenn du dich mit etwas wirklich wohl fühlst, entwickelt es sich für dich auf erfreuliche Weise.« Sie verweisen dann darauf, wie glücklich sie zu Beginn einer gescheiterten Beziehung waren. Aber wenn du bedenkst, dass jedes Mal, wenn du dich auf etwas einstimmst, dein momentanes Denken davon beeinflusst wird, verstehst du vielleicht, dass zwischen der Zeit, in der du dich in deiner Beziehung wohl gefühlt hast, und der Zeit, in der sie sich schlecht entwickelte, dein momentanes Denken oft zu etwas abschweifte, was du *nicht wolltest*, statt bei dem zu bleiben, was du *wolltest*. Irgendwann in der Zeit zwischen dem glücklichen Anfang und dem unglücklichen Ende deiner Beziehung wandten deine Gedanken sich ständig unerwünschten Dingen zu und du erlebtest die unvermeidliche negative Emotion, die mit solchen Gedanken immer einhergeht. *Es bedarf der ständigen bewussten Ausrichtung auf die positiven Aspekte jeder Beziehung, um die Produktivität des Wohlgefühls über die Zeit hinweg zu bewahren. Du darfst nicht zulassen, dass deine »Jetzt"-Gedanken zu Unerwünschtem abschweifen, weil das für den Gegenstand deiner Aufmerksamkeit sowohl unmittelbar als auch für die Zukunft negative Aspekte bringt.*

Viele langfristige Vereinbarungen werden von dem Standpunkt aus getroffen, dass man sich gegen zukünftige unerwünschte Situationen schützen will, und das ist keine gute Grundlage, um darauf eine Beziehung aufzubauen. *Wenn du die Macht deiner fokussierten Gedanken zu verstehen beginnst, wird sich jedes Verlangen nach Schutz auflösen, und dein Sinn für ständiges Wohlbefinden wird vorherrschen.*

Sollten deine momentanen Umstände oder die Gesetze deiner Regierung es erforderlich machen, dass du langfristige vertragliche Bindungen eingehst, kannst du dir dennoch dein inneres Gleichgewicht, dein Harmoniegefühl und deine Freiheit bewahren, indem du dich daran erinnerst, dass selbst diese Vereinbarungen sich ändern lassen. Vielleicht schließt du einen Hypothekenvertrag mit zwanzig oder dreißig Jahren Laufzeit ab, um dir ein Haus zu kaufen, aber später könntest du dann, wenn du den Wunsch dazu hast, dein Haus wieder verkaufen und diesen Vertrag dadurch aufheben. Viele Menschen gehen eheliche Bindungen ein, »bis der Tod sie scheidet«, um später an die Stelle dieses Vertrags neue Vereinbarungen in Bezug auf ihre »Scheidung« zu setzen.

*Es ist befreiend, wenn du erkennst, dass du durch die Kraft deiner Gedanken – indem du sie bewusst auf die ausgedehnte Version deines Lebens ausrichtest, in das du hineingeboren wurdest – von überall, wo du bist, an jeden beliebigen anderen Ort gelangen kannst.*

## Was sorgt dafür, dass therapeutische Probleme andauern?

JERRY: Ich habe den Eindruck, wenn Menschen sich in Therapie begeben, um an bestimmten Problemen zu arbeiten und sie zu lösen, dass diese Probleme dann oft jahrelang andauern. Welche Ursache hat das? Warum setzt sich ihr Leid fort?

ABRAHAM:

Weil jeder Moment neu ist und unter allen Umständen die Bestandteile des Moments sich ändern und sich von jedem vorangegangenen Moment unterscheiden. *Nichts bleibt jemals gleich. Die Dinge verändern sich ständig, aber aufgrund gleich bleibender Gedankenmuster verändern sich die Dinge zwar manchmal – aber zum Gleichen.*

Es ist nicht möglich, eine bessere Zukunft zu erschaffen, wenn man bei den Problemen der Vergangenheit verweilt. Das widerspricht einfach dem *Gesetz. Richtest du dich auf Probleme der Vergangenheit oder der Gegenwart aus, hindert dich das daran, zu den Lösungen in deiner*

*Zukunft zu gelangen. Richtest du dich auf die Probleme der Vergangenheit oder der Gegenwart aus, wirst du garantiert eine problematische Zukunft haben.*

Therapie kann insofern sinnvoll sein, als jedes Gespräch über die unerwünschten Aspekte deiner Lebenserfahrung dir helfen kann, deutlicher zu verstehen, welche Veränderungen dir am liebsten wären, aber über diese Feststellung hinaus *wird eine weitere Diskussion über Unerwünschtes dich nur in diesen unerwünschten Anziehungsmustern festhalten. Bist du dir jedoch einmal vollkommen bewusst, was dir wirklich am liebsten wäre, und richtest du dich dann darauf aus, muss dein Leben sich verbessern.*

Es gibt einen großen Unterschied zwischen der Schwingungsfrequenz des *Problems* und derjenigen der *Lösung*. Die *Frage* ist eine Schwingung, während die *Antwort* etwas ganz anderes ist. Deine unerwünschte Erfahrung hat eine Änderung des Wunsches hervorgebracht, und dein *Inneres Wesen* ist jetzt vollständig auf diese Verbesserung ausgerichtet, und wenn du dein *Inneres Wesen* gedanklich und Schwingungsmäßig in diesem Wunsch unterstützt, wirst du eine sofortige Verbesserung deiner Emotionen verspüren – und die Manifestation dieser Verbesserung wird sich in deiner Lebenserfahrung zeigen. Aber solange du weiter auf Ungerechtigkeit, Unfairness oder Unerwünschtheit herumtrommelst, wirst du dich von der Verbesserung fernhalten.

## Unser größter Wert für Menschen in Not

JERRY: Wenn wir einen Freund in einer negativen Situation sehen oder er etwas wirklich Unerwünschtes erlebt oder etwas nicht hat, was er sich sehr wünscht, wie können wir ihm dann helfen? Mit anderen Worten: Wie können wir für andere ein Vorteil sein statt eines Nachteils?

ABRAHAM:

Ob dein Freund nun eine negative Emotion empfindet wegen der Situation, in der er sich befindet, oder ob *du* eine negative Emotion empfindest, weil du wahrnimmst, in welcher Situation dein Freund sich befindet, keiner von euch beiden ist in einem solchen Fall mit der Umfassenderen Perspektive in Harmonie. *Dein Gewahrsein des Problems deines Freundes ist sogar ein echter Nachteil für deinen Freund, weil du die Schwingung des Problems dadurch verstärkst und noch dazu beiträgst.*

Oft schärft dein Freund dein Gewahrsein des Problems dadurch, dass er ständig über bestimmte Aspekte davon spricht, aber mit jedem Moment an Aufmerksamkeit, die du dem Problem deines Freundes entgegenbringst, entfernst du dich weiter davon, deinem Freund wirklich zu helfen.

In dieser auf Gegensatz beruhenden Welt, in der du fokussiert bist, bewirkt jede Aufmerksamkeit, die du deinen Problemen entgegenbringst, dass du Schwingungsmäßig um Lösungen bittest, und diese Lösungen beginnen sich vor dir *aufzureihen*. Und so könntest du durchaus zu der Kraft beitragen, mit der dein Freund um Lösungen bittet, indem du die Besonderheiten des Problems mit ihm besprichst. Aber dein Freund benötigt keine Hilfe bei der Verstärkung seiner Probleme, damit er sein Bitten intensivieren kann. Das ist ein natürlicher Vorgang, den der Gegensatz des Universums liefert ... *Es gibt keinen Grund, bewusst Probleme zu schüren, um Lösungen schneller herbeizuführen.*

Du bist deinem mit Problemen belasteten Freund keine merkliche Hilfe, solange du dich nicht auf die Lösung oder auf das hin fokussieren kannst, was er will, oder auf das hin, was du für ihn willst. *Wenn du entschlossen bist, dich gut zu fühlen, und dich auf seine Verbesserung hin fokussieren kannst, obwohl er ständig wieder auf sein Problem zu sprechen kommt, wirst du großen Einfluss auf die Verbesserung haben.* Mit anderen Worten: Wenn du dich auf die Lösung ausrichtest, tust du dich mit deinem eigenen *Inneren Wesen* zusammen, mit seinem *Inneren Wesen* und mit all den kooperativen Elementen, die das *Gesetz der Anziehung* bereits versammelt hat. *Wenn du zulässt, dass du auf die*

*Probleme deines Freundes einsteigst, wird deine Kraft der Einflussnahme sehr gering ausfallen, und du wirst deinem Freund nicht von Nutzen sein.*

Jetzt geschieht sogar etwas noch Beunruhigenderes. Das Problem deines Freundes hat nicht nur spontan Wünsche in *seine* Schwingungsrealität geschickt, sondern deine Verbundenheit mit ihm und deine Ausrichtung darauf haben auch bewirkt, dass du spontan Wünsche hinsichtlich deines Freundes in *deine* Schwingungsrealität geschickt hast. Diese Erfahrung hat demnach eine Ausdehnung in dir herbeigeführt, und wenn du dich nicht auf diese Ausdehnung ausrichtest, wenn du dich nicht auf die möglichen Verbesserungen für deinen Freund ausrichtest – wirst du gegen deine eigene Ausdehnung angehen.

Es ist wichtig zu begreifen, dass die negative Emotion, die du oft empfindest, wenn du dir über einen Freund Sorgen machst, wirklich gegenwärtig ist, denn deine Fokussierung zieht dich dann von dir selbst zurück. Dein Freund mag der Anlass für deine Fokussierung sein, aber er ist nicht der Grund dafür, dass du gegen dich selbst arbeitest. Der Grund dafür ist deine Fokussierung.

*Du kannst deinen Freunden nur von Nutzen sein, wenn du nach positiven Aspekten Ausschau hältst und positive Erwartungen für sie hast, denn es gibt keine Handlung, die stark genug wäre, um deinen Strom negativer Aufmerksamkeit umzukehren.*

JERRY: Dann tun wir uns und allen anderen also keinen Gefallen, wenn wir unsere Probleme oder Sorgen mit ihnen besprechen?

ABRAHAM:

Ganz und gar nicht. *Es kommt nie etwas Gutes dabei heraus, wenn du dich auf das Gegenteil dessen ausrichtest, was du dir wünschst. Es ist schädlich für dich und für jeden anderen, den du in dein negatives Gespräch hineinziehst.*

## Warum ziehen manche immer wieder schmerzliche Beziehungen an?

JERRY: Woran liegt es, dass Menschen immer wieder Beziehungen anziehen, die ihnen Leid und Ärger einbringen – in einem Maße, dass sie die Beziehung schließlich sogar beenden –, und sich dann bald in einer weiteren Beziehung wiederfinden, in der im Wesentlichen die gleichen negativen Bedingungen herrschen? Und was würdet ihr empfehlen, um dieses Muster zu verändern?

ABRAHAM:

Es ist möglich, eine unerwünschte Situation hinter sich zu lassen, ohne sie zu wiederholen, aber dazu wäre es nötig, nicht über sie zu reden, nicht an sie zu denken und nicht gegen sie anzugehen. Dazu wäre die vollständige Deaktivierung der Schwingung dieser belastenden Erfahrung nötig. Und die einzige Möglichkeit, einen Gedanken oder eine Schwingung zu deaktivieren, besteht darin, einen anderen zu aktivieren. *Der Weg, die Wiederholung unerwünschter Situationen zu verhindern, besteht darin, über erwünschte Situationen zu reden. Rede darüber, was du willst, und beende den Dialog über unerwünschte Erfahrungen, Situationen und Ergebnisse.*

Deine Gedanken zu überwachen kann mühsam und erschöpfend sein, deshalb ist es am besten, bewusst die Richtung deiner Gedanken zu ändern, um deinen Wunsch, dich gut zu fühlen, zu stärken. *Hast du einmal beschlossen, die Art und Weise, wie du dich fühlst, zu verbessern, wirst du anfangen, dich bei den subtilen früheren Stadien negativer Anziehung zu ertappen. Es ist einfacher, einen negativen Gedanken in den Anfangsstadien loszulassen als später, wenn er mehr Fahrt aufgenommen hat.*

## *Sind manche aufgrund ihrer Kindheitserlebnisse zum Scheitern verurteilt?*

JERRY: Nehmen nicht viele der Gedanken, die uns die Kraft rauben, in der Kindheit ihren Anfang? Anders gesagt, wie viel Einfluss haben Erwachsene auf die Art und Weise, wie Kinder zu denken beginnen? Und sind Kinder dazu verurteilt, die Gedankenmuster des Widerstandes, die sie von ihren Eltern lernen, zu wiederholen?

ABRAHAM:

*Verurteilt* ist ein starkes Wort, das wir lieber nicht verwenden, aber es steht außer Frage, dass Kinder von den Gedanken ihrer Eltern beeinflusst werden, denn jeder, der seine Aufmerksamkeit auf etwas richtet, beginnt eine ähnliche Schwingung auszusenden. Es ist jedoch wichtig zu bedenken, dass unabhängig von deinem Alter immer eine Schwingungsmäßige Beziehung zwischen dem Schwingungsinhalt dessen, worauf du dich gerade ausrichtest, und der Perspektive besteht, die die Quelle in dir auf denselben Gegenstand hat. Zum Beispiel: Wenn ein Erwachsener das Verhalten eines Kindes missbilligt und sein Urteil über das Kind ausspricht, entsteht in dem Kind, während es die Missbilligung des Erwachsenen erfährt, eine Schwingung, die dieser Missbilligung entspricht. Doch gleichzeitig sendet die *Quelle* im Kind ihre Wertschätzung und Billigung aus, denn ungeachtet der Situation wird die *Quelle* ihre Liebe niemals entziehen und auch nie ein Urteil fällen. Nie und nimmer! Also führt der Missklang zwischen der aktiven Schwingung, die von der Missbilligung des physischen Erwachsenen beeinflusst wurde, und der aktiven Schwingung der Liebe aus der Quelle zu einem Missklang im Kind, der sich wie eine negative Emotion anfühlt. *Wenn sich eine negative Emotion einstellt, rührt das immer von einem Missklang zwischen der Perspektive der Quelle und deiner eigenen Perspektive in deinem physischen Körper her.*

Es ist auch nützlich zu wissen, dass sich keine negative Emotion einstellt, solange es nicht wirklich zu einander entgegenwirkenden Schwingungen kommt. Mit anderen Worten: Egal wie viel Missbilligung dir jemand gefühlsmäßig entgegenbringt, wenn du dich nicht lange genug auf seine oder ihre Missbilligung ausrichtest, um sie in deiner eigenen Schwingung zu aktivieren, wirst du den Missklang nicht empfinden. Aber die meisten Eltern sind so überzeugt davon, im Recht zu sein, dass sie sich nach Kräften bemühen, auf das ausgerichtet zu bleiben, was sie für schlechtes Benehmen halten, bis es ihnen gelingt, genug Aufmerksamkeit auf ihren Gegenstand der Missbilligung zu lenken, dass der Missklang auch im Kind einsetzt.

Es ist interessant, sich einmal den grundlegenden Unterschied zwischen dem Verhalten oder der Einstellung deiner *Quelle* und dem der meisten Eltern anzusehen: Deine *Quelle* wird dir nie ihre Liebe und Wertschätzung entziehen, egal wie extrem die Situation ist. Es ist gar nicht möglich, dass du ein Verhalten an den Tag legst, das dazu führen würde, dass die *Quelle* ihre Liebe von dir abzieht – während dein physischer Elternteil, der seine bewusste Verbindung zur *Quelle* verloren hat, scheinbar recht oft deine Aufmerksamkeit auf etwas zu lenken versucht, was er für dein Scheitern oder schlechtes Betragen hält.

Achte einmal darauf, wie zögernd deine Kinder, besonders am Anfang, ihr »Fehlverhalten« dir gegenüber zugeben. Es entspricht ihrem natürlichen Instinkt, sich weiter gut zu fühlen, während du nach Fehlern und Untugenden suchst.

Von dem Augenblick an, an dem die Einflussnahme anderer dazu führt, dass du vom Gewahrsein deines eigenen Wertes abweichst, geht als stärkster Wunsch von dir aus, dich wieder mit diesem Gewahrsein deines Wertes zu verbinden. Es gibt keine größere Antriebskraft im Universum als die Kraft des Wohlbefindens und Selbstwertes. Also selbst wenn es dir wie den meisten Kindern geht, die in eine Umgebung hineingeboren wurden, in der die meisten Erwachsenen ihr bewusstes Gewahrsein dieser Verbindung verloren haben, wenn du einen flüchtigen Eindruck davon bekommst, ruft es nach dir. Und du spürst es. *Dieses Buch hat seinen größten Zweck erreicht, wenn es in dir die bewusste Entscheidung aktiviert, in Harmonie mit deiner inneren Quelle zu gelangen.*

Wann immer andere versuchen, dein Verhalten zu steuern oder zu beeinflussen, indem sie dir ihre Billigung oder Missbilligung zeigen – wenn du ihnen zu gefallen versuchst, reduzierst du dein Gewahrsein des eigenen *Leitsystems. Wären wir Eltern, steckten wir in euren physischen Schuhen, wäre unsere dominierende Absicht in Bezug auf unsere Kinder, ihnen ihr eigenes Leitsystem bewusst zu machen und sie zu ermuntern, es ständig zu nutzen. Denn wir verstehen, dass keine noch so große Menge physischen Wissens, die wir an euch weitergeben, auch nur annähernd so wertvoll sein kann wie eure ständige Harmonie mit eurer Umfassenderen Perspektive. Mit anderen Worten: Wenn dir jemand schmeichelt, um dir in deiner physischen Perspektive zu gefallen, und dabei seine Umfassendere Perspektive der Quelle ignoriert, bringt er damit ein Opfer, das wir niemals jemandem abverlangen würden.*

## Mit einem schwierigen Kind gesegnet?

Viele Kinder können ihre Umfassendere Perspektive selbst inmitten der stärksten menschlichen Einflussnahme bewahren. Ihre Eltern und Lehrer geben ihnen oft das Etikett »Problemkinder« oder »Sorgenkinder«. Sie werden häufig für »stur« gehalten und »unfähig zu lernen«, aber ihr sollt wissen, dass die Entschlossenheit, sich selbst anzuleiten und seiner persönlichen Führung zu folgen, eine inhärente Absicht ist, mit der ihr alle geboren wurdet. Viele treten sogar mit der noch viel stärkeren Absicht in diese körperliche Gestalt ein, mit ihrer Umfassenderen Perspektive in Verbindung zu bleiben, und es fällt den physischen Menschen in ihrer Umgebung nicht gerade leicht, sie von ihrer Entschlossenheit abzubringen. Das ist auch gut so.

Zahlreiche Menschen wurden schon in dem Sinne sozialisiert, dass sie üblicherweise die Billigung anderer suchen, und oft haben sie ein sehr schweres Leben, denn es ist keine einfache Aufgabe, zu entscheiden, welcher von den Personen in ihrer Umgebung, die auf sie Einfluss nehmen, sie sich denn nun beugen sollen.

Und zahlreiche Menschen, die viele Jahre mit dem Versuch verbracht haben, ihren Platz zu finden, keinen Ärger zu machen und die Billigung anderer zu bekommen, gelangen schließlich an den Punkt, an dem sie begreifen, wie vergeblich das ist, denn wie sehr sie sich auch bemühen, anderen zu gefallen, die Liste derjenigen, die *nicht* von ihnen *begeistert* sind, wird immer länger sein als die Liste derjenigen, die von ihnen *begeistert* sind. Und wer will überhaupt entscheiden, welches die richtige Lebensweise ist?

Ihr lebt in der wundervollen Zeit des Erwachens. Dies ist die Zeit, in der immer mehr Menschen bewusst ihren eigenen Wert erkennen. Es ist die Zeit, in der immer weniger Menschen sich an der unmöglichen Aufgabe versuchen, das Unerwünschte weit genug von sich zu schieben, damit ihnen nur noch das Erwünschte bleibt. Es ist die Zeit, in der immer mehr Menschen bewusst wird, sich nicht etwa danach gesehnt zu haben, dass die anderen oder die Welt um sie herum – über die sie keine Kontrolle haben – ihr Verhalten ändern, sondern sich danach gesehnt zu haben, ein Verständnis für ihre eigene Schwingungsbeziehung mit der *Quelle* zu erlangen, über die sie die vollkommene Kontrolle haben.

## Wie gelangt man von Disharmonie zur Harmonie?

JERRY: Wenn ihr ein Kind wärt, das in eine disharmonische Umgebung hineingeboren wurde – oder auch ein Arbeitnehmer, der sich in einem unangenehmen Arbeitsumfeld bewegt –, wie könntet ihr in einer solchen Situation bleiben und trotzdem eine positive persönliche Lebenserfahrung machen?

ABRAHAM:

Zunächst möchten wir euch dazu ermutigen, in einem solchen Fall »abzutauchen«. Versucht, bei eurem Gewahrsein der Disharmonie so unauffällig wie möglich zu bleiben. Bemüht euch sogar nach Kräften, euch der Disharmonie nicht bewusst zu werden, denn wenn ihr euch der Disharmonie nicht bewusst seid, stellt sich auch keine aktive Schwingung davon in euch ein, und dann wird das *Gesetz der Anziehung* euch aus jedem misstönenden Zusammentreffen heraushalten.

Doch wenn ihr euch stattdessen der unangenehmen Vorfälle bewusst *seid*, wenn ihr versucht, die Ungerechtigkeiten aufzudecken, indem ihr die Aufmerksamkeit darauf richtet – dann aktiviert ihr eine Schwingung in euch, die euch tiefer in den unangenehmen Mischmasch hineinzieht. Wenn ihr aus eurer Perspektive heraus ein Fehlverhalten erkennt und es aufzeigt, werden diejenigen, die an der Verhaltensweise beteiligt waren, die ihr für falsch haltet, sich erheben und euch heftig zu überzeugen versuchen, dass im Grunde eure Sichtweise falsch ist. Dann haltet ihr ihnen etwas entgegen, und sie halten euch etwas entgegen, und der Missklang wird immer größer, während beide Seiten um eine dauerhafte Lösung gebracht werden.

Jeder *Gegensatz* bewirkt bei allen Beteiligten eine Bitte nach Verbesserung, aber gewöhnlich gehen die Betreffenden so hart gegeneinander vor, dass sie sich für unfähig halten, die Lösung zu sehen, obwohl sie vielleicht ganz nahe ist.

*Das Unerwünschte zu betrachten, bis du es nicht länger ertragen kannst, und dann der Situation den Rücken zuzuwenden und woandershin zu gehen bringt keine dauerhafte Lösung, denn der Grund deines Weggangs ist die vorherrschende Schwingung in dir, was bedeutet, dass weitere Szenarien wie das, dem du gerade den Rücken gekehrt hast, ihren Weg in deine Erfahrung finden werden.* Mit anderen Worten: Wenn du dich an einen neuen Ort begibst, änderst du damit nicht automatisch deinen Ort der Anziehung. Das Gleiche gilt für einen neuen Job oder eine neue Beziehung.

*Es mag seltsam klingen, aber der schnellste Weg zu einer neuen und verbesserten Situation besteht darin, mit deiner gegenwärtigen Situation Frieden zu schließen. Wenn du Listen der positivsten Aspekte machst, die du an deiner gegenwärtigen Situation finden kannst, gibst du deinen Widerstand auf, und die Verbesserungen, die auf dich gewartet haben, können greifen. Doch wenn du gegen die Ungerechtigkeit deiner gegenwärtigen Situation wütest, bewahrst du deine Schwingungsmäßige Ausrichtung auf das Unerwünschte und kannst dich nicht auf die Verbesserung zubewegen. Es würde dem Gesetz widersprechen.*

Da aus unangenehmen Situationen immer der kraftvolle Wunsch nach Verbesserung entsteht, erfährt der größere Anteil von dir immer sofort den Nutzen des Gegensatzes, den du gelebt hast, und du kannst sehr viel einfacher, als viele von euch glauben, sofort damit beginnen, auch diesen Kontrast für dich umzusetzen. Anfangs mag es dir nicht leichtfallen, aber es ist wirklich ganz einfach, das Beste aus der Situation zu machen, in der du gerade bist.

*Jedes Partikel des Universums enthält das Gewünschte und seine Abwesenheit.* Wenn du den Entschluss fasst, dich künftig auf das Erwünschte auszurichten und nur noch das Erwünschte zu sehen, wirst du deine Schwingungsmuster des Widerstands ändern, und es wird dir nicht mehr möglich sein, dich für längere Zeit in unerwünschten Situationen zu bewegen.

## *Muss eine negative Kindheit zu einem negativen Erwachsenenleben führen?*

JERRY: Ein Kind könnte also von seinen Eltern negativ beeinflusst werden, aber es muss sich dabei nicht um eine dauerhafte Beeinflussung handeln, die das ganze Erwachsenenleben über anhält, richtig? Mit anderen Worten: Ist das eine individuelle Entscheidung, die dieses Kind, das nun erwachsen ist, jederzeit treffen kann?

ABRAHAM:

Durch die Art und Weise, wie du bei diesen Fragen deine Worte gewählt hast, wird uns deine Auffassung deutlich, dass das kleine Kind in seiner Beziehung zu dem älteren und größeren Erwachsenen wenig oder gar keine Kontrolle besitzt. Und so verschiebst du deine Erwartung, dass die Dinge für das Kind besser werden, auf den Zeitpunkt, zu dem es erwachsen sein wird, sein Leben selbst in die Hand nehmen und seine eigenen Entscheidungen treffen kann.

Als Erwachsener, der gerade dieses Buch liest, bist du in einer Position, in der du dein Schwingungsverhältnis zu deinem *Inneren Wesen* bewusst zur höchsten Priorität machen kannst, indem du dich in den Energiestrudel des Wohlbefindens begibst und über alles in Bezug auf deine Lebenserfahrung aktiv die Kontrolle ausübst. Aber du kannst es auch auf eine andere Weise sehen: Als Kind, selbst als Kind in einer negativen Situation, das wenig Kontrolle über seine eigene Erfahrung zu haben scheint, hast du ein besseres Verhältnis zwischen deinem körperlichen Du und deinem Nicht-Körperlichen Du als die meisten Erwachsenen.

Mit anderen Worten: Bei den meisten ist die Schwingungsmäßige Abweichung zwischen den beiden Schwingungsaspekten in jungen Jahren erheblich geringer als in späteren Jahren, weil sie im Laufe der Zeit immer mehr widerstrebende Gedanken aufnehmen und weitergeben. Darum sind die meisten Kinder erheblich glücklicher als die meisten Erwachsenen, obwohl sie erheblich weniger Kontrolle zu haben scheinen. Und dieses Buch ist entstanden, um euch zu helfen, den Prozess umzukehren.

*Ihr sollt verstehen, dass ihr jederzeit, wenn ihr die Entscheidung trefft, euch dem Verhältnis zwischen euren Schwingungsmäßigen Perspektiven bewusst zu werden (das heißt jederzeit, wenn ihr beschließt, dass es enorm wichtig für euch ist, wie ihr euch fühlt), in Harmonie gelangen könnt. Dass ihr dann Zugriff auf die Energie habt, die Welten erschafft, dass ihr dann euren Daseinszweck erfüllt – und glücklich bis an euer seliges Ende leben könnt.*

Aber solange ihr nicht beschließt, eure Gedanken auf die Harmonie mit der Quelle in euch einzustimmen, werdet ihr euch nicht gut fühlen. *Bei einem mit Freude erfüllten Leben geht es nicht darum, die Kontrolle über die Faktoren zu erlangen, die euch umgeben. Bei einem mit Freude erfüllten Leben geht es darum, mit dem in Harmonie zu gelangen, der ihr seid. Freude empfindet ihr nicht, wenn ihr andere Personen oder Umstände kontrolliert. Freude empfindet ihr, wenn ihr euer eigenes Schwingungsverhältnis zwischen dem körperlichen Du und dem Nicht-Körperlichen Du kontrolliert. Die Harmonie mit der Quelle bringt Freude und Liebe, Erfolg und Zufriedenheit.*

## Wenn man vergangenem Leid die Schuld gibt, wird dadurch gegenwärtiges Leid verstärkt

JERRY: Es gibt viele Erwachsene, die Traumata in ihrem Leben erfahren haben und glauben, dass die Eltern die Wurzeln ihrer gegenwärtigen Probleme sind. Bleiben sie ihrem Problem nicht verhaftet, solange sie ihren Eltern die Schuld geben?

ABRAHAM:

Damit ein Erwachsener etwas aus seiner fernen Vergangenheit (wie aus seiner Kindheit) als Grund dafür heranziehen kann, dass er sich in der Gegenwart nicht gut fühlt, ist es erforderlich, diesen unangenehmen Gedanken in seiner Schwingung lebendig und aktiv zu erhalten. *Ob seine unangenehme Erinnerung einem Elternteil gilt, einem Geschwisterkind, einem Rabauken in der Schule oder einem zornigen Lehrer, es ist einzig sein ständiger Gedanke an diese Beziehung, der dazu führt, dass das Jahre später noch ein Thema ist.*

Wir definieren eine *Überzeugung* als einen Gedanken, den ihr fortwährend denkt. Mit anderen Worten: Worauf auch immer ihr euch einstellt, woran ihr denkt, worüber ihr sprecht, was ihr beobachtet, woran ihr euch erinnert oder worüber ihr nachsinnt – ob es um eure Vergangenheit, Gegenwart oder Zukunft geht –, die Gedankenschwingung ist in diesem Moment in euch aktiv. Eure Emotionen geben euch augenblicklich eine Rückmeldung darüber, wie dieser gerade aktive Gedanke mit der Perspektive eures *Inneren Wesens* übereinstimmt. Wenn euer gegenwärtiger Gedanke nicht mit dem resoniert, was euer *Inneres Wesen* über das Thema weiß, zeigt eure negative Emotion die Disharmonie an. Und oft setzt ihr, weil ihr euch der Existenz dieses *Emotionalen Leitsystems* nicht bewusst seid und nicht erkennt, dass ihr eure Aufmerksamkeit verlagern und dadurch eure Gefühle verbessern könnt, diesen misstönenden Gedanken fort, und dann fühlt ihr euch schlecht und gebt dem Gegenstand eurer Aufmerksamkeit die Schuld.

In eurem Innersten versteht ihr, dass ihr euch gut fühlen solltet, und wenn ihr euch nicht gut fühlt, wisst ihr, dass etwas nicht stimmt. Und es fällt nicht schwer zu verstehen, wie ihr unter solchen Umständen allem und jedem, das gerade eure Aufmerksamkeit erweckt, wenn die negative Emotion sich einstellt, die Schuld daran gebt.

Wenn also über eine längere Zeitspanne hinweg immer wieder diese unangenehme Erinnerung auftaucht und ihr eine negative Emotion empfindet, aber keine Anstrengung unternehmt, eure Gedanken zu kontrollieren und mit der Perspektive eures *Inneren Wesens* in Harmonie zu bringen, wird euer Schwingungsmäßiger Missklang zunehmen. Anders ausgedrückt: Nicht nur, dass eure negativen Überzeugungen über euer früheres Leben größer und gewichtiger werden, ihr verschafft ihnen auch weiterhin Ausdruck und nehmt sie zum Anlass für neuerliche Trennungen von der *Quelle*.

Viele empfinden die Vergeblichkeit der Versuche, sich von diesen vergangenen Konflikten zu lösen, denn oft sind die Hauptfiguren ihrer vergangenen Dramen bereits gestorben, und selbst wenn sie noch irgendwo auf dem Planeten leben, haben die meisten den Eindruck, dass es unwahrscheinlich ist, dass sie ihr falsches Verhalten einsehen, und glauben, dass der Schaden ohnehin nun einmal angerichtet ist ... Während dieser traumatischen oder dramatischen Kindheitsmomente der realen oder so wahrgenommenen Misshandlung brachte diese Situation sie dazu, ihre Aufmerksamkeit von der Harmonie mit ihrer *Quellenergie* abzuwenden, und das taten sie oft genug, um eine Überzeugung herbeizuführen (ein chronisches Gedankenmuster), die sie von der Harmonie fernhält, wann immer sie sich auf diesen disharmonischen Gedanken ausrichten.

Dieser Erwachsene, der anderen die Schuld gibt, begreift nicht, dass die Beziehung, die hier so unharmonisch ist, eine zwischen ihm in seiner augenblicklichen physischen Gestalt und der Umfassenderen Reinen Positiven Energie seines *Inneren Wesens* ist ... *Er leidet nicht aufgrund der Misshandlung in seiner Kindheit, die er nicht kontrollieren konnte. Er leidet aufgrund seiner gegenwärtigen, in diesem Augenblick statthaben-*

*den fehlenden Harmonie zwischen dem körperlichen Selbst und der Nicht-Körperlichen Quelle – über die er die vollständige Kontrolle hat.*

*Es kann so befreiend sein, deine Gedanken zu fokussieren und dadurch deine Überzeugungen in Harmonie mit deiner eigenen Quelle und Kraft zu bringen. Und es ist so entkräftend, weiter der falschen Grundannahme zu folgen, dass »andere sich ändern müssen, bevor ich mich gut fühlen kann«.*

## Was ist, wenn das »Lösen von Problemen« die Probleme noch vergrößert?

JERRY: Ich nehme an, dass ich in den vergangenen Jahren die Neigung hatte, Probleme zu lösen. Ich war der Meinung, dass ich nur gründlich genug über sie nachzudenken brauchte, um ihnen ein Ende bereiten zu können. Aber die meisten Probleme haben sich dadurch nur vergrößert.

ABRAHAM:

*Die einzige Möglichkeit, ein Problem zu lösen, besteht darin, die Lösung zu betrachten. Und wenn du in Richtung der Lösung blickst, spürst du immer, wie deine Emotionen sich verbessern. Blickst du auf das Problem zurück, wirst du dich immer schlechter fühlen.*

Das ist wieder diese alte *falsche Grundannahme:* »Wenn ich mich nur heftig genug gegen unerwünschte Dinge wehre, werden sie verschwinden.« Obwohl es in Wahrheit so läuft, dass die Dinge, je mehr du dich gegen sie wehrst, immer größer werden und sich immer öfter in deiner Erfahrung manifestieren.

Es hilft, sich zu erinnern, dass jede Angelegenheit eigentlich zwei Seiten hat: *das Erwünschte und die Abwesenheit des Erwünschten.* Häufig scheint nur eine dünne Linie zwischen der Ausrichtung auf ein Problem und der Ausrichtung auf die Lösung zu verlaufen, aber diese Linie ist ganz und gar nicht so dünn, denn die Schwingungsfrequenzen des Problems und die Schwingungsfrequenzen der Lösung unterscheiden sich grundlegend. *Am besten kannst du erkennen, auf welche Seite der Gleichung du dich ausrichtest, wenn du deine Aufmerksamkeit darauf lenkst, wie du dich fühlst. Deine Emotionen werden dich immer darauf hinweisen, ob du in Richtung deines Umfassenderen Wissens und der Lösung ausgerichtet bist oder in die entgegengesetzte Richtung, auf das Problem.*

## Abraham, sprecht mit uns von der Liebe

JERRY: Das Wort »Liebe« ist das vorherrschende Wort in unserer Kultur. Wie seht ihr die Menschheit im Allgemeinen – in Bezug auf das Wort *Liebe*?

ABRAHAM:

Der Zustand der *Liebe* entspricht dem Zustand der vollkommenen Harmonie mit der Schwingung der *Quelle* in dir. Wenn du dich im Zustand der Liebe befindest, gibt es in dir keine aktive Schwingung des Widerstands. Wäre ein Elternteil beispielsweise ganz auf das vollkommene Wohlbefinden seines Kindes ausgerichtet, wäre dieser Elternteil in vollkommener Harmonie mit der Art, wie die *Quelle* in ihm sein Kind sieht, und deshalb gäbe es keine Schwingung des Widerstands – und der Elternteil empfände »Liebe«. Aber wenn ein Elternteil auf etwas ausgerichtet ist, was er als schlechtes Benehmen des Kindes betrachtet, oder wenn ein Elternteil sich darüber Sorgen macht, dass seinem Kind etwas Unerwünschtes zustößt, sind diese Gedanken ganz und gar nicht in Harmonie mit der Art, wie die Quelle in ihm das Kind sieht, und deshalb zeigt sich in der Schwingung des Elternteils ein Widerstand – und er empfindet Zorn oder Sorge.

Auf die gleiche Weise, wie das »Problem« und die »Lösung« ganz unterschiedliche Schwingungen sind, kann also auch das Thema »Liebe« aus der Perspektive der Harmonie mit *Dem-der-du-wirklich-bist* oder aus der Perspektive der fehlenden Harmonie mit *Dem-der-du-wirklich-bist* betrachtet werden. Eine Mutter, die von ihrem Ort des Traumas, der

Sorge oder des Zorns aus brüllt: »Weißt du denn nicht, wie sehr ich dich liebe!«, handelt aus dem Zustand fehlender Harmonie heraus. Deshalb könnte ihre Schwingung, obwohl diese Mutter das Wort *Liebe* verwendet, nicht deutlicher das Gegenteil zum Ausdruck bringen.

Eines der verwirrendsten Dinge, denen Kinder begegnen, wenn sie beginnen, Sprache zu verstehen, ist die Gegensätzlichkeit zwischen den Worten ihrer Eltern und der sie begleitenden Schwingung. Es ist so unermesslich wertvoll für ein Kind, wenn ein Elternteil mit Worten ausdrückt, was er wirklich *empfindet*. Und noch wertvoller ist es, wenn der Elternteil daran arbeitet, mit dem wahrhaftigsten seiner Gefühle, der *Liebe,* in Harmonie zu kommen, bevor er seinem Kind gegenüber überhaupt etwas zum Ausdruck bringt.

## Wann wird es Zeit, seine Bemühungen aufzugeben?

JERRY: Warum klammern die Menschen sich so oft an Beziehungen, die ihnen Schmerzen bereiten?

ABRAHAM:

Häufig glauben sie, dass es besser ist, eine Beziehung zu haben, und sei sie noch so schlecht, als gar keine. Und darum bleiben sie, weil sie den Eindruck haben, dass es weniger schmerzhaft ist, zornig als allein zu sein oder sich ständig zu ärgern, statt in Unsicherheit zu leben.

JERRY: Und welches Maß an Unbehagen oder Schmerz sollte eine Person hinnehmen, bis ihr die Empfehlung aussprechen würdet, sich aus der negativen Beziehung zu lösen?

ABRAHAM:

Wenn du dich unangenehmer oder unerwünschter Dinge nicht länger aussetzt und gehst, erleichtert dich das, weil du nicht mehr ständig mit diesen Dingen konfrontiert bist, und dann fällt es dir vielleicht leichter, angenehmere Gedanken zu finden und häufiger mit deiner Umfassenderen Perspektive in Harmonie zu sein. Aber obwohl du dich nach einer jähen Trennung vorübergehend oft sehr erleichtert fühlst, hält diese Erleichterung, wenn du gegangen bist, ohne die Schwingungsharmonie mit der *Quelle* in dir zu erreichen, nicht an – und die nächste Beziehung, die du anziehst, ähnelt oft sehr der letzten.

Wenn jemand körperlichem oder verbalem Missbrauch ausgesetzt ist, würden wir natürlich zu einer physischen Trennung raten, die so rasch wie möglich erfolgt. Aber einfach die aktuelle Situation zu verlassen, wird den Missbrauch nicht beenden, solange du weiter an ihn denkst, deinen Zorn darüber schürst und ihn als Anlass für dein Weggehen betrachtest.

*Du kannst dich nicht ständig auf unangenehme Gedanken ausrichten, ohne den Gedanken in dir aktiv zu erhalten und dich so von der Harmonie mit den Lösungen und Beziehungen, die du dir wirklich wünschst, fernzuhalten. Kurz: Du kannst nicht dorthin gelangen, wohin du willst, indem du auf das Unerwünschte zeigst. Das widerspricht dem Gesetz.*

Oft stellen die Menschen ganz erstaunt fest, dass, wenn sie körperlich in einer Beziehung bleiben (indem sie nicht ausziehen) und gleichzeitig die unerwünschten Aspekte ihrer Beziehung deaktivieren, indem sie mehr erwünschte Aspekte aktivieren, ihre Beziehung sich so sehr verbessert, dass sie nicht länger gehen wollen.

Wir wollen damit nicht sagen, dass es in allen Fällen möglich ist, dich plötzlich so positiv auszurichten, dass du in denen, mit denen du zusammenlebst, Persönlichkeits- oder Verhaltensänderungen herbeiführen kannst – aber wir wissen, dass nichts in deine Erfahrung treten kann, solange es nicht in deiner Schwingung aktiv ist.

Viele argumentieren, dass unangenehme Dinge nicht in ihrer Schwingung aktiv wären, wenn andere Personen sich nicht auf eine Weise verhalten hätten, dass diese Aktivierung erfolgte. Und obwohl wir gerne zugeben, dass es sicher leichter ist, sich gut zu fühlen, wenn du von Menschen umgeben bist, die sich gut fühlen, *würden wir niemals so weit gehen, zu behaupten, dass das Verhalten anderer dafür verantwortlich ist, wie du dich fühlst, denn du hast die Kraft, dich auszurichten und dadurch trotz des Verhaltens anderer in deiner Umgebung Anziehung auszuüben.*

Wenn du dich immer, sobald du etwas *Unerwünschtes* siehst, an einen Ort begibst, wo du das unerwünschte Verhalten für den Moment nicht siehst, wirst du dich nach einiger Zeit in eine unmögliche Ecke kompletter Isolation zurückgezogen haben. Aber wenn du immer, sobald du etwas *Unerwünschtes* siehst, erkennst, dass sich gleichzeitig dein Gewahrsein von etwas *Erwünschtem* schärft und du deine Aufmerksamkeit rasch dem neu betonten *Erwünschten* zuwendest, wird sich alles in deiner Erfahrung ständig verbessern.

Statt dich körperlich aus der unangenehmen Beziehung zurückzuziehen und statt deinen Partner zu bitten, sich anders zu verhalten, damit du dich besser fühlst, wenn du deine Beobachtungen tätigst, solltest du jeden neuen Wunsch, der jäh aus den anhaltenden Konflikten heraus entsteht, fürsorglich ins Ziel steuern – dann würden die physischen Muster deiner Gedankenschwingungen (oder neuen ständigen Überzeugungen) das *Gesetz der Anziehung* dazu bewegen, dich mit entsprechenden Erfahrungen zu versehen ...

*Es stimmt immer, dass das, was du lebst, deinen ständigen Schwingungsmustern oder Überzeugungen entspricht. Und es spielt keine Rolle, selbst wenn du eine ausgezeichnete Entschuldigung für deine negativen Gedanken und negativen Emotionen hast, dass sie immer noch deinem Ort der Anziehung entsprechen. Was sich zu jedem Thema deines Lebens manifestiert, ist ein Hinweis auf die Überzeugungen, denen du anhängst, und auf deine ständigen Gedankenmuster.*

Es verleiht sehr viel Kraft, zu entdecken, dass deine Gedankenmuster nicht deiner aktuellen Situation folgen müssen und sich deine aktuelle Situation (in Bezug auf sämtliche Themen) ändern kann. Und deshalb empfehlen wir auch nicht, die körperliche Maßnahme zu ergreifen, eine Beziehung zu verlassen, ohne vorher bewusst in gedankliche Harmonie mit den neuen Wünschen zu treten, die aus deiner aktuellen Situation heraus entstanden sind. Dann kannst du, egal ob du in dieser Beziehung bleibst oder dich in eine andere begibst, genau das bekommen, was du dir wünschst.

# Teil II

# Partnerwahl und das Gesetz der Anziehung: Der perfekte Partner – wie man ihn bekommt, wie man einer ist und wie man ihn anzieht

## Warum habe ich meinen Partner noch nicht gefunden?

JERRY: Als Menschen scheinen wir von der Vorstellung angetrieben zu werden, uns paaren zu müssen, einen Partner finden zu müssen, und das schon sehr früh in unserer Erfahrung. Ihr habt es Mitschöpfertum genannt, aber anscheinend haben viele Menschen oder sogar die meisten mit em Thema *Partnerwahl* ihre Probleme. Viele machen sich Gedanken über den richtigen Partner oder darüber, dass sie möglicherweise keinen Partner finden, während viele andere bereits einen haben, aber in recht unangenehmen Beziehungen leben. Was würdet ihr also der großen Anzahl an Menschen sagen, die Singles sind, die noch keinen Partner haben (oder auch keinen wollen), oder dem großen Prozentsatz an Menschen, die zurzeit Partner haben, ihre Beziehungen jedoch für unbefriedigend halten.

ABRAHAM:

Als ihr die Entscheidung getroffen habt, euch hier in dieser physischen Raum-Zeit-Realität zu fokussieren, hattet ihr die Absicht, euch mit anderen Menschen auszutauschen und gemeinsam mit ihnen zu erschaffen, denn euch war klar, dass jede erfreuliche Vorwärtsbewegung einer Vielfalt von Perspektiven bedarf, die zur Entfaltung führt. *Ihr wusstet, dass aus dem Austausch mit anderen und der daraus folgenden Vermischung neue Ideen entstehen würden, und ihr wusstet, dass dadurch, dass diesen gemeinsam erschaffenen Erfahrungen neue Ideen und Wünsche entsprangen, das Potenzial für Freude garantiert war, wann immer ihr euch einzeln oder kollektiv auf diese neuen Ideen ausrichten würdet.*

Wenn ihr Freude empfinden wollt und wisst, dass eure Freude nicht vom Verhalten anderer abhängt, und unablässig danach strebt, Dinge, die euch ein gutes Gefühl bereiten, zu eurem ständigen Ort der Aufmerksamkeit zu wählen, werden in jeder Hinsicht alle Wünsche befriedigt. Aber von einem Ort des Unwohlseins aus – wenn ihr euch Sorgen macht, keinen Partner zu finden, oder bemerkt, dass ihr mit dem, den ihr habt, unglücklich seid – kann sich kein Wunsch nach einer guten Beziehung einstellen, weil ihr dann keine Schwingungsmäßige Entsprechung zu eurem eigenen Wunsch seid.

Ob ihr keinen Partner habt und einen zu finden hofft oder mit dem Partner, den ihr gerade habt, unglücklich seid, eure Arbeit ist die gleiche: *Ihr müsst Gedanken in Bezug auf eure Beziehung finden, die mit den Gedanken, die euer Inneres Wesen über eure Beziehung hat, harmonieren.*

Wenn die stärkste Schwingung, die ihr in Bezug auf Beziehungen aufbringt, die *Abwesenheit* der gewünschten Beziehung zeigt, dann ist es der *Anwesenheit* der Beziehung, die ihr euch wünscht, nicht möglich, in eure Erfahrung zu treten. Die Schwingungen liegen zu weit auseinander. Ihr könnt nicht die *Lösung* für ein Problem finden, wenn das *Problem* die aktivste Schwingung in euch ist.

# *Ich konzentriere mich in einer Beziehung auf das, was ich will*

Es läuft darauf hinaus, dass ihr einen Weg finden müsst, eine Schwingung auszusenden, die der Beziehung, die ihr *wollt,* entspricht, nicht der Beziehung, die ihr *habt.* Ihr müsst die *Abwesenheit* der Beziehung, die ihr anstrebt, ignorieren, oder die *Anwesenheit* der unerwünschten Beziehung, in der ihr euch befindet, bevor ihr die Beziehung erreichen könnt, die ihr wollt. Und das ist der knifflige Teil. *Ihr müsst das, was ihr wollt, zu einem dominanteren Teil eurer Schwingung machen, als das, was ihr habt, und wenn euch das auf Dauer gelingt, wird das, was ihr wollt, und das, was ihr habt, sich miteinander verbinden, und ihr werdet euren Wunsch leben. Mit anderen Worten: Kümmert euch um die Beziehung zwischen dem, was ihr wollt, und den ständigen Gedanken, die ihr denkt, kümmert euch um die Beziehung zwischen dem Nicht-Körperlichen Du und dem körperlichen Du – dann wird keine andere Beziehung befriedigender sein.*

Wenn ihr der Gegenstand der Aufmerksamkeit anderer seid und sie billigen und wertschätzen das, was sie sehen, fühlt sich das für euch sehr gut an, weil sie in ihrer Wertschätzung eurer Person mit ihrer Umfassenderen Perspektive harmonieren. Und da ihr der Gegenstand ihrer Aufmerksamkeit seid, werdet ihr von der sich gut anfühlenden Perspektive der Quellenergie überflutet. Aber wenn sie dann den Blick von euch abwenden und sich um andere kümmern oder ihre Einheit mit der Harmonie verlieren, weil sie einen Fehler oder Makel sehen, dann fühlt ihr euch vielleicht wie eine Marionette, deren Fäden durchtrennt wurden und die nicht länger vom Verhalten eines anderen gelenkt wird.

*Obwohl es sich gut anfühlt und auch so anfühlen sollte, wenn eine andere Person einen wertschätzt, werdet ihr euch nicht auf Dauer gut fühlen können, wenn ihr von ihrer Wertschätzung abhängig seid, denn keine andere Person hat die Fähigkeit, euch als alleinigen, positiven Gegenstand der Aufmerksamkeit zu bewahren, und es liegt auch nicht in ihrer Verantwortung. Euer Inneres Wesen jedoch, die Quelle in euch, betrachtet euch ausnahmslos und ständig als Gegenstand der Aufmerksamkeit. Wenn ihr also eure Gedanken und Taten auf diese anhaltende Schwingung des Wohlbefindens einstellt, die eurem Inneren Wesen entströmt, wird es euch unter allen erdenklichen Umständen gut gehen.*

Die meisten Menschen entwickeln schon in jungen Jahren die Erwartung, dass sie zu irgendeinem Zeitpunkt ihres Lebens einen Partner finden werden. Oft halten sie, ob Mann oder Frau, ein romantisches Bild davon aufrecht, wie sie gemeinsam in den Sonnenuntergang gehen, Hand in Hand. Diese Art von Beziehung bezeichnen sie auch oft als »einen Hausstand gründen«, was auf die negative Erwartung verweist, etwas von seiner Freiheit und seinem Spaß hinzugeben für die ernsthaftere Erfahrung einer permanenten Partnerschaft. Diese Menschen sehen, wenn sie die Mehrheit der Beziehungen um sich herum betrachten, eine derartige Beziehung nicht als eine, die Freude, Zufriedenheit und Freiheit bringt (was die Grundlage dessen ist, wer sie sind und was sie wollen), vielmehr sehen sie den *Verlust* von Freude, Zufriedenheit und Freiheit. Und so gibt es einen enormen Missklang in Bezug auf das Thema Partnerschaft oder permanente Beziehung, denn die meisten Menschen erwarten zwar, dass sie irgendwann eine Partnerschaft eingehen, aber oft erwarten sie zugleich den Verlust von Freiheit, auf den sie sich nicht gerade freuen.

Manchmal haben Menschen den Eindruck, dass sie nicht richtig »vollständig« sind, bevor sie nicht eine andere Person gefunden haben, die ihre Lebenserfahrung mit ihnen teilt, aber das ist keine gute Grundlage, um eine neue Beziehung einzugehen. Es ist ein weiteres Beispiel dafür, dass man nicht »von hier nach dort gelangen« kann. Anders ausgedrückt, wenn du dich unzulänglich fühlst und deshalb nach einem anderen suchst, der dich sozusagen »vervollständigt«, muss das *Gesetz der Anziehung* jemanden finden, der sich ebenfalls unzulänglich fühlt.

*Kommen jedoch zwei, die sich unzulänglich fühlen, zusammen, dann hören sie nicht plötzlich auf, sich unzulänglich zu fühlen. Die Grundlage für eine wirklich gute Beziehung sind deshalb immer zwei Menschen, die sich schon jeder für sich sehr wohl in ihrer Haut fühlen. Wenn sie dann zusammenkommen, sind sie ein Paar, das sich sehr wohl fühlt.*

Von eurer Beziehung mit jemandem zu verlangen, dass sie euch aufbaut, und das womöglich zu ihrer Grundlage zu machen ist nie eine gute Idee, denn das *Gesetz der Anziehung* kann euch nie etwas anderes bringen als das, was eurem Gefühl entspricht. Wenn ihr euch ständig euretwegen oder wegen eures Lebens schlecht fühlt und eine Beziehung mit jemandem eingeht, damit es besser wird, wird es niemals besser. *Das Gesetz der Anziehung kann euch keine ausgeglichene, glückliche Person bringen, wenn ihr nicht selbst eine seid. Das Gesetz der Anziehung wird euch jene Menschen bringen, egal was ihr tut oder sagt, die überwiegend der Person entsprechen, die ihr überwiegend seid. Dass die Menschen sich überhaupt etwas wünschen, hat immer nur den einen Grund: Sie glauben, dass sie sich besser fühlen werden, wenn sie es haben. Wir wollen euch bewusst machen, dass ihr euch besser fühlen müsst, bevor es zu euch kommen kann.*

Eine Frau, die sich über unseren Vorschlag ärgerte, dass sie erst glücklich werden und sich dann einen Partner suchen sollte, sagte einmal zu uns: »Ihr wollt, dass ich mich selbst glücklich mache, indem ich mir vorstelle, mein Partner sei hier, obwohl er nicht hier ist. Ich glaube, euch ist ganz egal, ob er überhaupt irgendwann kommt.« In gewisser Hinsicht hat sie recht: Wir wissen, dass sie nur dauerhaft glücklich zu sein bräuchte, und schon würde das, was sie sich wünscht, eintreten (so will es das *Gesetz*), und zwischenzeitlich wäre sie bereits ununterbrochen glücklich.

*Wir finden es amüsant, dass die Menschen anscheinend oft den Vorbehalt haben, Glück sei ein sehr hoher Preis für das erfolgreiche Ergebnis. Wir finden es deshalb besonders amüsant, weil wir wissen, dass der Grund für jeden Erfolg, nach dem sie streben, der Glaube ist, dass sie glücklicher sein werden, wenn sie ihn erlangt haben.*

Wenn ihr feststellt, dass euer Glück nicht vom Erfolg anderer abhängt, sondern dass es einfach das Ergebnis eurer *bewussten* Absicht ist, werdet ihr endlich den Frieden finden, der euer größter Wunsch ist. Und mit dieser Einsicht wird sich auch alles andere einstellen, was ihr euch jemals gewünscht habt oder jemals wünschen werdet. Die Kontrolle über eure Gefühle, über eure Reaktion auf die Dinge, über eure Reaktion auf andere und eure Reaktion auf Situationen ist nicht nur der Schlüssel zu eurem dauerhaften Glück, sondern auch zu allem, was ihr euch wünscht. *Es lohnt sich wirklich, sich darin zu üben.*

*Einfach ausgedrückt: Wenn du nicht glücklich mit dir oder mit deinem Leben bist, wird die Anziehung eines Partners den Missklang nur verstärken, denn jede Handlung, die von einem Ort der Abwesenheit aus erfolgt, ist immer kontraproduktiv.*

Habt ihr gerade keinen Partner, seid ihr in der perfekten Situation, um euch erst in Harmonie zu bringen, bevor ihr jemanden anzieht, der zweifellos die Art, wie ihr euch fühlt, verstärken wird. Doch selbst wenn ihr mitten in einer Beziehung steckt, die oft unangenehm ist, könnt ihr trotzdem damit anfangen, euch auf eine befriedigende Beziehung hin zu bewegen, denn ihr könnt von jedem Ort, an dem ihr seid, an jeden Ort gelangen, an dem ihr sein wollt.

Die Menschen sind oft ganz versessen darauf, sofort ihren Partner zu finden, obwohl sie gerade nicht mit sich im Reinen sind. Sie glauben sogar, wenn sie einen Partner fänden, wäre das der Weg, mit sich ins Reine zu kommen. Doch das *Gesetz der Anziehung* kann ihnen niemanden bringen, der ihnen Wertschätzung entgegenbringt, wenn sie sich nicht selbst Wertschätzung entgegenbringen. So will es das *Gesetz.*

Wenn ihr also gerade nicht den Partner habt, den ihr wollt, ist es erheblich besser, mit dem Ort, an dem ihr seid, Frieden zu schließen: zu beginnen, die Notwendigkeit von allem und jedem zu betonen, von anderen positiven Dingen, die sich in eurem Leben gerade ereignen, zu beginnen, euer Unbehagen über die Abwesenheit eures gewünschten Partners zu zerstreuen, das Beste aus eurem Leben zu machen, wie es gerade ist, Listen der guten Dinge anzufertigen und euch selbst größere Wertschätzung entgegenzubringen. Wir versprechen euch, dass euer Partner kommen wird, sobald ihr anfangt, euch wirklich selbst zu mögen, und aufhört, euch ständig der Abwesenheit eures Partners bewusst zu sein und deshalb Unbehagen zu empfinden. Auch dies will das *Gesetz* so.

Wenn ihr mitten in einer unangenehmen Beziehung seid, müsst ihr einen Weg finden, euch von den negativen Aspekten der Beziehung abzulenken. Manche sagen, es ist schwerer, allein zu sein und sich einen Partner zu wünschen, während andere darüber klagen, dass es schwerer ist, das Gefühl zu haben, mit dem *falschen* Partner zusammen zu sein, aber ihr sollt wissen, dass es eigentlich gar keine Rolle spielt, wo ihr gerade steht oder was ihr gerade erlebt.

*Ihr könnt von überall, wo ihr seid, dorthin gelangen, wo ihr hinwollt – doch ihr müsst aufhören, so viel Zeit damit zu verbringen, darauf zu achten und darüber zu reden, was euch daran, wo ihr gerade seid, nicht gefällt. Seid wählerischer und stellt Listen der positiven Dinge auf, die ihr lebt. Freut euch darauf, wer ihr sein wollt, und vergeudet keine Zeit damit, euch darüber zu beschweren, wer ihr seid. Das reagierende Universum macht keinen Unterschied zwischen den Gedanken, die ihr euch über eure gegenwärtige Realität macht, und den Gedanken, die ihr habt, wenn ihr von eurem besseren Leben träumt. Ihr erschafft durch das, woran ihr denkt, und so bringt es euch nicht den geringsten Vorteil, über etwas nachzudenken, sich an etwas zu erinnern, etwas zu beobachten oder über etwas zu sprechen, was ihr nicht wollt. Bringt eine aktive Schwingung dessen hervor, was ihr wollt, und achtet einmal darauf, wie schnell euer Leben sich ändert, um sich eurer Schwingung anzupassen.*

## Habt ihr nicht schon viele unharmonische Beziehungen beobachtet?

JERRY: Ich weiß noch, dass ich als Kind viele Beziehungen beobachtet habe, aber ich erinnere mich nicht an eine einzige Beziehung, die glücklich gewesen wäre. Die meisten dieser Beziehungen waren dauerhafte Beziehungen, sie hielten, waren jedoch nicht von Freude erfüllt. Ich sage gerne, dass die Mehrzahl der Beziehungen, die ich gesehen habe, von einer Art stiller Verzweiflung geprägt war. Ich hörte keine großen Klagen, aber ich sah auch nicht viel Freude.

ABRAHAM:

Deine Kindheitsbeobachtungen überwiegend freudloser Erwachsener in deiner Umgebung sind selbst bei Kindern in eurer heutigen Zeit keineswegs ungewöhnlich. Es ist sehr viel verbreiteter, dass Kinder beobachten, wie ihre Eltern sich über ihre Beziehung zu den Arbeitgebern, anderen Autofahrern, der Regierung, Nachbarn und so weiter beklagen, als dass sie von Wertschätzung hören.

Die meisten Kinder haben nicht den Vorteil, Eltern beobachten zu können, die sich ständig in Zuständen von Wertschätzung und Harmonie befinden, und so entwickeln sie ungesunde Gedankenmuster und ungesunde Überzeugungen über ihre Beziehungen zu anderen. Doch unter diesen neu erworbenen ungesunden Überzeugungen, die sie auf ihrem physischen Weg aufnehmen (während sie die Unzufriedenheit der Erwachsenen um sich herum beobachten), pulsiert das kraftvolle Verlangen nach Verbundenheit, Liebe und Harmonie. Mit anderen Worten: Auch wenn Kinder, wie es bei dir der Fall war, selten wirklich glückliche Beziehungen sehen, haben die meisten doch die Hoffnung, dass *sie* eine finden werden.

Ihr sollt wissen: Selbst wenn jeder, den ihr kennt, eine unglückliche Beziehung erfährt, tragt ihr ein tiefes Verständnis dafür in euch, dass harmonische Beziehungen möglich sind – und tatsächlich entsteht jedes Mal, wenn etwas Unangenehmes in einer Beziehung geschieht, daraus ein entsprechender Wunsch ... *Je mehr Unangenehmes ihr in einer Beziehung erlebt, desto spezifischer wird euer Verlangen danach, was ihr stattdessen lieber hättet.*

Der Grund dafür, dass Beziehungen so ein großes Thema sind und dass so viele Menschen sich von der Aussicht darauf, ihre Beziehungen zu verbessern, ganz überwältigt fühlen, liegt in Folgendem: Je mehr ihr erlebt, was ihr *nicht wollt*, desto mehr bittet ihr um das, was ihr *wollt,* doch eure Beobachtung dessen, was ihr *nicht wollt*, verhindert, dass ihr euch auf das zubewegt, was ihr *wollt*. Ihr vollzieht also, ohne es zu merken, ein unmögliches Tauziehen, denn ihr wollt eure Entfaltung erreichen, während ihr euch gleichzeitig von gerade der Entfaltung, nach der ihr euch sehnt, entfernt.

Es gibt ein leicht erwerbbares Wissen, das jede Beziehung, in der ihr euch befindet, in Harmonie verwandelt: *Ich kann glücklich sein, ganz gleich, was alle anderen tun ... Wenn ich mich meiner eigenen persönlichen Fähigkeit bediene, meine Gedanken auszurichten, kann ich die Schwingungsmäßige Harmonie mit meiner Quelle (meiner Quelle des Glücks) erreichen, und dann fühle ich mich gut, ganz gleich, was andere tun.*

## Und was ist, wenn meine Beziehung nicht hält?

JERRY: Ich bin in meinem Leben viel gereist, und ich war einen Großteil meines Lebens über Single, sodass ich letzten Endes eine Menge Beziehungen hatte. Es fiel mir leicht, sie anzufangen, aber es war schwer, sie zu beenden. Und ich habe festgestellt, dass es in unserer Kultur ganz allgemein relativ einfach ist, eine Beziehung einzugehen, aber erheblich schwerer, sich wieder daraus zu lösen. Bei der Auflösung von Partnerschaften, bei der Klärung von Eigentumsfragen und so weiter spielen sehr oft Zorn und Gewalt oder Rachegelüste hinein.

Anscheinend beobachten wir so viele Beziehungen, die nicht funktionieren, und dann kommt es noch viel schlimmer, wenn wir sie beenden wollen. Trägt das nicht auch zu unserer Wachsamkeit und negativen Erwartungshaltung gegenüber Beziehungen bei?

ABRAHAM:

Den Beobachtungen nach, die du hier mitgeteilt hast, scheint es eigentlich keinen guten Grund zu geben, Beziehungen *überhaupt* einzugehen. »Wenn Menschen zusammenbleiben, sind sie oft nicht glücklich, und wenn sie die Beziehung beenden wollen, kommt es oft erst richtig schlimm.« Deine Fragen betonen das Wichtigste, dass nämlich die meisten Menschen eine Beziehung mit negativen Überzeugungen über Beziehungen eingehen und dass diese Überzeugungen (oder Gedanken, die ständig gedacht werden) es unwahrscheinlich machen, dass sie eine glückliche und erfolgreiche Beziehung führen werden.

*Ihr habt zwar tief in euch den Wunsch nach harmonischen Beziehungen, aber euer Sein weist eine noch stärkere, tiefere Empfindung auf: euren Wunsch nach Freiheit. Und dem Wunsch nach Freiheit liegt der Wunsch nach Wohlgefühl zugrunde – und dem Wunsch nach Wohlgefühl liegt zugrunde, dass du und Du eine störungsfreie Beziehung miteinander führt.*

Wenn du dich, aus welchem Grund auch immer, nicht gut fühlst, weißt du, dass etwas nicht stimmt, und es entspricht deinem natürlichen Instinkt, die Ursache des Missklangs herausfinden zu wollen. Oft bringst du dein fehlendes Wohlgefühl mit einer anderen Person in Verbindung, die anwesend ist oder mit der du zu tun hast, während du dich nicht gut fühlst. Deshalb glaubst du, wenn du dich nicht gut fühlst und nicht in Harmonie mit dir bist, dass diese Person etwas anders machen muss, was sie vielleicht nicht anders machen will oder kann. Und wenn du dann siehst, dass du machtlos bist und die Veränderung, die du für nötig hältst, nicht herbeiführen kannst, fühlst du dich unfrei. Also fühlt sich der wesentlichste Wunsch an der Basis dessen, der du bist, bedroht, und deine Beziehung bricht zusammen.

Aber du sollst wissen, jeder Einzelne von euch soll wissen, dass dies eine Beziehung war, die von Anfang an auf einer falschen Grundannahme beruhte, denn es ist einer anderen Person niemals möglich, sich hinreichend oder beständig genug zu benehmen, um dich im Gleichgewicht zu halten. Das ist *deine* Aufgabe. Wenn du akzeptieren kannst, dass niemand anderer die Verantwortung für dein Unwohlsein trägt als du selbst und dass es in *deiner* Verantwortung steht, dich wieder gut zu fühlen, wirst du die Freiheit entdecken, die wesentlich ist, um deine persönliche Freude zu bewahren. Und wenn dir das nicht gelingt, bewegst du dich nur von einer unbefriedigenden Beziehung zur nächsten.

*Dein Gespür dafür, wer du wirklich bist, pulsiert so kraftvoll in dir, dass du niemals aufhören wirst, befriedigende Beziehungen anzustreben, denn auf einer sehr tiefen Ebene weißt du, welches Potenzial der Freude die Beziehung zu anderen birgt. Und hast du einmal beschlossen, dass dein Glück nie von den Absichten, Überzeugungen oder Verhaltensweisen eines anderen abhängt, sondern einzig von deiner Harmonie – über die du die absolute Kontrolle hast –, dann werden deine Beziehungen nicht länger unangenehm sein, sondern dich sogar zutiefst befriedigen.*

Die Abwesenheit einer persönlichen Verbundenheit mit der Quelle bringt ein Gefühl der Unsicherheit mit sich, das die Menschen oft durch ihre Beziehungen mit anderen Menschen aufzuheben versuchen. Viele Beziehungen fühlen sich in den Anfangsstadien gut für dich an, weil ihr einander eure ungeteilte Aufmerksamkeit schenkt, aber es ist ganz natürlich, dass eure Aufmerksamkeit sich nach einer Weile wieder anderen Aspekten eures Lebens zuwendet, und wenn ihr dann auf die Aufmerksamkeit des anderen zählt, ist es wahrscheinlich, dass ihr ohne seine oder ihre ungeteilte Aufmerksamkeit wieder zu Gefühlen der Unsicherheit zurückkehrt.

*Ein ständiges Wohlgefühl stellt sich in Beziehungen ein, wenn beide Seiten ihre Verbundenheit mit der Quelle bewahren. Für diese Beziehung gibt es keinen Ersatz. Es gibt einfach keine andere Person, die dich genug lieben kann, um deine fehlende Harmonie mit der Quelle auszugleichen.*

## Warum fühlt sich die Beziehung zu Abraham so stimmig an?

JERRY: Ich weiß, dass es viele Formen der Partnerschaft gibt und auch viele Gründe für die Partnerwahl. Ehen werden aus Zweckmäßigkeit geschlossen, arrangiert, aus körperlicher Anziehung oder sexueller Lust eingegangen, mit hoch aufgeladenen Emotionen … und manche Menschen wählen sich einen Partner, nur weil sie einfach nicht allein sein wollen.

Aber ich habe über die absolut vollkommene Partnerschaft nachgedacht, die ich mit euch führe, Abraham. Ist es denjenigen unter uns, die gerade in unseren physischen Körpern fokussiert sind, möglich, andere, die physischer Natur sind, so zu sehen, wie ich euch sehe? Mit anderen Worten: Können wir irgendwie die spezifischen Details überwinden und

**zur *Essenz* eines physischen Wesens durchdringen, sodass wir miteinander die gleiche harmonische Beziehung führen, die ich euch gegenüber verspüre?**

ABRAHAM:

An diesem Punkt unserer Gespräche hättest du keine bessere Frage stellen können, denn das, was du aus deiner Wertschätzung gegenüber dem, was du »Abraham« nennst, beschreibst, ist die Harmonie zwischen *dir* und *Dir,* von der wir gesprochen haben.

Deine Wertschätzung für uns liegt nicht darin begründet, dass wir uns auf eine Weise verhalten, die dir zusagt, denn es gibt viele Menschen, die keine Wertschätzung für uns empfinden und nicht in Harmonie mit uns sind. Manche hören auf, von uns angetan zu sein, sobald sie erkennen, dass wir nicht für sie *handeln.* (Aus ihrem Gefühl des Mangels oder der Abwesenheit heraus könnten sie uns um Wunder oder Hilfe gebeten haben, die sie nicht erhalten.) Andere ärgern sich über uns, weil wir keinen Zweifel daran lassen, wer wir sind und was wir wollen – und wir sind unnachgiebig. Wir sind nicht bereit, unsere Absichten beiseitezuschieben – die wir in Bezug auf alles, was wir leben, festgeschrieben haben –, um jemandes gerade aus einer Laune heraus geborenen Wunsch, den er uns entgegenbringt, zu befriedigen. Wir werden nicht, wie sie, so tun, als gäbe es die *Gesetze des Universums* nicht, um euch in diesem Moment zu unterhalten. Und so gibt es viele, die bei ihrem Austausch mit uns negative Aspekte an uns sehen. Und als Ergebnis ihrer Suche nach Fehlern, die sie dann auch finden, sind unsere Beziehungen nicht befriedigend.

Du hast deshalb den Eindruck, eine vollkommene Partnerschaft mit uns zu führen, weil du gerade auf unsere Aspekte eingestimmt bist, die mit *Dem-der-du-wirklich-bist* in Resonanz stehen. Aber du hast die Fähigkeit, jede Person zu deinem Gegenstand der Aufmerksamkeit zu machen und bei ihm oder ihr das Gleiche zu tun. *Dein* Fokus ist verantwortlich für die Art und Weise, wie du dich fühlst, nicht etwas, was wir auf dich projizieren.

Wenn du dich mit jemandem austauschst, ist es stets ein Vorteil für dich, nach seinen oder ihren positiven Aspekten zu suchen. Indem du die Schwingung gewünschter Dinge aktivierst, werden weitere dieser gewünschten Dinge in deine Erfahrung fließen. *Wenn du die Kunst entwickelst, nach positiven Aspekten in anderen Ausschau zu halten und sie zu finden, sie so sehr entwickelst, dass du die Erwartungshaltung annimmst, Positives von anderen zu erhalten – wird nur noch Positives zu dir kommen.*

JERRY: Wenn ich euch richtig verstehe, ist die Beziehung, die ich aus meiner Perspektive heraus mit euch habe, also eine Art Eigenliebe?

ABRAHAM:

Perfekt ausgedrückt. Durch deine Wertschätzung dessen, was *wir* sind, bist du in Harmonie mit *Dem-der-du-wirklich-bist*. Und das ist Liebe: die Harmonie mit der Quelle, die Harmonie mit der Liebe.

JERRY: Dann habe ich, mit anderen Worten, euch also angezogen oder ziehe durch euch das an, was ich mir vom Leben erwarte, was mich erfüllt? Würdet ihr das nicht als eine Art Koabhängigkeit bezeichnen?

ABRAHAM:

*Abhängigkeit* setzt voraus, dass »ich nicht aus mir heraus und durch mich ganz bin« und dass »ich einen anderen brauche, um ganz zu sein«, und das ist bei dir und bei uns nicht der Fall. Aber diese Frage führt uns zu einer sehr wichtigen Grundannahme oder Basis für gute Beziehungen: Wenn jemand sich mit sich allein unsicher fühlt und deshalb einen Gefährten sucht, der ihn stützt, ist die Beziehung niemals stabil, weil das Fundament instabil ist. Doch wenn zwei Personen, die unabhängig voneinander Sicherheit empfinden und mit ihrem *Inneren Wesen* in Harmonie sind, sich zusammentun, hat ihre Beziehung ein solides Fundament. Sie hängen dann nicht von den Ressourcen des jeweils anderen ab. Sie beziehen diese Ressourcen aus der Quelle, und nun können sie sich austauschen und auf dieser soliden Grundlage gemeinsam erschaffen.

*Wenn zwei oder mehr Bewusstseine, die positiv auf ein Thema eingestimmt sind, zusammenkommen, sind diese beiden Bewusstseine um ein Vielfaches kraftvoller als eines plus eins. Und so ist die Anziehung von Ideen und Lösungen erheblich mehr als die Summe der beiden Individuen. Es ist wirklich aufregend. Und um nichts anderes geht es beim gemeinsamen Erschaffen.*

Für das gemeinsame Erschaffen ist es ganz grundlegend, dass die einzelnen Schöpfer, die da zusammenkommen, einen Ort positiver Anziehung einnehmen, bevor sie zusammenkommen, sonst kann aus dem gemeinsamen Erschaffen nichts Positives entstehen. *Wenn du negativ eingestimmt bist und dich deshalb nicht gut fühlst, kannst du nur andere anziehen, die sich im gleichen Zustand negativer Anziehung befinden. Deshalb kannst du niemals den Partner anziehen, den du wirklich willst, wenn du von einem Ort der Unsicherheit oder der Abwesenheit von etwas aus nach ihm suchst, sondern immer nur einen, der deinen aktuellen Mangel verstärkt.*

Das verwirrt die meisten Menschen, weil sie dachten, ihr Unbehagen rühre daher, dass sie keinen Partner haben. Wenn es ihnen dann gelingt, einen Partner zu finden, verstehen sie deshalb nicht, warum ihr Unbehagen nicht weicht oder warum es größer wird. *Der physische Vorgang der Partnerwahl, des Zusammenziehens oder der Vermählung kann die Leere nicht füllen, die existiert, wenn du Schwingungsmäßig nicht mit Dem-der-du-wirklich-bist übereinstimmst. Doch wenn du dich zuerst um diese Übereinstimmung gekümmert hast, um diese Harmonie, dann kann der physische Vorgang des gemeinsamen Erschaffens erhaben sein. Anders ausgedrückt: Ergreife keine Maßnahmen, um Harmonie herbeizuführen. Führe Harmonie herbei und finde dann einen Partner.*

## Sollte ein »Seelenpartner« nicht einen anmutigen Geist haben?

JERRY: Ich höre, wie die Menschen sich immer wieder auf »Seelenpartner« beziehen. Wenn zwei Personen, die sehr positiv denken, einander anziehen, ist das dann nicht eine Form dessen, was die Menschen *Seelenpartnerschaft* nennen?

ABRAHAM:

Wenn die Menschen davon reden, ihren Seelenpartner zu finden, schließen sie daraus oft, dass es eine bestimmte Person ist, mit der sie zusammen sein sollten, dass sie eine Art Seelenbündnis geschlossen haben, bevor sie in dieser Raum-Zeit-Realität in diesen physischen Körper eintraten. Und obwohl es stimmt, dass ihr Absichten habt, euch mit anderen zum Zwecke des spezifischen gemeinsamen Erschaffens zu treffen (und diese Beziehungen wiederzuentdecken kann enorm befriedigend sein), habt ihr nach diesen physischen Begegnungen doch nicht als Quelle eurer Harmonie gesucht. Vielmehr hattet ihr die Absicht, erst eine dauerhafte Harmonie herbeizuführen, in dem Wissen, dass ihr dann diese Beziehung in euer Leben holen könnt.

Ihr könntet euch in der Gegenwart einer Person aufhalten, mit der ihr ein Nicht-Körperliches Bündnis hattet, und wenn ihr von der Quelle getrennt seid, würdet ihr die Beziehung nicht erkennen. Oft sind die Menschen, über die ihr euch am meisten ärgert und mit denen ihr in Disharmonie seid, eure wahren Seelenpartner, doch durch eure fehlende Harmonie mit *Dem-der-ihr-wirklich-seid* erkennt ihr sie nicht.

Am besten nähert ihr euch der Vorstellung vom Seelenpartner dadurch, dass ihr Harmonie mit der reinen positiven Schwingung der Seele oder Quelle in euch anstrebt, und wenn ihr dann diese Harmonie zulasst, werdet ihr jede Gelegenheit zu diesen wundervollen Begegnungen erkennen, genau wie es eure Absicht war. Schon die bloße Absicht, etwas zu finden, was ihr wertschätzen könnt, würde euch in ständige Harmonie mit eurer Quelle bringen und in die perfekte Position, um unter unzähligen Personen eure Seelenpartner zu finden.

Vergesst nicht, dass ihr in diesem physischen Körper vielleicht neu, aber tatsächlich ein sehr altes Wesen seid, das schon viele Leben erfahren hat, und dadurch, dass ihr all diese Leben gelebt habt, seid ihr zu kraftvollen Schlussfolgerungen gekommen. Euer *Inneres Wesen* weiß nun um all diese Schlussfolgerungen, und durch eure Harmonie mit eurem *Inneren Wesen* habt auch ihr Zugang zu diesem Wissen – und alles, was weniger ist, befindet sich nicht in Ausgewogenheit und wird sich für euch nicht gut anfühlen.

## Nichts ist wichtiger, als sich gut zu fühlen

JERRY: Was würdet ihr also den jungen Leuten sagen, die gerade die Schule abgeschlossen haben, ihr eigenes Leben zu leben beginnen, sich ihren ersten Partner wählen oder zwischen den Partnern stehen? Wie würdet ihr sie auf der Suche nach der richtigen Beziehung führen?

ABRAHAM:

- Zunächst würden wir sie daran erinnern, dass nichts wichtiger ist, als sich gut zu fühlen, denn solange sie sich nicht gut fühlen, sind sie nicht in Harmonie mit all dem, was sie geworden sind, und alles, was weniger ist als Harmonie, wird sich immer wie ein Mangel anfühlen.

- Wir würden sie dazu ermuntern, unentwegt die Absicht zu hegen, sich Themen zu suchen, die sich gut anfühlen, und sich darauf auszurichten, und dazu, wenn sich aus irgendeinem Grund ein Thema in ihnen aktiviert, das sich nicht gut anfühlt, ihr Bestes zu geben, um sich davon abzulenken, indem sie sich durch die Ausrichtung auf ein Thema, das sich besser anfühlt, Erleichterung verschaffen.

  - Sagen wir beispielsweise, dass du beobachtest, wie sich eine unangenehme Beziehung entwickelt, und du hörst das negative Gespräch dieses unglücklichen Paares. Dein Wunsch nach Harmonie und dein noch spezifischerer Wunsch nach einer harmonischen Beziehung führen dazu, dass du (durch bloßes Zuhören) an dieser unangenehmen Erfahrung teilhast. Die negative Emotion, die du empfinden würdest, ist dein *Hinweis* darauf, dass diese Ausrichtung dir nicht hilft. Wenn du die aktive Absicht hast, dich gut zu fühlen, würdest du dich einfach außer Hörweite dieses Gesprächs begeben. Du würdest deine Aufmerksamkeit bewusst anderen Gegenständen zuwenden, die sich gut anfühlen.

- Wir würden sie auch daran erinnern, dass Schöpfung von innen heraus erfolgt. Mit anderen Worten: *Die Gedanken, die du denkst, und die Gefühle, die du hast, sind im Zentrum dessen, was du anziehst. Statt nach Dingen Ausschau zu halten, die außerhalb von dir sind, und dich dazu zu bringen, dich besser zu fühlen, ist es viel leichter, zunächst zu beschließen, dich besser zu fühlen und dann aus dem Außen Dinge anzuziehen, die dir ein besseres Gefühl bereiten.*

❤ Wir würden sie dazu ermuntern, sich erst eine Zeit der Ausrichtung auf das zu nehmen, was gewünscht wird, bevor sie ans Handeln gehen. *Wenn du handelst, während du dich auf etwas ausrichtest, was du nicht willst, bekommst du nur noch mehr von dem, was du nicht willst. Aber wenn du dir die Zeit nimmst, dich darauf auszurichten, was du willst, bevor du ans Handeln gehst, werden die dadurch inspirierten Handlungen deinen Wunsch noch verstärken.*

❤ Wir würden ihnen auch raten:

- Während du dich den Tag über durch die Vielfalt der sich verändernden Abschnitte bewegst, die deinen Tag ausmachen, halte oft inne und formuliere deine Absicht erneut, dich gut zu fühlen und in Harmonie mit deinem *Inneren Wesen* oder der Quelle zu sein.

- Achte darauf, dass dein Wunsch, dich gut zu fühlen, die vorherrschende Absicht ist, die bestehen bleibt, unabhängig davon, was sich in diesem Abschnitt sonst noch ereignet. Und erinnere dich oft daran, dass es *dir* überlassen bleibt, diese Verbundenheit herbeizuführen und sich gut zu fühlen, und dass keine andere Person die Verantwortung dafür trägt oder die Fähigkeit hat, diese wichtige Verbundenheit für dich herbeizuführen.

- Betrachte deine Beziehungen zu anderen als Möglichkeit, die Harmonie, die du bereits erlangt hast, noch zu verstärken, aber betrachte sie nicht als Mittel, diese Harmonie zu erreichen.

- Nimm selbstständig durch deine Ausrichtung auf die Quelle den dauerhaften Ort der Eigenliebe ein. Bitte nicht andere, dich zuerst zu lieben. Das können sie nicht.

*Deine vorherrschenden Gedanken führen dir alles zu, und sie stehen auch hinter den Handlungen, die du anbietest. Wenn du nach Gedanken strebst, die sich gut anfühlen und die dich in Harmonie mit der Quelle bringen, werden deine Handlungen sich immer gut anfühlen. Du kannst überhaupt nicht genug handeln, um disharmonische Gedanken auszugleichen, aber Handlungen, die von harmonischem Denken inspiriert sind, sind immer erfreulich und angenehm.*

## Sie will jemanden, aber nicht »den«

JERRY: In Ordnung, und was würdet ihr von einer Frau halten, die sich mit sich wohl zu fühlen scheint und die unablässig ihrem Wunsch nach einem Partner Ausdruck verleiht, jedoch einen nach dem anderen disqualifiziert, während die Parade der Männer ihre Erfahrung durchläuft?

ABRAHAM:

Ihr *Wunsch* nach einem Partner sorgt dafür, dass die Männer kommen, aber ihr *Glaube* an schlechte Beziehungen bringt sie dazu, sie von sich zu stoßen. Und dass ihre Aufmerksamkeit auf unerwünschte Eigenschaften gerichtet ist, macht es unmöglich, dass die von ihr gewünschten Eigenschaften zu ihr kommen.

Wenn sie sich ständig auf das ausrichtet, was sie an den Männern, die zu ihr kommen, nicht mag, wird ihre ständige Aufmerksamkeit auf dem Mangel in anderen sie daran hindern, in Harmonie mit der zu gelangen, die sie wirklich ist. Und unter diesen Bedingungen kann sie sich weder mit sich selbst noch mit einem anderen wohl fühlen.

Den Mangel in anderen zu sehen ist kein geeigneter Weg, um das zu mögen, was du in dir selbst siehst. *Wenn du eine Person bist, die sich darin geschult hat, nach positiven Aspekten zu suchen, findest du sie ebenso an dir selbst wie an anderen. Wenn du eine Person bist, die sich darin geschult hat, nach negativen Aspekten zu suchen, findest du sie ebenso an dir selbst wie an anderen. Deshalb trifft die Aussage, dass niemand, der andere kritisiert, sich selbst wirklich mag, immer zu. So will es das Gesetz. Wann immer du jemanden siehst, der sehr kritisch gegenüber anderen ist, siehst du in Wahrheit jemanden, der sich nicht mag.*

Das souveräne Auftreten, das du bei manchen Menschen erlebst und das dich veranlasst zu glauben, dass diese Person sich wirklich mag, ist oft ihr Weg, die Unsicherheit oder fehlende Ausrichtung, die sie empfindet, zu kaschieren. *Wenn du dich wirklich magst, bist du in Harmonie mit der Quelle in dir, und wenn das der Fall ist, fließt deine Wertschätzung anderer reichlich – und wenn das der Fall ist, fließen dir unablässig wundervolle Dinge zu.*

Bist du in Harmonie mit deiner Quelle, kann das *Gesetz der Anziehung* dich nur mit anderen zusammenführen, die ebenfalls mit ihrer Quelle in Harmonie sind, und eine daraus entstehende Beziehung zeichnet sich durch Zufriedenheit und Freude aus. Bist du jedoch nicht in Harmonie und fühlst dich schlecht, dann kann das *Gesetz der Anziehung* dich nur mit anderen zusammenführen, die sich ebenfalls schlecht fühlen, und diese Beziehungen sind unerfreulich und leidig.

Ihr wollt miteinander erschaffen, aber wenn du dich nicht um deine persönliche Harmonie kümmerst, verstärkt das gemeinsame Erschaffen nur deine fehlende Ausrichtung. Der Austausch mit anderen trägt unermesslich zur Entfaltung eures Planeten und von *Allem-was-ist* bei, und doch verwehren sich die meisten Menschen die Freude des gemeinsamen Erschaffens, weil ihre Aufmerksamkeit auf die unerwünschten Aspekte an denjenigen um sie herum gerichtet ist. Mit anderen Worten: Meistens bist du eher auf das Schlimmste im jeweils anderen ausgerichtet als auf das Beste. Und das kommt daher, dass du nicht deine Mitte gefunden hast, bevor ihr zusammenkamt, und so habt ihr, als ihr zusammenkamt, das Ungleichgewicht des jeweils anderen fortgesetzt.

## Beziehungen und der Prozess »Liste mit positiven Aspekten«

*Ob du gerade nicht in der Beziehung bist, die du dir wünschst, oder ob du mitten in einer Beziehung bist, die dir nicht gefällt, du könntest nichts Wertvolleres tun, um dich auf die Beziehung hinzubewegen, die du dir wünschst, als dein Notizbuch zu nehmen und jeden Tag ein wenig Zeit damit zu verbringen, die positiven Aspekte der Menschen in deinem Leben aufzuschreiben.*

Mache Listen mit den positiven Aspekten der Menschen um dich herum, der Menschen aus deiner Vergangenheit und von dir selbst. Dann wird sich dir innerhalb sehr kurzer Zeit die Kraft deiner harmonischen Gedanken und der kooperativen Natur des *Gesetzes der Anziehung* zeigen. Indem du ganz darauf verzichtest, das Verhalten anderer kontrollieren zu wollen, und dich vielmehr auf die Kraft deiner positiven Gedanken ausrichtest, wirst du die köstlichen Beziehungen finden, die du dir erträumt hast.

*Du bist das denkende, schwingende Wesen, das deine Erfahrung anzieht, und die Gedanken, die du denkst, bestimmen alles an dem Leben, das du lebst. Wenn du deine Aufmerksamkeit den positiven Aspekten der Persönlichkeiten und Verhaltensweisen anderer, mit denen du diesen Planeten teilst, zuwendest, wirst du deinen Ort der Anziehung einzig darauf ausrichten, was du dir wünschst.*

Die Beziehungen, die du dir wünschst, sind nicht nur möglich, nicht nur wahrscheinlich – sie sind gewiss. Doch du musst die Frequenz deiner Gedankenschwingung in Harmonie mit diesen erwünschten Beziehungen bringen, wenn du sie als dein »reales Leben«, wie du es dir wünschst, körperlich spürbar machen willst. *Die Kraft deiner Gedanken bestimmt nicht nur darüber, welche Menschen in dein Leben treten, die Kraft deiner Gedanken bestimmt auch darüber, wie sie sich verhalten, sobald sie einmal da sind.*

## *Kraft meiner Schwingung ziehe ich an*

JERRY: Ich weiß noch, dass ich in jungen Jahren ein weit verbreitetes Muster beobachtete, das bei mir den Eindruck erweckte, die meisten Menschen wären nicht an einer Beziehung mit Menschen interessiert, die eine Beziehung mit ihnen wollen. Es schien mir, als wären alle Jungen an Mädchen interessiert, die sie nicht wollten, und als wollten alle Mädchen mit Jungen zusammen sein, mit denen sie nicht zusammen sein wollten.

ABRAHAM:

Nun, der beste Teil an deiner Beobachtung ist, dass ihre gegensätzlichen Erfahrungen ihnen halfen, klarer zu erkennen, was sie eigentlich alle wollten. Dieses ziemlich weit verbreitete Phänomen kommt daher, weil die meisten Menschen glauben, bei der Suche nach dem »vollkommenen Partner« die Unvollkommenheiten ausräumen zu müssen. Sie glauben, wenn sie erkennen, was sie nicht wollen, und eine Liste dieser unerwünschten Eigenschaften anlegen und nur lange genug aussortieren, dass sie dann ihr ersehntes Ziel des »vollkommenen Partners« erreichen werden. Doch das *Gesetz der Anziehung* lässt das nicht zu.

Wenn die Liste dessen, was du an einem Partner nicht willst, die vorherrschende Schwingung ist, die du hinsichtlich eines Partners aussendest, wird das *Gesetz der Anziehung* dir einen ständigen Strom unerwünschter Partner zuführen. Es ist erforderlich, dich deiner Selbstdisziplin zu bedienen, um deine Gedanken auf die positiven Aspekte deiner aktuellen Beziehungen auszurichten, ehe mehr von dem, was du dir wünschst, zu dir kommen kann.

Im Laufe der Zeit hast du durch deinen Umgang in einer Vielzahl von Beziehungen sicher etliche Eigenschaften erkannt, die du an einem Partner nicht willst. Und jedes Mal, wenn deine Erfahrung dir geholfen hat, zu erkennen, was du *nicht* willst, hast du eine Schwingungsmäßige Bitte um das ausgesandt, was du *lieber* willst. Als Ergebnis all dieser Beziehungen, derjenigen, die du persönlich gelebt hast, und sogar derjenigen, die du im Leben anderer beobachtet hast, hast du eine Schwingungsversion deines »vollkommenen Partners« erschaffen. Und wenn du jetzt *dieser* Version deine ungeteilte Aufmerksamkeit widmen könntest, würde das *Gesetz der Anziehung* dir nur diejenigen bringen, die dieser Version auch entsprechen. Aber richtest du dich weiter auf die Mängel oder unerwünschten Eigenschaften der Menschen aus, wirst du dich von dem, was du wirklich willst, selbst fernhalten.

Wenn wir erklären, dass der schnellste Weg zu der Beziehung, die du dir wirklich wünschst, darin besteht, auf der Stelle Wertschätzung zu empfinden (ob du nun in einer vorübergehenden Beziehung bist oder gerade ohne eine Beziehung), widersprechen die Menschen oft, weil sie glauben, wenn sie Nettigkeiten über ihre gegenwärtige Situation sagen, dass sie dann irgendwie an Ort und Stelle stecken bleiben. Aber so funktioniert das nicht.

Wenn du nach positiven Aspekten in deiner gegenwärtigen Situation suchst und sie auch findest, setzt du deine gegenwärtige Situation als Grund dafür ein, zu einer Schwingungsmäßigen Entsprechung zu deinem eigenen Schwingungskonto zu werden, zu *Dem-der-du-wirklich-bist*, zu deinem *Inneren Wesen* und zu allem, was du dir wirklich wünschst. Zufrieden zu sein mit dem Ort, an dem man sich befindet, ist der schnellste Weg zu noch größeren Verbesserungen. Aber wenn du das, was sich gerade in deiner Lebenserfahrung abspielt, als negativ betrachtest, ist die negative Emotion, die du empfindest, dein Hinweis darauf, dass dein gegenwärtiger Gedanke und deine gegenwärtige Schwingung dich von deinem eigenen Schwingungskonto fernhalten, von *Dem-der-du-wirklich-bist*, von deinem *Inneren Wesen* und von allem, was du dir wirklich wünschst.

*»Die Kirschen in Nachbars Garten« schmecken immer süßer, weil viele Menschen die sehr starke Neigung entwickelt haben, sich über »die Kirschen in ihrem Garten« zu beklagen.*

## *Wenn andere unsere Partner für uns aussuchen*

JERRY: Ich möchte gerne eure Anmerkungen zu den kulturellen Aspekten der Partnerwahl hören. Es gibt viele Kulturen, in denen die Eltern oder Erwachsenen in den Gemeinwesen die Partner für ihre Kinder aussuchen, während wir in unserer Kultur mehr an die romantische Liebe glauben, wobei wir uns in jemanden verlieben und unseren Partner oder unsere Partnerin wählen, weil wir uns in ihn oder sie verliebt haben.

ABRAHAM:

Natürlich fühlt es sich für euch besser an, und deshalb fühlt es sich für euch auch richtig an, wenn ihr derjenige seid, der seinen Partner aussucht. Doch selbst in eurer Kultur oder Gesellschaft, in der ihr glaubt, dass ihr bei der Wahl eurer Partner freier wärt, seid ihr immer noch sehr stark an die Überzeugungen derjenigen gebunden, die euch umgeben. Mit anderen Worten: In eurer freier anmutenden Kultur gibt es immer noch viele, die nicht heiraten würden, wenn ihre Eltern oder die Religion oder Kultur das nicht wünschen. Aber wir stimmen zu, dass eure Gesellschaft einen größeren Spielraum aufweist als andere.

Es gibt jedoch etwas noch Wichtigeres, was wir hinsichtlich der »Wahl« eines Partners zu bedenken geben. Ihr trefft eure Entscheidungen nicht durch eure Worte, sondern vielmehr durch euer Schwingungsangebot. Und so entscheidet ihr euch manchmal, ohne es zu merken, für das genaue Gegenteil dessen, was ihr wirklich wollt. Beispielsweise »entscheiden« Menschen sich für Krebs. Nicht weil sie die Erfahrung dieser Krankheit machen wollen, sondern weil sie sich »entscheiden«, ihre Aufmerksamkeit dauerhaft auf Gedanken zu richten, die das Wohlbefinden, das sich sonst einstellen würde, nicht zulassen. Und so entscheiden sich Menschen auf ganz ähnliche Weise aus ihrer chronischen Aufmerksamkeit gegenüber dem, was sie *nicht wollen*, oder aus ihrer chronischen Aufmerksamkeit gegenüber der Abwesenheit dessen, was sie *wollen*, für unangenehme Partner. Mit anderen Worten: Eine Person, die sich oft einsam fühlt, »entscheidet« sich für die Abwesenheit von etwas, was sie sich sehr wünscht.

## *Den perfekten Partner finden oder anziehen – oder selbst einer sein*

JERRY: Was meint ihr also, wie man den »perfekten Partner« finden sollte?

ABRAHAM:

Um denjenigen zu *finden*, den du den »perfekten Partner« nennst, musst du erst der perfekte Partner *sein*. Anders gesagt, du musst unablässig ein Schwingungsmäßiges Signal aussenden, das dem Partner entspricht, den du dir wünschst. Die nicht so perfekten Beziehungen, die du beobachtet oder gelebt hast, haben dir wundervolle Gelegenheiten geboten, zu entscheiden und sehr fein zu justieren, welche Art von Beziehung du gern hättest. Und so brauchst du nur an diese *erwünschten* Eigenschaften einer Beziehung zu *denken*, um deine eigene Schwingung auf eine solche auszurichten, die deinen Wünschen entspricht.

Wenn du betonst, was du in Beziehungen nicht magst, oder dich an unangenehme Begebenheiten aus früheren Beziehungen erinnerst oder dir auch nur Filme ansiehst, in denen Menschen sich gegenseitig schlecht behandeln, entfernst du deine Schwingung unabsichtlich von deiner *gewünschten* Beziehung. Und du kannst einfach nicht von hier nach dort gelangen.

*Du kannst nicht die Beziehung deiner Träume finden, wenn deine Gedanken hinsichtlich Beziehungen ständig von Einsamkeit, Zorn, Sorge oder Enttäuschung geprägt sind. Aber wenn du nach Dingen suchst, die du an dir selbst und an anderen wertschätzt und wenn du Listen positiver Aspekte vergangener und gegenwärtiger Beziehungen machst, richtest du dein Schwingungsangebot so aus, dass es der Schwingung deiner Wünsche entspricht, und dann muss dein »perfekter Partner« zu dir kommen. So will es das Gesetz.*

# *Willst du einen Partner oder brauchst du einen Partner?*

(Das Folgende sind Beispiele für die Fragen und Antworten in den Abraham-Hicks-Workshops.)

FRAGESTELLERIN: Wenn ich also offenbar jemanden dadurch, dass ich ihn will, von mir stoße, und jemanden dadurch, dass ich ihn nicht will, zu mir hole, warum geschieht das so?

ABRAHAM:

Wenn du jemanden *willst,* aber der vorherrschende Gedanke in dir dreht sich um den *Mangel* – dann hält deine aktivste Schwingung ihn von dir fern. Wenn du jemanden nicht willst, doch der vorherrschende Gedanke in dir dreht sich darum, dass diese unerwünschte Person dich verfolgt – dann wird er von dir angezogen ... *Du bekommst die Essenz dessen, woran du denkst, ob du es willst oder nicht.*

FRAGESTELLERIN: Ist das so ähnlich wie der Unterschied zwischen *Wollen* und *Brauchen?*

ABRAHAM:

Ja, das ist eine gute Möglichkeit, es sich zu verdeutlichen. Wenn du etwas *willst* und denkst, wie wundervoll es sein wird, es zu haben, fühlt sich deine momentane Emotion gut an, weil dein momentaner Gedanke eine Schwingungsmäßige Entsprechung zu deinem wahren Wunsch ist. Aber wenn du etwas *willst* und gerade denkst, dass du es nicht besitzt, wenn du an seine Abwesenheit oder sein Fehlen denkst, dann fühlt sich deine momentane Emotion schlecht an, weil dein momentaner Gedanke *keine* Schwingungsmäßige Entsprechung zu deinem wahren Wunsch ist.

Der Unterschied zwischen *Wollen* und *Brauchen* besteht nicht darin, wie diese Worte geschrieben oder ausgesprochen werden. Ein reiner

Zustand des *Wünschens* oder *Wollens* fühlt sich immer gut an, weil du dann eine Schwingungsmäßige Entsprechung zu dem bist, was sich in deiner Schwingungsrealität befindet. Ein Zustand des *Brauchens* fühlt sich immer schlecht an, weil du dann eine Schwingungsmäßige Entsprechung zur Abwesenheit deines Wunsches bist und damit deiner Schwingungsrealität nicht entsprichst.

## Wie kann ich unter Mangeldenkern positiv bleiben?

FRAGESTELLERIN: Wie kann ich positiv ausgerichtet bleiben, wenn mein Partner sich vorwiegend auf Mangel einstimmt und sich keine Mühe gibt, positiv zu sein. Das greift doch auf mich über. Es ist schwer, dann nicht ebenfalls Mangel zu empfinden.

ABRAHAM:

Wir wissen, dass es dir leichter fällt, dich gut zu fühlen, wenn du jemanden siehst oder hörst, der bewirkt, dass du dich gut fühlst, aber es ist äußerst befreiend, dir selbst zu beweisen, dass du die Fähigkeit besitzt, dich in jeder Situation gut zu fühlen, auch wenn diejenigen, die dir nahestehen, sich nicht gut fühlen.

Du wirst feststellen, dass es erheblich einfacher ist zu lernen, deine Gedanken selbst zu führen, als durch Taten die Menschen, mit denen du deine Zeit verbringst, aufzubauen. Selbst wenn es nur eine Person wäre, die sich oft bei dir aufhält und die du unterweisen musst, könntest du sie doch nie genug unterweisen. Und natürlich gibt es sehr viel mehr Personen als nur eine, mit denen du emotionalen Austausch pflegst. *Wenn du erfahrener darin wirst, deine Gedanken auf Dinge zu richten, die angenehm sind, werden die unangenehmen Personen (oder die unangenehmen Aspekte dieser Personen) aus deiner Erfahrung verschwinden. Deine Aufmerksamkeit auf dem Unerwünschten hält sie in deiner Erfahrung fest.*

Viele Menschen widersprechen, wenn sie das zum ersten Mal hören, denn sie glauben, dass deshalb Negatives in ihrem Leben ist, weil andere es dort hingebracht haben. »Mein Ehemann, der mich misshandelt und gekränkt hat, hält sich auf negative Weise in meiner Erfahrung.« Aber wir wollen dir bewusst machen, dass du nur deine Kraft der Aufmerksamkeit von der Negativität oder der Misshandlung abzuziehen und deine Aufmerksamkeit stattdessen positiven Aspekten zuzuwenden brauchst – und schon kann sich seine Misshandlung nicht mehr in deiner Erfahrung halten. *Es verleiht Kraft, wenn du feststellst, dass negative Aspekte immer nur deshalb in deiner Erfahrung bleiben, weil deine Aufmerksamkeit auf sie gerichtet ist und du sie dadurch fortwährend einlädst.*

Wir wissen, dass es nicht einfach ist, inmitten negativer Umstände positive Gedanken zu bewahren. Besonders anfangs nicht. Der beste Zeitpunkt, damit zu beginnen, deine Gedanken wirklich auszurichten, ist nicht etwa, wenn du dich mitten in einer negativen Situation befindest. Es wird dir viel leichter fallen, nach Gedanken zu streben, die sich besser anfühlen, wenn du allein bist. *Fange damit an, dir in Erinnerung zu rufen, wann du dich mit dieser Person am wohlsten gefühlt hast. Und wenn du diese Anfangszeit nicht mehr finden kannst, dann wähle ein ganz anderes Thema. Damit du eine negative Tendenz auflösen und in eine positivere Richtung gelangen kannst, musst du zunächst akzeptieren, dass deine Gedanken die Realität, die du lebst, wirklich erschaffen. Als Nächstes musst du akzeptieren, dass du durchaus die Macht hast, deine Gedanken selbst zu führen. Und dann ist noch die Bereitschaft nötig, deine Gedanken in Richtung von etwas zu führen, was sich besser anfühlt, bis dieses Muster sich in dir etabliert hat.*

*Eines der aufregendsten Dinge, wenn du mit dem Prozess des bewusst ausgerichteten Denkens beginnst, ist sicher, dass das Gesetz der Anziehung dir augenblicklich Beweise für dein verbessertes Denken bringen wird. Und auch wenn alte Muster schwer aufzubrechen sind und du hin und wieder in diese alten Muster abgleitest, wird der Beweis deiner Bemühungen für dich doch unwiderlegbar sein.* Und ehe du dich versiehst, werden – erheblich müheloser, als wenn du weiter versucht hättest, negativen Gesprächen aus dem Weg zu gehen – sich alle deine Beziehungen verbessern.

## *Eine kleine Übung vorm Einschlafen, die Beziehungen verändert*

Wenn du vor dem Einschlafen im Bett liegst, brauchst du nur an Dinge aus deiner Vergangenheit oder Gegenwart zu denken, die sich gut anfühlen, oder über die Zukunft zu spekulieren, und schon setzt du den Ton der Schwingung, mit der du am nächsten Morgen aufwachen wirst. Versuche dich am nächsten Morgen, wenn du dein Bewusstsein zurückerlangst, zu erinnern, woran du am Vorabend gedacht hast, und bemühe dich, den positiven Gedanken fortzusetzen. Diese kleine Übung wird dafür sorgen, dass alle, die dir an diesem neuen Tag begegnen, anders auf dich reagieren. Und wenn du das jede Nacht machst und jeden Morgen, werden neue Muster auftauchen, und deine Beziehungen werden sich verändern.

## *Was erwarte ich von einer Beziehung?*

Du hast die Macht, bei anderen die Beziehungen hervorzurufen, die du dir wünschst. Aber du kannst nicht in eine neue und verbesserte Situation gelangen, indem du deine Aufmerksamkeit auf die gegenwärtige Situation richtest. Das Universum und alle körperlichen und Nicht-Körperlichen Spieler darin reagieren auf die Schwingungen, die du anbietest, und es wird kein Unterschied gemacht zwischen den Schwingungen, die du beim *Beobachten* aussendest, und den Schwingungen, die du bei deinen *Vorstellungen* und beim *Fantasieren* aussendest ... *Wenn du dir dein Leben einfach so vorstellst, wie du es haben willst, werden alle kooperativen Komponenten zusammengerufen. Und noch wichtiger: Alle Komponenten, die zusammengerufen wurden, werden miteinander kooperieren. So will es das* Gesetz.

Du hast die Macht, bei anderen eine Beziehung zu erwecken, die in Harmonie mit der Freiheit, dem Wachstum und der Freude ist, die du dir wünschst. Diese Wahrscheinlichkeiten liegen nämlich in jedem anderen

Menschen. In jedem von ihnen liegt die Wahrscheinlichkeit für jemanden, der sehr verständnisvoll ist - oder auch nicht. Für jemanden, der sehr angenehm ist - oder auch nicht. Für jemanden, der sehr aufgeschlossen ist - oder auch nicht. Für jemanden, der sehr positiv ist - oder auch sehr negativ. *Die Erfahrung, die du mit anderen machst, hängt davon ab, was du in ihnen erweckst.*

Hast du schon die Erfahrung gemacht, dass du dich gegenüber jemandem auf eine Weise verhalten hast, wie du es nicht vorgehabt hattest? Es kam ganz plötzlich aus dir heraus. Dabei hast du die Macht der Einflussnahme durch die *Erwartungshaltung* eines anderen erlebt. Ist dir schon einmal aufgefallen, wie die Persönlichkeit eines Kindes wechselt, je nachdem, mit welchem Erwachsenen es sich gerade austauscht? Bei der einen Person ist es entgegenkommend und freundlich, bei der anderen störrisch und mürrisch. Dann hast du die Macht der Einflussnahme durch die *Erwartungshaltung* eines anderen erlebt.

Wenn du dich auf die ständige Harmonie mit deiner Umfassenderen Perspektive ausrichtest, wirst du die Energie anzapfen, die Welten erschafft, und die positive Reaktion, die du von anderen um dich herum erfährst, wird dich freuen. Gib nicht anderen, mit denen du Beziehungen unterhältst, die Schuld, sondern verstehe vielmehr, dass du deine Erfahrung anziehst. Wahre Freiheit kommt aus diesem Verständnis.

Wenn du dich um deine Beziehung zwischen dir (in deinem körperlichen Fokus) und der Umfassenderen Perspektive deines *Inneren Wesens* kümmerst, wenn du dich darauf ausrichtest, die positiven Gedanken deiner Quelle zu bewahren, wenn du in Harmonie mit *Dem-der-du-wirklich-bist* kommst, wenn du lernst, dich zu lieben - werden die anderen, mit denen du dich austauschst, nicht in der Lage sein, diesen Strom des Wohlbefindens aufzuhalten. Sie werden dich entweder ihrerseits lieben - oder aus deiner Erfahrung verschwinden.

## Welche Eigenschaften wünsche ich mir bei einem perfekten Partner?

JERRY: Ist es einer Person, ein und demselben Partner, überhaupt möglich, weiter unser perfekter Partner zu bleiben, obwohl wir wachsen und uns verändern und entwickeln? Ich meine, es gab eine Zeit in meinem Leben, da war ich Akrobat, und ich musste meine Partnerin sehr hoch werfen und wieder auffangen, und deshalb durfte sie nur einen Meter fünfzig groß sein und höchstens fünfzig Kilo wiegen. Und als ich Jahre später Esther traf, spielte das alles keine Rolle mehr. Bei Esther zog mich etwas anderes an. Und so war sie die perfekte Partnerin, als sie in mein Leben trat. Es scheint somit, als könnte die Monogamie oder das Zusammensein mit einer Person für immer eine ziemliche Herausforderung sein.

ABRAHAM:

Während du dich durch die Details deiner Lebenserfahrung bewegst, erzeugst du aus den Details deiner neuen aktuellen Erfahrungen unablässig neue Vorlieben. Dieser Vorgang endet nie. Diese spontanen Wünsche werden von deinem *Inneren Wesen* empfangen und in deiner Schwingungsrealität aufbewahrt. Mit anderen Worten: Jede neue Erfahrung bewirkt, dass du deine neue Version des Lebens, die du dir wünschst, mehr oder weniger abänderst, und dein *Inneres Wesen* hört nie auf, mit der neuen Version Schritt zu halten.

Wenn du dir durch die Kraft deiner Aufmerksamkeit überwiegend eine Einstellung des Wohlgefühls bewahrst, hältst du dem Tempo deiner Schwingungsrealität stand, und so entfaltet und präsentiert sie sich dir weiter auf natürliche und angenehme Weise. Anders gesagt: Wenn du die vollkommene Entfaltung deiner Lebenserfahrung *zulässt,* hast du ständig das Gefühl: *Dies ist der nächste logische Schritt*. Und so kann es sein, dass ein neuer Partner »der nächste logische Schritt« für das ist, wozu du geworden bist, nur dass in einem solchen Fall das Loslassen des einen Partners und das Akzeptieren eines anderen keine unangenehme oder unerfreuliche Situation ist.

Es ist eine ziemlich unlogische und unmögliche Vorgabe, der man in eurer Kultur zu folgen versucht, wenn man die Aussage trifft: »Wir bleiben zusammen, in schlechten Zeiten ... (unabhängig von der Situation), bis dass der Tod uns scheidet.« Eine erheblich bessere Absicht oder ein besseres Ehegelöbnis wäre: *»Es ist meine vorherrschende Absicht, meine Gedanken in eine positive Richtung zu lenken, damit ich mir die Verbundenheit mit der Quelle und der Liebe, die ich in Wahrheit bin, bewahre. Und dabei werde ich dir immer das Beste von mir präsentieren. Es ist mein Wunsch, dass du für dich um das Gleiche bittest. Und es ist meine Erwartung, dass unsere gemeinsame Beziehung, während wir beide daran arbeiten, unsere individuelle Ausrichtung auf Die-die-wir-wirklich-sind zu bewahren, eine der andauernden und erfreulichen Entfaltung sein wird.«*

## *Folgen wir bei unserer Partnerwahl nicht den Gesetzen der Natur?*

JERRY: Während des größten Teils meines Lebens habe ich herauszufinden versucht, welches die natürliche und richtige Art und Weise für Menschen ist, Partnerschaften einzugehen. Ich habe mir die anderen Lebewesen angesehen, die den Planeten bevölkern, und mir ist aufgefallen, dass sie meistens nicht besonders viel für Monogamie übrighaben. Der Elefant vertreibt alle anderen Elefantenbullen, und der Hahn wird bis zum Tode jeden anderen Hahn bekämpfen, der sich an seine Hennen heranmacht. Ich habe mich gefragt: *Wenn die Menschen sich mehr wie die Tiere verhielten, was ihr Paarungsverhalten angeht, würde die menschliche Art dann nicht stärker und kraftvoller werden, wie bei den Tieren durch das »Überleben des Stärkeren"?* Gibt es aus der Perspektive des Nicht-Körperlichen einen richtigen oder falschen Zugang zu Beziehungen? *Meine Frage lautet also: Was ist natürlich?*

ABRAHAM:

Es sind genügend Naturkräfte am Werk, um den Fortbestand der menschlichen Spezies zu sichern, es gibt genug Veränderung, genug Vielfalt, genug Gleichgewicht. Auf die gleiche Weise, wie euer natürlicher Drang, euren Hunger und Durst zu stillen, euer Überleben sichert, sichern auch euer Sexualtrieb und Paarungsdrang euer Überleben.

*Wir sind nicht deshalb am Thema der menschlichen Beziehungen interessiert, weil ihr euer Verhalten ändern müsst, um euer Überleben zu sichern, denn das Überleben eurer Art ist nicht gefährdet. Uns geht es bei unserem Interesse an menschlichen Beziehungen darum, dass ihr in* Freude *lebt.*

Wir haben den Vorteil, die Schwingungskonten, die ihr aus den gegensätzlichen Erfahrungen und Beziehungen eures Lebens geschaffen habt, voll zu überblicken, und es ist unser Wunsch, euch dabei zu helfen, einen Weg zu finden, mit diesen ausgedehnten Schöpfungen in Schwingungsmäßige Harmonie zu treten, damit ihr sie jetzt vollständig und mit Freuden nutzen könnt. *Wenn etwas, was ihr erlebt habt, euch veranlasste, um einen verbesserten Aspekt zu bitten, müsst ihr diesen Wunsch in seinem ganzen Umfang zulassen, damit eure Freude nicht abnimmt. Einfach ausgedrückt, ihr müsst daran anschließen, was das Leben aus euch gemacht hat, weil ihr sonst keine Freude empfändet.*

Dies sind die zutreffendsten, der Wahrheit am meisten entsprechenden, genauesten und *natürlichsten* Dinge, die wir über euch wissen, so wie ihr sie durch eure physische Form zum Ausdruck bringt:

- Ihr seid Erweiterungen der Quellenergie.
- Ihr seid körperlich ausgerichtet, um den Gegensatz zu erfahren.
- Ihr habt beschlossen, den Gegensatz zu erfahren, um neue Ideen zu haben und neue Entscheidungen zu treffen.
- Diese neuen Ideen und Entscheidungen über das Leben entsprechen der Ausdehnung des Universums.
- Die Ausdehnung des Universums ist die unvermeidliche Konsequenz von Leben.

- Wenn euer körperliches Leben euren Nicht-Körperlichen Anteil veranlasst, sich auszudehnen, müsst ihr der Ausdehnung folgen, wenn ihr Freude erfahren wollt.
- Freude ist der natürlichste Grundsatz dessen, was ihr seid und was wir sind.
- Beziehungen sind die Grundlage eures Gegensatzes.
- Darum sind Beziehungen auch die Grundlage jeder Ausdehnung und Entfaltung.
- Darum sind Beziehungen auch die Grundlage eurer Freude.
- Wenn ihr nicht die Gedanken findet, die euch Freude erlauben, lasst ihr nicht zu, wozu ihr geworden seid.
- Eure Beziehungen sind der Grund für eure Entfaltung.
- Eure Beziehungen sind häufig der Grund, dass ihr eure Entfaltung nicht zulasst.
- Es ist natürlich, in einem Zustand der Freude zu sein.
- Es ist natürlich, in einem Zustand des Wachstums zu sein.
- Es ist natürlich, in einem Zustand der Freiheit zu sein.
- Dies sind die wichtigsten Kenntnisse, die ihr benötigt, um Beziehungen zu verstehen.

## *Was ist natürlich, wenn Menschen sich finden?*

JERRY: Aber was ist natürlich, *einen* Partner zu haben oder mehrere? Sollten Männer mehr als eine Frau gleichzeitig haben, oder sollten Frauen mehr als einen Mann gleichzeitig haben? Selbst heute sind unsere Kulturen diesbezüglich noch verschiedener Auffassung.

ABRAHAM:

Deine Frage führt uns direkt zu einer sehr weit verbreiteten und sehr falschen Grundannahme:

> **Falsche Grundannahme 13:** *Es gibt richtige Lebensweisen und falsche Lebensweisen. Und alle Menschen sollten herausfinden und darin übereinstimmen, welche die richtige Lebensweise ist, und dann sollte diese richtige Lebensweise durchgesetzt werden.*

Dieser falsche Glaubenssatz, dass es hinsichtlich jedes Themas nur eine richtige Entscheidung gibt, ist der Kern gewaltigen Missklangs und Aufruhrs. Ihr könnt von Glück reden, dass ihr keine Möglichkeit habt, diese falsche Vorstellung durchzusetzen, denn wenn ihr das könntet, wäre das gewiss das Ende allen Seins. Mit anderen Worten: Da jede Entfaltung aus den neuen Absichten und Ideen geboren wird, die aus dem Gegensatz entstehen, würde die Aufhebung des Gegensatzes die Entfaltung beenden.

Keine Sorge, das wird nie geschehen, denn das vollkommene Gleichgewicht der Vielfalt ist hervorragend angelegt und fließt mit den *Gesetzen des Universums*. Wir besprechen diese Dinge nicht mit euch, um die Menschheit oder die Ewigkeit zu retten, denn beides ist nicht in Gefahr. Wir besprechen sie jedoch mit euch, weil euer Überdauern *in Freude* davon abhängt, dass ihr diese Dinge versteht.

*Wenn euer Leben euch veranlasst, eine Bitte an euer Schwingungskonto zu senden, wird euer Emotionales Leitsystem euch helfen, damit in Schwingungsmäßige Harmonie zu treten. Und es wird finden, dass die Harmonie für ihre freudvolle Erfüllung und Entfaltung nötig ist. Und dann haben keine Gesetze, die davon unabhängig sind, Einfluss auf euch.*

Die Mehrzahl der Gesetze, die euch umgeben, religiöse und weltliche, wurden von denjenigen geschrieben, die nicht mit der Umfassenderen Perspektive der Quelle in Harmonie sind. Eure Gesetze sind gewöhnlich aus der Perspektive dessen geschrieben, was *nicht gewollt* wird. Und deshalb verbringen viele Menschen enorm viel Zeit mit Auseinandersetzungen darüber, welche Gesetze richtig und welche falsch sind, und dabei halten sie sich von ihren ausgedehnten Perspektiven fern. Und dann benutzen sie noch die negative Emotion, die sie spüren (die aufgrund ihrer Trennung von der Quelle existiert) als Rechtfertigung für ihre Argumente.

Wenn du nicht länger danach strebst, bei der Richtigkeit deines Verhaltens das letzte Wort zu haben, sondern vielmehr nach Harmonie mit der Quelle in dir, indem du Gedanken, Worte und Taten wählst, die dich, während du sie in die Welt trägst, mit einem Gefühl der Liebe erfüllen, wirst du verstehen, dass es möglich ist, mit einer großen Anzahl anderer Wesen – die an zahlreiche Möglichkeiten glauben und sich auf vielerlei Weise verhalten – in Frieden auf diesem Planeten zu leben.

*Wenn du dich auf eine Weise ausrichten kannst, dass du deine Harmonie mit der Quelle zulässt, obwohl andere beschließen, sich anders zu verhalten als du, dann wirst du wirklich frei sein von den Fesseln der unmöglichen Aufgabe, alle dazu zu bringen, dass sie bezüglich des richtigen Wegs übereinstimmen. Ein richtiger Weg würde das Ende herbeiführen. Viele richtige Wege lassen die Ewige Entfaltung und Ausdehnung zu.*

Die Menschen glauben deshalb, dass sie Gesetze brauchen, um andere um sie herum zu kontrollieren, weil sie glauben, dass das Verhalten anderer sie negativ beeinflussen könnte. Aber wenn du verstehst, dass nichts in deine Erfahrung kommen kann, wenn du es nicht durch deine Gedanken eingeladen hast, dann verstehst du auch, dass du die unmögliche Aufgabe, das Verhalten anderer kontrollieren zu wollen, loslassen und durch die erheblich einfachere Aufgabe ersetzen darfst, die Richtung deiner eigenen Gedanken zu kontrollieren.

Wir sind an der Stelle angelangt, an der wir euch an die *Kunst des Zulassens* erinnern wollen: die Kunst, eure Schwingungsmäßige Harmonie mit allem, wozu ihr geworden seid und was ihr euch wünscht, zuzulassen. In dieser sehr großen, sehr vielfältigen Welt ist genug Platz für alles, was ihr euch wünscht. Und alles Grässliche und Abscheuliche, das ihr seht, existiert nur deshalb, weil jemand das Wohlbefinden, das sonst vorhanden wäre, *nicht zulässt*. Das *Gesetz der Anziehung* ist das Gesetz, das alles regelt, was schwingt. (Und es gibt nichts, was nicht schwingt.)

Ihr müsst an diesem *Gesetz* nicht arbeiten – es ist einfach da. Wenn ihr eure Aufmerksamkeit darauf richtet, die *Kunst des Zulassens* zu verstehen und anzuwenden, werdet ihr ungeachtet des Handelns anderer in Freude leben. Denkt nur daran, dass ihr euch, wenn ihr eure Aufmerksamkeit auf diejenigen richtet, die sich nicht freuen, nicht in der *Kunst des Zulassens* übt.

## Wenn man sich gut fühlt, zieht man dann immer Menschen an, die sich ebenfalls gut fühlen?

FRAGESTELLERIN: Ist es eine gute Idee von mir, nach einem Partner Ausschau zu halten, der mir ein gutes Gefühl gibt?

ABRAHAM:

Natürlich. Wenn du der Gegenstand von jemandes Aufmerksamkeit bist, der gleichzeitig Wertschätzung empfindet, fühlt sich das für dich sehr gut an, weil der Betreffende dann in Harmonie mit seiner Quelle ist und diese harmonische Energie in deine Richtung fließt. Das fühlt sich immer gut an, für denjenigen, der die Wertschätzung in Fluss bringt, und für den Empfänger der Wertschätzung. Aber du darfst nicht zulassen, dass dein Wohlgefühl dich von jemandes positiver Aufmerksamkeit, die er auf dich richtet, abhängig macht. Beweise dir, dass du dich mit dem Nicht-Körperlichen Strom verbinden kannst, ob dich nun jemand in seinem positiven Fluss hält oder nicht. Du hast deine eigene Verbundenheit, und wenn du dich oft darin übst, wirst du stets in der Lage sein, dein Gleichgewicht zu bewahren. Wenn du hingegen darauf wartest, dass ein anderer in Harmonie ist und sich auf dich ausrichtet, hängt dein gutes Gefühl davon ab, was ein anderer macht, und vielleicht ist der Betreffende nicht immer in Harmonie oder du bist nicht immer der Gegenstand seiner Aufmerksamkeit.

Die meisten Beziehungen fühlen sich besser an, wenn sie noch neu sind, weil beide Partner anfangs eher geneigt sind, nach den positiven

Aspekten im anderen zu suchen. Bei einer neuen Beziehung bist du dir der Schwächen des anderen noch nicht bewusst, aber mit der Zeit beginnst du gewöhnlich mehr Schwächen zu sehen und dir weniger Mühe zu geben, in deiner Erwartungshaltung optimistisch zu sein.

Wenn du in deiner Verbundenheit mit der Quelle auf niemand anderen angewiesen bist, wirst du wahre Freiheit erfahren – Freiheit von der einzigen Sache, die dich jemals binden kann: dem Widerstand gegen *Den-der-du-wirklich-bist*.

## *Könnte nicht jeder mein perfekter Partner sein?*

**JERRY: Wenn es nur zwei Menschen auf der Erde gäbe, egal wer dieser andere Mensch ist, könnten wir dann nicht aus dem heraus, was wir wollen, erschaffen? Könnten wir dann nicht in diesem anderen Menschen den perfekten Partner finden?**

ABRAHAM:

Zunächst musst du verstehen, dass bei nur zwei Menschen auf der Erde die Erfahrungen des Gegensatzes, die ihr gelebt hättet, so spärlich wären, dass ihr keine sehr entwickelten Wünsche hättet. Doch unter so eingeschränkten Bedingungen wäre auch euer Wünschen eingeschränkt, und so wärt ihr wahrscheinlich mit diesem eingeschränkten Wesen ziemlich glücklich. Aber das ist nicht der Punkt, auf den du mit deiner unplausiblen Hypothese abzielst. Dein Punkt ist: »Wenn das, was gewollt wird, und das, was nicht gewollt wird, in jedem Partikel des Universums ist, kann ich dann das *Gewollte* nicht in *allen* Dingen finden? Und wenn ich mich auf das Gewollte ausrichte, wird mir das *Gesetz der Anziehung* dann nicht mehr Gewolltes zuführen?« Und die Antwort lautet *Ja*.

Egal, wo du nach positiven Aspekten suchst, es führt immer zu einer verbesserten Zukunft. Also selbst wenn du dich in der allerschrecklichsten Beziehung befändest, würden aus diesem Gegensatz heraus noch Wünsche nach Verbesserung entstehen, denen die Quelle in dir ihre ungeteilte Aufmerksamkeit schenkt. Wenn du dich bewusst auf jeden kleinen positiven Aspekt, den du finden kannst, ausrichtest, würdest du dadurch deine Harmonie mit den größeren Wünschen, die aus dem Gegensatz heraus entstanden sind, *zulassen*. Und eine ständige Ausstrahlung dieser positiven Schwingung würde dir die physisch manifestierte Version zuführen. Und wenn es (wie in deiner extremen Hypothese) nur eine weitere Person auf dem Planeten gäbe, würde dieser Wunsch dann von dieser einen Person befriedigt werden müssen. Glücklicherweise habt ihr ein sehr viel größeres, kooperativeres Spielfeld, auf dem ihr euch bewegen könnt.

**FRAGESTELLERIN: Jemand, den ich für sehr klug halte, sagte einmal auf die Frage, wie der perfekte Partner sein müsste: »Der perfekte Partner ist jemand, der das Beste in dir zum Vorschein bringt, und auch das Schlechteste in dir.« Wie ist eure Meinung dazu?**

ABRAHAM:

Diese Person wäre generell ein bisschen wie die Welt des Gegensatzes. Anders gesagt: Wann immer du weißt, was du nicht willst, weißt du umso deutlicher, was du willst. Sie würde dir also eindeutig bei *Schritt eins* der Gleichung helfen: der *Bitte* oder dem *Wunsch*. Ob du daraus eine erfolgreiche und damit glückliche Beziehung machen könntest, würde von deiner Fähigkeit abhängen, dich auf den Wunsch auszurichten, den dieser Schlawiner in dir hat entstehen lassen. Wenn dein Partner einen ständigen Strom von *Ich weiß, was ich nicht will*-Gewahrsein hervorrufen würde und du dadurch ständig spontan Wünsche hervorbringen würdest, die auf das abzielen, was du *willst,* und wenn du dann auch noch in der Lage wärst, dich vorwiegend auf das auszurichten, was du *willst* – dann wäre in deinem harmonischen Zustand deine Macht der Einflussnahme sehr groß und er würde mit dem negativen Sticheln aufhören. Würde nun aber sein negatives Sticheln in Anbetracht deines ständigen Zustands des *Zulassens* stark genug werden, könnte er sich in deiner Erfahrung nicht halten. Das *Gesetz der Anziehung* würde euch an unterschiedliche Orte versetzen.

# Teil III

# Sexualität und das Gesetz der Anziehung:

## Sexualität, Sinnlichkeit und die Meinung anderer

### Die Themen sind Sex, Sexualität und Sinnlichkeit

JERRY: Das Thema Sex oder Sexualität scheint sehr heikel zu sein, denn es ruft in vielen, die sich darüber Gedanken machen, Reserviertheit und starke Überzeugungen hervor. Meine erste Erfahrung, die auch nur entfernt mit Sexualität zu tun hatte, stellte sich als sehr schlecht heraus, als ein kleines Mädchen und ich mit etwa zwei Jahren in einem Sandkasten spielten. Wir wurden mit heruntergelassener Hose erwischt und beide streng bestraft.

Ich erinnere mich auch, als Kind gehört zu haben, wie meine Mutter mit meinem Vater über Sex stritt. Sie sagte ihm, dass sie ihre drei Kinder bekommen hätte, kein Interesse mehr an Sex mit ihm hätte und er sich eine andere Frau suchen sollte, wenn ihm das wichtig wäre. Dann erinnere ich mich, dass später, noch immer als ganz kleine Kinder, die kleinen Jungen und Mädchen, die ich kannte, dass wir alle verschiedene sexuelle

Erfahrungen miteinander machten, doch zu der Zeit, als ich dann in das Alter echter sexueller Reife kam, waren vermutlich wegen des machtvollen Stigmas rund um das Thema Sex meine Sorgen, Ängste und Hemmungen so stark, dass ich beinahe alles getan hätte, um dem Thema aus dem Weg zu gehen. Es dauerte lange, bis meine sexuellen Barrieren niedergerissen waren oder sich auflösten und ich mich in glückliche sexuelle Erfahrungen begeben konnte.

Ich würde gerne eure Sicht auf die sexuellen Aspekte physischer Lebewesen erfahren, um das Thema vielleicht zu klären und den Menschen diesbezüglich ein besseres Gefühl zu geben.

ABRAHAM:

Als Kinder habt ihr es oft mit Erwachsenen zu tun, die ihre Verbundenheit mit ihrem eigenen Wertegefühl, Wohlbefinden und Selbstwert verloren haben, und aus diesem losgelösten, mangelerfüllten Zustand heraus geben sie ihre Zurückhaltung an euch weiter.

Im Laufe der Zeit haben die Menschen das Thema Sexualität unzählige Male bewertet, neue Gesetze erlassen, alte Gesetze aufgehoben, vergeblich darum gekämpft, sich mit anderen hinsichtlich der richtigen Einstellung zu dem Thema und der richtigen Herangehensweise an das Thema zu einigen, und sich sogar noch vergeblicher darum bemüht, die Gesetze durchzusetzen, die sie aus ihrer Position des Mangels heraus erschaffen. Eure Regeln oder Gesetze über Sexualität unterscheiden sich von Kultur zu Kultur, von Generation zu Generation, von Gesellschaft zu Gesellschaft, von Religion zu Religion, doch in nahezu allen Fällen sind eure Gesetze zu diesem und jedem anderen Thema von den wirtschaftlichen Auswirkungen der Zeit abhängig. Und, besonders wichtig, eure sexuellen Gesetze und Regeln werden wie alle Gesetze und Regeln von Personen gemacht, die während ihrer Arbeit an diesen Gesetzen nicht mit ihrer Umfassenderen Perspektive in Harmonie sind.

Wenn die Menschen verstünden, dass ihr alle Schwingungswesen seid und dass das *Gesetz der Anziehung* jedem von euch nur das zuführt, zu dem ihr eine Schwingungsmäßige Entsprechung seid, würdet ihr euch über Verhaltensweisen nicht so viele Sorgen machen, weil ihr dann nicht befürchten müsstet, dass sich ihr Verhalten negativ auf euch auswirkt. Doch in eurer Unwissenheit darüber, wie ihr das, was zu euch kommt, *anzieht,* und in eurer Furcht, dass sich Unerwünschtes ereignen *wird,* trefft ihr Entscheidungen und erlasst Gesetze und Regeln, die man nicht nur unmöglich durchsetzen kann, sondern die das Verhalten, das ihr beseitigen wollt, noch weiter fördern. *Es ist immer so, dass, je heftiger du dich gegen etwas wehrst, was du nicht willst, desto mehr von dem, was du nicht willst, in deine Erfahrung tritt.*

Der weitaus stärkste Widerstand gegen das Thema Sexualität kommt von Menschen verschiedener religiöser Gruppierungen, die glauben, dass *Gott* zu den Menschen gesprochen und ihnen spezielle Anweisungen hinsichtlich dieses Themas gegeben hat. Die Widersprüchlichkeit der Botschaft, die der Mensch erhalten zu haben meint, betont die Unmöglichkeit, Antworten von der reinen Liebe der Quelle zu bekommen, wenn der Empfänger einen Ort der Schuldgefühle oder Zurückhaltung einnimmt. Die bloße Vorstellung »Was ich empfangen habe, ist richtig, und was du empfangen hast oder andere empfangen haben, ist falsch« hält euch am Ort des Widerstands gegenüber eben der Quelle fest, von der ihr behauptet, empfangen zu haben. Und das führt uns zur wichtigsten falschen Grundannahme von allen:

***Falsche Grundannahme 14:** Es gibt einen Gott, der alles bedacht hat und hinsichtlich jeder Angelegenheit zu einer letzten und korrekten Schlussfolgerung gekommen ist.*

Diese Überzeugung oder falsche Grundannahme ist die Wurzel des ständigen Angriffs des Menschen auf die Menschheit. Sie ist die Grundlage eurer Kriege, eurer Vorurteile, eures Hasses, eures Gefühls der eigenen Wertlosigkeit, und sie ist der vorrangige Grund, warum ihr euer Wohlbefinden nicht zulasst. Diese falsche Grundannahme ist so wichtig und die Auswirkungen sind so immens, dass wir ein ganzes Buch damit füllen könnten, nur über die verzerrte Sichtweise des Menschen auf sich selbst, auf andere und auf das, was er *Gott* nennt, zu sprechen. Diese fehlerhafte Schlussfolgerung – dass die Quelle (egal, welchen Namen du ihr geben willst) sich nicht länger entfaltet, sondern vielmehr einen Ort der Vollendung oder Vollkommenheit einnimmt, die verlangt, dass ihr euch physisch auf ihre engen Regeln einstellt – widerspricht nicht nur den *Gesetzen des Universums*, sondern bringt in dem Versuch, sie aufrechtzuerhalten, eine weitere falsche Grundannahme hervor und noch eine und noch eine. Steht der Mensch *außerhalb* der Schwingung der Liebe seiner Quelle, ist er zurückhaltend, schamerfüllt, voller Schuldgefühle und Angst. Und dann schreibt er genau diese Eigenschaften des Mangels dem zu, was er *Gott* nennt.

Die Menschen liegen ständig miteinander im Streit über die Gesetze, die von Gott weitergegeben wurden, während sie sie verbiegen und verdrehen, damit sie ihren individuellen wirtschaftlichen Wünschen oder Bedürfnissen entsprechen. Oft werden die Menschen von ihren religiösen Anführern vom Wert oder der Notwendigkeit informiert, sich an diese Regeln zu halten. Euch wird gesagt, dass es segensreich wäre, sich an einige Regeln zu halten, während man Bestrafung auf sich zöge, wenn man andere bricht, aber wenn dir auffällt, dass es denjenigen, die die Gesetze brechen, immer besser zu gehen scheint, während diejenigen, die sich am meisten für ihre Erhaltung einsetzen, oft sehr stark leiden, wird euch vielleicht klar, dass man damit die größte falsche Grundannahme von allen an euch weitergibt:

> ***Falsche Grundannahme 15:*** *Solange du in deinem physischen Körper bist, kannst du den wahren Lohn oder die Strafe für deine körperlichen Handlungen nicht kennen. Deinen Lohn oder deine Strafe wirst du erst nach deinem körperlichen Tod erfahren.*

Die liebevollen *Gesetze*, die *Alles-was-existiert* unterstützen, sind universelle Gesetze und finden damit immer Anwendung. Und die Harmonie mit ihnen ist in jedem Augenblick der Harmonie offensichtlich, so wie auch die fehlende Harmonie mit ihnen in jedem Augenblick offensichtlich ist. Was sich wie Liebe anfühlt, *ist* Liebe – und was sich wie Hass anfühlt, ist keine Liebe.

Es gibt viele, die auf angemessene Weise leben wollen, aber die meisten Menschen sind unsicher, ob sie auf dem richtigen Weg sind, wenn sie auf den riesigen Listen der Vielfalt das für sie angemessene Verhalten heraussuchen wollen. Das führt uns zu einer weiteren falschen Grundannahme:

> ***Falsche Grundannahme 16:*** *Wenn wir nur genug Daten darüber sammeln, zu welchen Manifestationen und Resultaten die Lebensweisen der Menschen auf Erden geführt haben und führen, können wir sie wirkungsvoll in die beiden Bereiche von Richtig und Falsch unterteilen. Und sobald diese Unterteilung erfolgt ist, müssen wir die Folgerungen daraus durchsetzen. Und wenn wir alle dazu gebracht haben, mit unserer Unterteilung übereinzustimmen und, was noch wichtiger ist, sich auch daran zu halten, werden wir Harmonie auf Erden haben.*

Und so sterben jeden Tag weitere Menschen bei dem Versuch, zu beweisen, dass ihre Lebensweise die richtige ist, oder bei dem Versuch, diese Lebensweise zu verteidigen, wobei jede Gruppe behauptet, die absolute Billigung und Unterstützung *Gottes* zu haben. Und nichts davon weist auch nur ansatzweise eine wahre Verbundenheit mit *Gott* auf.

Ihr seid nicht in diesen physischen Körper eingetreten mit der Absicht, alle Vorstellungen, die es gibt, auf eine Handvoll Vorstellungen, über die ihr Einigkeit erzielen könnt, herunterzustutzen. Tatsächlich ist das das genaue Gegenteil eurer vorgeburtlichen Absicht. In Wahrheit wusstet ihr, dass ihr in eine Umgebung äußerster Vielfalt eintreten würdet und dass auf dieser Bühne der Unterschiede und Wahlmöglichkeiten neue und bessere Vorstellungen das Licht der Welt erblicken würden. Ihr wusstet, dass die Unendliche Natur dessen, was der Mensch *Gott* nennt, die Grundlage der Unendlichen Entfaltung und Ausdehnung sein würde, die innerhalb dessen existiert, was der Mensch Unendlichkeit nennt. *Die Ausdehnung Gottes ist grenzenlos, und die Teilnahme des physischen Menschen daran kann nicht von dieser Ausdehnung getrennt werden.*

Der zerstörerischste Teil der Verwirrung des Menschen über seine Verbundenheit mit *Gott* oder der *Quelle* ist, dass er in seinem Bedürfnis, seine Werte zu finden und zu verteidigen, sich gegen die Werte anderer wendet. Und wenn er sich auf die unerwünschten Aspekte anderer ausrichtet und sich gegen sie wendet, verhindert er damit seine Harmonie mit eben der *Güte* und *Quelle,* nach der er strebt. Und dann gibt er der Andersartigkeit der anderen die Schuld an der Leere, die er in sich empfindet. Das führt uns zu einer weiteren falschen Grundannahme:

**Falsche Grundannahme 17:** *Nur ganz besondere Menschen, wie der Gründer unserer Gruppe, kann die richtige Botschaft von Gott empfangen. Und alle anderen Botschaften von allen anderen Boten sind demzufolge unrichtig.*

Es ist interessant, dass wir mitten in einem Gespräch über Sexualität nicht nur die größte falsche Grundannahme von allen entdecken, sondern dass das Thema Sexualität auch der Bereich ist, an dem die menschliche Existenz hängt. Der Konfusion rund um das Thema Sexualität liegt ein fundamentales Gefühl der eigenen Wertlosigkeit zugrunde, das sich der fehlenden Verbundenheit mit der *Quelle* verdankt.

Es ist selten, dass ein Mensch das gefunden hat, was er für seine angemessene Verhaltensweise hält, und dass er dann die Selbstdisziplin aufbringt, sich auch danach zu verhalten, denn die natürlichen Instinkte, die von einem Umfassenderen Wissen inspiriert werden, laufen gegen das restriktive Verhalten, das die Menschen sich gegenseitig auferlegen.

## *Haben wir unsere sexuellen Gesetze aus Nicht-Körperlichen Dimensionen erhalten?*

JERRY: Was ist für mich dann *natürlich?* Ich weiß noch, dass ich im Laufe der Jahre immer verstehen wollte, was *natürlich* ist, aber ich wollte auch verstehen, was vielleicht gegen die höheren Gesetze verstößt. Wenn ich beispielsweise Kulturen auf der ganzen Welt beobachtete oder über sie las, schien es, als hätte jede Kultur, egal wie primitiv oder angeblich *fortgeschritten,* immer auch Tabus und Regeln über Sex – und diese kontrollierten die Menschen, die neu hinzukamen. Deshalb habe ich mich immer gefragt, ob wir etwas davon aus unserem höheren Wissen oder aus unserem *Inneren Wesen* mitbringen?

ABRAHAM:

Aus eurem *Inneren Wesen* oder eurem höheren Wissen oder aus dem Nicht-Körperlichen kommen weder Tabus noch Regeln, vielmehr sind sie das Produkt eurer Verletzbarkeit. Ausnahmslos entstammt jedes Gesetz, ob religiös oder weltlich, einer Perspektive des Mangels oder der Position, etwas oder jemanden vor etwas schützen zu wollen. Wenn ihr einmal genau darauf achtet, was hinsichtlich dieser Gesetze geschieht, würdet ihr erkennen, dass die Gesetze die Gesetzesbrecher nicht zurückhalten. Sie behindern lediglich diejenigen, die die Gesetze ohnehin nicht brechen können, schränken die Freiheit ein und tragen zur Verwirrung im Leben derjenigen bei, die durch Angepasstheit die Billigung anderer zu erreichen versuchen.

Hörst du die Vögel? [Abraham bezieht sich auf Naturgeräusche, die außerhalb des Hauses zu hören sind.] Das ist ein sehr *sexueller* Ruf. Gerade hat der Hahn so laut gekräht, dass du überlegt hast, ob du die Aufnahme unterbrechen sollst. Anders ausgedrückt, eure Welt ist angefüllt mit Wesen, die alle Anweisungen aus dem Nicht-Körperlichen erhalten. Und doch sind es nur die Menschen, die hinsichtlich des Themas Sexualität so zurückhaltend und widerstrebend sind. Es sind nur die Menschen, die hinsichtlich des Themas Sexualität von diesem extremen Ort des Mangels herkommen. Und aus eurer Perspektive des Mangels, aus eurer Sorge heraus, dass ihr etwas falsch machen könntet, aus eurer Sorge heraus, die euch diejenigen, die euch vorangegangen sind, eingeflößt haben, befindet ihr euch, die meisten von euch, an einem Ort großer Verwirrung und nicht besonders großer Freude.

## *Sexualität wird von Impulsen gelenkt, nicht von Gesetzen*

JERRY: In Ordnung. Das Nicht-Körperliche stattet uns also nicht mit Regeln aus, wie wir uns hier in physischer Form sexuell verhalten sollten. Und wenn wir in unsere physischen Körper hineingeboren werden, bringen wir demnach kein Wissen über irgendwelche Regeln mit, mit denen wir hierher geschickt wurden. Verhalten sich Kinder deshalb so achtlos und auf eine Art und Weise, dass Erwachsene sie als zu locker oder unvorsichtig betrachten? Ist das der Grund, warum Erwachsene dann das Gefühl haben, sie im Zaum halten oder kontrollieren zu müssen?

ABRAHAM:

Ihr wurdet nicht mit der Erinnerung an Listen, auf denen steht, was richtig und falsch ist, in eure physischen Körper hineingeboren, denn solche Listen existieren nicht, vielmehr wurdet ihr mit einem effektiven *Leitsystem* geboren. *Die Emotionen, die ihr empfindet, sind ausnahmslos Hinweise auf die Schwingungsmäßige Übereinstimmung oder Abweichung zwischen dem Gedanken, auf den dein menschliches Gehirn sich ausgerichtet hat, und deiner Umfassenderen Nicht-Körperlichen Perspektive auf dasselbe Thema.*

Da die Quelle in dir sich ewig ausdehnt, dehnen sich gleichermaßen dein Verstehen, deine Perspektive, deine Absicht und das Wissen um diesen Anteil in dir aus. Deshalb kann es keine statische Liste geben, auf der Richtig und Falsch oder Gut und Böse aufgeführt sind, damit du deine Erfahrungen daran bemessen kannst. Vielmehr bekommst du ein persönliches, individuelles, liebevolles und sehr präzises Feedback, Gedanke für Gedanke, Augenblick für Augenblick, um dein Wissen zu stärken, wann du mit deiner Umfassenderen Perspektive in Harmonie bist und wann nicht. *Es gibt keine einzelne Liste der Führung, die euch von der Quelle gereicht wird, sondern eine individuelle Führung für alle physischen Wesen, an allen Orten in Raum und Zeit und hinsichtlich jeder Situation.*

Wenn ihr euch bei eurem Wunsch, mit den Neuankömmlingen in eurer Gesellschaft Umgang zu haben, eures eigenen *Leitsystems* nicht bewusst seid und deshalb auch nicht ihres Leitsystems, macht ihr euch an die unmögliche Aufgabe, zu bestimmen, welche Handlungen richtig sind. Und dann stellt sich euch obendrein die noch unmöglichere Aufgabe, diese Entscheidungen auch durchzusetzen.

Dass so viele Menschen danach streben, das Verhalten anderer zu kontrollieren, liegt daran, dass sie glauben, andere hätten die Macht, ihrer Entfaltung Geltung zu verschaffen. Wenn du jedoch bedenkst, dass nichts in deine Erfahrung kommen kann, ohne dass du es Schwingungsmäßig eingeladen hast, brauchst du nur noch der einfachen Aufgabe nachzukommen, auf dein Schwingungsangebot zu achten, und du sparst dir die unmögliche Aufgabe, das Verhalten anderer zu kontrollieren. *Wenn du bedenkst, dass das unterschiedliche Verhalten anderer zum Gleichgewicht und Wohlbefinden deines Planeten beiträgt, selbst wenn sie ein Verhalten an den Tag legen, das du nicht billigst und nicht zu teilen brauchst und das du auch nicht teilst – solange du ihm nicht deine Aufmerksamkeit schenkst –, wirst du eher bereit sein, andere so leben zu lassen, wie es ihnen beliebt.*

Das Bedürfnis, andere kontrollieren zu wollen, entstammt einem grundsätzlichen Missverständnis über die *Gesetze des Universums* und die Rolle, die du beschlossen hast, gemeinsam mit den anderen, mit denen du deinen Planeten teilst, diesbezüglich zu spielen. Aber hier zeigt sich eine weitere falsche Grundannahme von höchstem Stellenwert:

**Falsche Grundannahme 18:** *Wenn es uns gelingt, die unerwünschten Elemente in unserer Gesellschaft aufzuspüren, können wir sie eliminieren.*

Wahre Freiheit ist die Abwesenheit von Widerstand. Wahre Freiheit ist die Anwesenheit von Harmonie – wahre Freiheit ist die Art, wie du dich fühlst, wenn du dich nicht mehr gegen deine vollständige Ausrichtung auf den Umfassenderen Nicht-Körperlichen Anteil von dir und deine Verschmelzung mit ihm wehrst. Deshalb ist es nicht möglich, sich gleichzeitig gegen etwas Unerwünschtes zu wenden und mit *Dem-der-du-wirklich-bist* und dem, was du willst, verbunden zu sein. *Du kannst dich nicht im Zustand dessen befinden, der sich gegen etwas wendet, was er nicht will, und gleichzeitig mit dem in Harmonie sein, was er will. Und so wirst du nie in einen Zustand des größeren Wohlgefühls gelangen, indem du andere zu kontrollieren versuchst, egal wie aufrichtig deine Motive deiner Meinung nach auch sein mögen.*

Als du in deine Welt eingetreten bist, hast du keine Regeln richtigen Verhaltens mitgebracht, aber ganz sicher hast du beim Eintritt in diese Welt bestimmte Impulse verspürt. Mit anderen Worten: So, wie du den Impuls hast zu trinken, wenn du durstig bist, damit dein Körper sich wieder auffüllen kann, oder zu essen, wenn du hungrig bist, damit dein Körper wieder verbrennen kann, kommt auch ganz natürlich für die Dauer, die sich eure Spezies auf eurem Planeten aufhält, das Gefühl oder der Antrieb der Sexualität zum Vorschein.

## *Was wäre, wenn die Menschen sich sexuell wie wilde Tiere aufführten?*

JERRY: Kommen wir wieder zu den Tieren zurück, die sich aufgrund ihrer Nicht-Körperlichen Führung beziehungsweise ihres *Instinkts* scheinbar auf die bekannte Weise verhalten. Unser Hahn und seine Hennen kennen keine niedergeschriebenen Gesetze oder Regeln, an die sie sich halten würden, es kommt einfach so aus ihnen heraus. Deshalb scheint es mir, wenn wir auf diesem Planeten geboren und genauso neu anfangen könnten, ohne Regeln, dass es uns dann möglich sein sollte, ebenfalls aus unserem *Inneren Wesen* heraus ohne das Bedürfnis nach äußeren Beschränkungen zu handeln. Aber stattdessen werden wir in Gesellschaften und Kulturen hineingeboren, die bereits Regeln und Kontrollen haben, von denen sie behaupten, dass man sich unbedingt daran halten müsste.

ABRAHAM:

Wir wollen, dass ihr vor allem eins versteht, dass ihr nämlich als Menschen auch eine Führung habt, die von innen heraus kommt. Und eure Führung, euer inneres Wissen, euer Selbstgefühl, ja die Ewige Natur dessen, wer ihr seid, ist in euch vorherrschend. Und wenn ihr glaubt, dass euch die Kontrollen, die andere Menschen eingerichtet haben, behindern, sollt ihr wissen, dass diese Kontrollen nicht annähernd so stark oder hindernd sind, wie ihr glaubt, denn eure inneren, Nicht-Körperlichen Impulse sind noch stärker.

Obwohl eure Gesellschaften euch endlos viele Regeln oder Gesetze hinsichtlich eures sexuellen Verhaltens auferlegt haben, brechen doch erheblich mehr von euch diese Regeln – und haben diese Regeln schon immer gebrochen –, als sich an sie zu halten. Das liegt daran, dass eure Nicht-Körperlichen Impulse so stark sind. Wenn eure Regierung oder irgendein Kontrollorgan euch sagen würde, dass es euch nicht länger gestattet ist, Nahrung zu euch zu nehmen, würde sich euer natürlicher Überlebensdrang durchsetzen, und ihr würdet einen Weg finden, etwas zu essen.

Eure Welt braucht dieses Buch nicht, um ihr Verhalten von den bindenden Gesetzen, Regeln und Missverständnissen über Sexualität zu befreien, denn eure natürlichen Impulse sind so stark, dass ihr euch wirklich nicht verhaltet, als würdet ihr euch durch sie gebunden fühlen. Mit anderen Worten: Eure natürlichen Instinkte und Impulse sind so stark, dass sie euer Verhalten steuern. Doch wenn ihr dann euer Verhalten an diesen unrealistischen Regeln messt, die ihr aus dem Bemühen heraus aufgestellt habt, das Verhalten anderer zu kontrollieren, erleidet ihr einen emotionalen Missklang. Versteht ihr? Ihr verhaltet euch natürlich, und dann fühlt ihr euch deshalb schlecht.

*Eure Gesellschaften werden nie das Glück finden, nach dem sie streben – oder die Köstlichkeit wahrer Freiheit kennenlernen –, solange ihre Mitglieder daran glauben, sich gegenseitig kontrollieren zu müssen. In Wahrheit strebt ihr alle nach der Kontrolle über eure Gedanken und der Ausrichtung auf eure Umfassendere Perspektive.*

## Und was wäre, wenn die Gesellschaft sexuelle Individualität nicht gutheißen würde?

**JERRY: Was ist, wenn du dich gut fühlst, solange du an eine bestimmte Handlung denkst, und sobald du daran denkst, was andere von deiner Handlung halten, fühlst du dich nicht mehr gut? Was würdet ihr dann empfehlen?**

ABRAHAM:

Wir würden sagen, dass du wohl deinen Weg verloren hast, weil du versuchst, deine Handlung an den Meinungen anderer außerhalb von dir auszurichten, während die einzige Führung, die zählt, diejenige ist, die du spürst, wenn dein Denken gerade mit der Umfassenderen Perspektive deiner Quelle harmoniert oder eben nicht harmoniert.

Kein anderer Mensch kennt wirklich die Absichten, mit denen du aus dem Nicht-Körperlichen gekommen bist. Sie steckten nicht in deiner Haut, als du die Erfahrung gemacht hast, wie es ist, sich Tausende von Malen auszutauschen, und sie waren nicht Teil der Wünsche, die du spontan aussandtest, während du dein Leben lebtest. Sie sind nicht eingeweiht in die Schwingungsrealität, die du durch die Art deines Lebens erschaffen hast, und sie spüren die Harmonie oder den Missklang nicht, das Zulassen oder Widerstehen, das du durch deine eigenen Emotionen empfindest.

Du hast eine wichtige Frage gestellt, denn durch sie versuchst du zu verstehen, welchen deiner Emotionen du vertrauen und folgen kannst: der Emotion, die sich gut anfühlt und sich als Reaktion auf deine privaten Gedanken über deine persönliche Erfahrung einstellte, oder der Emotion, die sich schlecht anfühlt und sich als Reaktion auf dein Gewahrsein der Missbilligung durch andere einstellte?

Nichts könnte wichtiger sein, als die Existenz seines *Emotionalen Leitsystems* und die Art und Weise, wie es funktioniert, anzuerkennen, denn ohne hast du keine dauerhafte Führung. Die Emotionen, die du in jedem Augenblick empfindest, verweisen immer darauf, welches Maß an Übereinstimmung oder Abweichung zwischen dir und deiner Quelle hinsichtlich des Gedankens besteht, der im Augenblick deiner Emotion gerade in dir aktiv war. Wenn du verstehst, dass dein *Inneres Wesen* durch das Leben – schon bevor und seitdem du in diesen Körper eintratest – zur Schwingungsmäßigen Summe all dessen geworden ist, was du gelebt hast, und nun die Schwingungsmäßige Entsprechung von allem ist, was sich gut anfühlt; wenn du dann noch verstehst, dass deine Emotionen dir Feedback darüber geben, wie dein momentaner Gedanke sich mit der Perspektive der allwissenden Reinen Positiven Quellenergie verträgt – dann und erst dann weißt du deine Emotionen wirklich zu schätzen.

Verspürst du eine negative Emotion, bedeutet das also immer, dass dein momentan aktiver Gedanke nicht in Harmonie mit dem Wissen der Quelle ist. Anders gesagt: Wenn du Fehler an dir siehst, wenn du beschließt, dass du unzulänglich oder unwürdig bist, wirst du immer eine negative Emotion verspüren – denn die Quelle in dir empfindet immer Liebe für dich. Wenn du andere missbilligst, wirst du immer eine negative Emotion verspüren – denn die Quelle in dir kann andere nur lieben. Wenn du daran denkst, dass du immer, wenn du eine negative Emotion verspürst, nicht in Harmonie mit der Quelle bist, kannst du deine Gedanken bewusst anpassen, bis du in Harmonie gelangst. So setzt du dein *Leitsystem* effektiv ein.

Wenn die Menschen diese ganz persönliche Führung dadurch ersetzen, dass sie versuchen, durch das eigene Verhalten anderen Menschen zu gefallen, stellen sie sehr bald fest, wie unbeständig diese Führung ist, und wissen nach kurzer Zeit nicht mehr, was sie tun sollen. Viele Menschen haben die bewusste Verbindung mit ihren eigenen *Leitsystemen* verloren, und statt nun ihre Gedanken bewusst auf Harmonie und Ausgewogenheit mit ihrer Quelle und ihrer Kraft auszurichten, statt sicherzustellen, dass sie ständig auf die Schwingung ihrer Klarheit, Liebe und Kraft eingestimmt sind, wenden sie ihre Aufmerksamkeit den Ergebnissen dessen zu, was sie und was die Menschen um sie herum gedacht haben. Mit anderen Worten: Sie untersuchen, katalogisieren, ordnen, taxieren und beurteilen die Ergebnisse der Schwingungsschöpfung, die sich um sie herum abspielt, und stecken diese Ergebnisse in Schubladen mit der Aufschrift *Gut* und *Schlecht, Richtig* und *Falsch*. Und über all der Datenhuberei verlieren sie ihren Weg.

Es gibt so viele verschiedene Auffassungen und so viele mildernde Umstände und so viele Motive, die es unmöglich machen, bei eurem wechselseitigen Verhalten in der Gesellschaft das Richtige vom Falschen zu trennen. Und selbst wenn ihr zu einem allgemeinen Konsens über die angemessene Lebensweise in der Gesellschaft gelangt, habt ihr doch keine Möglichkeit, alle anderen von der Richtigkeit eurer Auffassung zu überzeugen. Und selbst wenn ihr zusammenkommt und Gesetze gegen »unangemessenes« Verhalten erlasst, ist es euch doch nicht möglich, diese Gesetze durchzusetzen ... *Während eure Gesellschaften weiter versuchen, das menschliche Verhalten zu diktieren und zu erzwingen, um der Mehrheit zu gefallen – bleibt es aufgrund eurer Vielfalt ein ungemütlicher Kampf, der unter seiner wirtschaftlichen Last ein ums andere Mal zusammenbricht. Es gibt einfach nicht genug Geld auf der Welt, um mit den natürlichen Währungen individueller Freiheit und unabhängigen Denkens einen schnellen Reibach zu machen.*

Wenn die Menschen vergessen haben, dass dieses Universum auf Einvernahme beruht und das *Gesetz der Anziehung* der Sachwalter ist, der jedes Detail einer jeden Begegnung, die irgendwo stattfindet, arrangiert, dann fürchten sie sich vor etwas, was sich niemals ereignen kann: *Sie fürchten, dass sich Unerwünschtes in ihrer Erfahrung Geltung verschafft.* Aber wenn ihr bedenkt, dass nie etwas Uneingeladenes in eure

Erfahrung kommen kann und ihr jede Einladung – des Erwünschten wie des Unerwünschten – dadurch aussprecht, dass ihr lange genug daran denkt, dann könnt ihr euer eigenes machtvolles *Emotionales Leitsystem* mit Sicherheit dazu einsetzen, dass ihr eure eigene Realität *erschafft.*

Würde jemand einfach auf die Harmonie oder Disharmonie mit sich selbst achten – die sich ihm in Form positiver oder negativer Emotionen darbietet –, wäre er in der Lage, die beschwerliche und unmögliche Aufgabe zu eliminieren, das Verhalten anderer kontrollieren zu wollen.

*Wenn du deine Gedanken bewusst auf dein umfassenderes Wissen ausrichtest und nicht länger Zeit und Geld mit Dingen vergeudest, die du nicht kontrollieren kannst, wirst du nicht nur in Harmonie mit der Quelle gelangen und die dadurch ausgelöste Erleichterung in deinen Emotionen verspüren – dann kann auch alles Erwünschte endlich zu dir gelangen.*

Aber um auf deine kraftvolle Frage zurückzukommen: Bereitet der Gedanke an ein Verhalten oder eine Handlung dir ungeachtet der Meinung anderer Freude, die auf ihrer Auffassung bestehen und auf ihrem hohen Ross sitzen bleiben, so ist das ein Gedanke, mit dem die Quelle in dir übereinstimmt. Und dabei ist dein Gedanke an deine Unzulänglichkeit, der dir ein schlechtes Gefühl bereitete, weil du die Missbilligung durch andere vermutet hast (ob real oder eingebildet), ein Gedanke, mit dem die Quelle in dir nicht übereinstimmt.

Alle Verhaltensweisen deiner Gesellschaften in Vergangenheit und Gegenwart zu berücksichtigen, alle Meinungen der Menschen überall auf deiner Welt zu verstehen, alle Gesetze einzuhalten und zu begreifen, wie sie entstanden, die Entwicklung der Gesetze einzuordnen und sich zu bemühen, ihnen allen gerecht zu werden oder sie durchzusetzen ... ist verwirrend, überwältigend und unmöglich.

*Um zu wissen, ob die Quelle, die Unendliche Intelligenz, das Innere Wesen oder Gott mit deinem Gedanken, Wort oder Handeln übereinstimmt – dazu brauchst du nur darauf zu achten, ob es sich gut oder schlecht anfühlt.*

Um hinsichtlich aller Dinge deinen Frieden zu finden, ist es nötig, deinen Wunsch, von anderen Billigung zu erfahren, zur Seite zu schieben und die Billigung aus deinem Selbst zu beziehen. Und dazu fängst du tief in dir an, durch die Anerkennung, dass du dich gut fühlen und eine Lebenserfahrung machen willst, die in Harmonie mit dem ist, was sich gut anfühlt. Und wenn du dort anfängst, versprechen wir dir hoch und heilig, dass du dich niemals in einer Situation befinden wirst, in der die Handlung, die du erlebst oder die du auch nur erwägst, in dir das Gefühl hervorruft, deinen höheren Sinn für Richtig und Falsch verraten zu haben.

## *Wer bestimmt die sexuelle Hierarchie des Menschen?*

JERRY: Wenn ich über Sexualität in unserer Kultur nachdenke, habe ich den Eindruck, als hätten wir jemanden, den man den Hohepriester nennen könnte, der *keinen* Sex hat, und dann das gewöhnliche Volk, das Sex *hat* (aber nur zu dem Zweck, um Kinder zu zeugen), und dann gibt es am unteren Ende der Hierarchie noch diejenigen, die aus Vergnügen Sex haben. Aber mir scheint, dass wir alle etwas von allem in uns haben …

ABRAHAM:

Wir müssen dich hier unterbrechen, weil all diese Vorstellungen von einer Perspektive des Mangels herrühren, von Menschen, die an ihre Unwürdigkeit glauben.

Deine körperliche Lebenserfahrung ist ein Leben in Sinnlichkeit. Du kommst in dieses körperliche Reich mit sinnlichen Augen, um damit zu sehen, mit sinnlichen Ohren, um damit zu hören, mit einer sinnlichen Nase, um damit zu riechen, mit einer sinnlichen Haut, um damit zu spüren, und mit einer sinnlichen Zunge, um damit zu schmecken. In dieser Raum-Zeit-Realität, die immer neue Bereiche erschließt, geht es um die komplexen Schwingungsmäßigen Interpretationen, die deine körperlichen Sinne dir bieten, und all dies dient der Verstärkung deiner körperlichen Erfahrung.

Wenn du auf deine Emotionen achtest, werden sie dir helfen, dein angemessenes Verhalten zu finden, und du wirst den Wert verstehen lernen, den du im Kern aufweist. Es ist nicht nötig oder auch nur möglich, genau den Wendepunkt auszumachen, an dem die Menschen aufgehört haben, an ihren Wert und ihre Würdigkeit zu glauben. Es war ein allmählicher Niedergang, der sich dadurch einstellte, dass im ständigen Vergleich mit der menschlichen Erfahrung bei der Suche nach der einen »richtigen« Antwort oder dem einen »richtigen« Verhalten die Verbundenheit mit der Quelle nicht mehr zugelassen wurde. Und nun greift ein Gefühl der Wertlosigkeit auf eurem Planeten um sich, und ein Großteil des menschlichen Denkens ist auf Mangel ausgerichtet, was nur noch mehr dazu führt, dass die Ausrichtung auf die Quelle und die Liebe und auf das Wohlbefinden nicht zugelassen wird.

Ihr befindet euch als Erweiterungen der Quellenergie hier in euren physischen Körpern, erfahrt einen bestimmten Gegensatz und gelangt zu bestimmten neuen Entscheidungen über die Großartigkeit des Lebens, und sobald eure Erfahrung euch eine Frage stellt, entsteht in der Erfahrung der Quelle eine entsprechende Antwort. So bringt ihr durch eure Bereitschaft zu leben, zu forschen und den Gegensatz zu erfahren spontan immer neue Wünsche hervor – und durch das, was ihr lebt, entfaltet sich *Alles-was-ist*.

*Wenn es zu deiner vorherrschenden Absicht wird, Gedanken zu finden, die sich gut anfühlen, wirst du zu jemand, der meistens eine Schwingungsmäßige Entsprechung zur Quelle in sich trägt, und das gute Gefühl, das dich erfüllt, weist dann darauf hin, dass du den Sinn deines Seins lebst und mit der Entfaltung deines Seins weiter Schritt hältst.*

Jede Erfahrung bewirkt, dass du dich entfaltest und ausdehnst, und deine positive Emotion weist dich darauf hin, dass du mit diesen neuen Entfaltungen wächst. Eine negative Emotion weist dich darauf hin, dass dein größerer Anteil sich an einen erweiterten Ort begeben hat – du ihn jedoch zurückhältst. Und so wirst du, indem du auf deine Gefühle achtest und ständig nach den Gedanken strebst, die dir das beste Gefühl bereiten, einen Rhythmus der Ausrichtung etablieren, der dir hilft, sofort zu erkennen, wenn du von der Güte, zu der du geworden bist, abkommst.

Wir versichern dir, dass du nie eine Handlung wirst begehen können, die im Gegensatz zu dem freudigen und liebevollen Wesen der Göttlichen Quelle steht, ohne eine sehr starke negative Emotion zu verspüren ... Es gibt viele Menschen, die nicht im Geringsten auf die Quelle in ihnen ausgerichtet sind, die andere verurteilen, während sie auf der Richtigkeit ihrer Meinung beharren. Dabei weist der Zorn, der in ihnen lodert, darauf hin, dass sie das Richtige, das sie doch für sich beanspruchen, gar nicht zulassen. *Zorn, Hass und Verurteilung sind keine Zeichen der Harmonie mit Gott – sondern Hinweise auf eine fehlende Harmonie mit Gott.*

Manche werden jetzt vielleicht sagen: »Dann müssen die Schuldgefühle, die ich empfinde, wohl bedeuten, dass ich etwas Böses tue oder falsch handle.« Aber du sollst verstehen, dass deine negative Emotion nur bedeutet, dass der Gedanke, der in dir schwingt, nicht der Schwingung deiner Quelle entspricht. Die Quelle liebt dich immer. Wenn *du* dich nicht liebst, spürst du den Missklang.

Wären wir an eurer Stelle und würden über etwas nachdenken, das eine negative Emotion hervorruft, würden wir damit nicht weitermachen, solange wir die negative Emotion nicht aufgelöst haben. Wir würden sichergehen, dass wir, bevor wir weitermachen, mit der Quelle in Übereinstimmung gekommen sind. *Wenn du nach einer Weile, und gewöhnlich schon ziemlich bald, den verbesserten Gedanken spürst, wirst du die Harmonie mit deiner Quelle empfinden, und du wirst wissen, dass dein Verhalten angemessen ist. Wir würden nicht nach den langen Listen von Richtig und Falsch schauen, sondern vielmehr die Emotion von Übereinstimmung mit der Quelle erspüren.*

Eine negative Emotion bedeutet nicht, dass du nicht gut bist. Sie bedeutet, dass dein momentan aktiver Gedanke nicht mit den momentan aktiven Gedanken der Quelle zum selben Thema übereinstimmt. Wenn du zu der Überzeugung gelangt bist, dass sexueller Austausch falsch ist und du im Begriff bist, einen sexuellen Austausch zu erleben, wird deine negative Emotion nicht bestätigen, dass sexueller Austausch falsch ist. Sie bestätigt dann, dass deine Meinung über dein Verhalten und dich selbst in diesem Moment nicht damit harmoniert, wie die Quelle dich empfindet. Mach dem ein Ende und wende dich liebevollen, billigenden Gedanken über dich selbst zu, dann wirst du spüren, wie der Missklang vergeht.

Gewöhnlich kommst du nach fünfzig, sechzig oder siebzig Jahren, die du in deinem Körper verbracht hast, zu dem sehr deutlichen Gewahrsein, dass du es nicht allen recht machen kannst. Gewöhnlich wird dir sogar klar, dass du es nicht einmal sehr vielen recht machen kannst, weil jeder etwas anderes von dir will. Zu versuchen, dich durch die Billigung anderer führen zu lassen, ist vergeblich und schmerzhaft. Aber deiner Inneren Führung kannst du vertrauen. Eigentlich *kannst* du nur ihr allein vertrauen, denn sie enthält das vollständige Wissen darüber, wer du wirklich bist, zu wem du geworden bist und wo du in deinem Schwingungsverhältnis zu diesem erweiterten Wesen eigentlich stehst.

Wenn du deine Beziehung zur Quelle in dir verstehst und dir deines *Emotionalen Leitsystems* bewusst bist – das unablässig auf dein Schwingungsverhältnis zur Quelle verweist –, wird es dir nicht mehr möglich sein, von der Gesamtheit, Güte und Würdigkeit, die du bist, abzukommen.

## *Wie können wir unsere gemeinsamen sexuellen Schöpfungen koordinieren?*

JERRY: Es scheint mir, als würde dem Menschen sowohl der Drang innewohnen, sich fortzupflanzen, als auch, sich der Sinnenlust hinzugeben. Und ich glaube, dass wir außerdem den inneren Wunsch haben, durch Gedanken zu erschaffen. Aber das Thema Sexualität läuft eigentlich auf die Vorstellung *gemeinsamen* Erschaffens hinaus, bei dem nun die Wünsche, Überzeugungen und Absichten zweier Menschen beteiligt sind. Wie können zwei unterschiedliche Menschen, die sich durch die Zeit und ihre Erfahrungen hindurchbewegen, dauerhaft und in Harmonie gemeinsam erschaffen? Wie kann ich meine Wünsche mit den Wünschen meiner Partnerin koordinieren, wo wir uns doch beide ständig verändern?

ABRAHAM:

Wie schon anlässlich der letzten Frage gesagt, ist es wichtig, dass dein Wunsch nach Harmonie mit deinem Partner nicht zu dem Wunsch wird, von dieser Person Billigung zu erfahren. Es gibt keine Kraft, die zerstörerischer für eine Beziehung wäre, als das Gefühl, bei dem Streben nach Einvernehmen seine Freiheit zu verlieren. Und das führt uns zu einer weiteren falschen Grundannahme:

***Falsche Grundannahme 19:*** *Eine Beziehung ist dann gut, wenn die vorherrschende Absicht der beteiligten Personen darin besteht, miteinander ins Einvernehmen zu gelangen und Harmonie zu finden.*

Wie kann es möglich sein, dass das Bemühen zweier Menschen, in Harmonie miteinander zu gelangen, die falsche Grundlage für eine gute Beziehung und ein glückliches Leben ist? Jede Person erschafft ihr eigenes Schwingungskonto, das sie versuchen muss auszugleichen, wenn sie glücklich sein will – sie erschafft ihre eigene Schwingungsrealität. Bekommt das Streben nach Harmonie mit dem Partner Vorrang vor dem Streben nach Harmonie mit dem Inneren Selbst, ist die Wahrscheinlichkeit groß, dass es zwischen der eigenen Person und der Quelle zum Missklang kommt. Dieses Gefühl des Missklangs übersetzt sich in ein Gefühl von Freiheitsverlust, und dann beginnt sich dein Partner, mit dem du eigentlich ins Einvernehmen gelangen willst, weniger gut zu fühlen. Für dich fühlt es sich so an, als hättest du die Verbundenheit zu deiner Quelle verloren, und das *hast* du dann auch, und folglich beginnst du (ohne es zu wollen) den Partner, dem du es recht machen willst, zu verabscheuen. Kurz und knapp, es gibt keinen Ersatz für die Harmonie mit der Quelle.

Erneut suchst du an all den falschen Stellen nach Liebe. Wir wollen dir nicht vorschlagen, dass du nicht mehr versuchen solltest, mit deinem Partner klarzukommen. Aber wir schlagen dir nachdrücklich vor, erst nach Harmonie mit der Quelle zu streben, denn das ist ein großer Vorteil. *Wenn du die Harmonie mit der Quelle in dir findest, findest du auch die*

*Harmonie mit deiner größten Entfaltung. Und wenn du mit Dem-der-du-wirklich-bist und mit allem, zu dem du geworden bist, harmonisierst, führst du unwillkürlich die bestmögliche harmonische Beziehung mit deinem Partner.*

Paare, die versuchen, miteinander ins Einvernehmen zu gelangen, indem sie es erst dem anderen recht machen, stellen immer wieder fest, dass diese Grundannahme nicht funktioniert, und das betrifft alle, die gemeinsam etwas erschaffen. *Wenn du nicht egoistisch genug bist, nach Harmonie mit deiner Quelle zu streben und sie auch zu finden, hast du deinem Partner ohnehin nichts zu geben.*

Wenn du es als deine Aufgabe betrachtest, das Glück deines Partners zu erhalten, und deshalb hart daran arbeitest und dich auf eine Weise verhältst, dass es ihm immer recht ist, führst du deinen Partner in Wahrheit in sein größtes Unglück, weil du diese Person dann darauf trainierst, sich an dich zu wenden und an deinem Verhalten zu orientieren, wenn sie sich gut fühlen will, statt nach persönlicher Harmonie mit der Quelle zu streben. Und wie gut du auch darin sein magst, es ihm recht zu machen, und wie sehr du dich auch bemühen magst, wirst du doch nie ein guter Ersatz für die Harmonie deines Partners mit der Quelle sein.

Die Botschaft, die du an alle weitergeben willst, mit denen du gemeinsam erschaffst, lautet: *Ich werde dich niemals dafür verantwortlich machen, wie ich mich fühle. Ich habe die Kraft, durch die Ausrichtung meiner Gedanken in Harmonie mit meiner Quelle zu kommen, und deshalb habe ich auch die Kraft, selbst dafür zu sorgen, dass ich mich gut fühle.* Wenn das deine wahre Absicht ist, hast du den Weg, den *einzigen* Weg, zu wahrer Freiheit und wahrem Glück gefunden. Doch wenn dein Glück von den Absichten, Überzeugungen und Verhaltensweisen eines anderen abhängt, sitzt du in der Falle, denn nichts davon kannst du kontrollieren.

## Die Furcht vor Sex nimmt ihnen die Freude daran, berührt zu werden

JERRY: Abraham, ich würde euch gerne ein paar Fragen vorlesen, die die Leute euch gestellt haben. Es sind Beispiele aus dem wahren Leben, und ich würde gerne von euch hören, wie sich das in Bezug auf die Gesetze und Prozesse verhält, die ihr uns beigebracht habt.

Eine junge Frau sagt: »Meine Mutter und ich fühlen uns beide unwohl mit Sex. Wir hören nicht gerne davon, wir lesen nicht gerne davon, wir sehen es auch nicht gerne im Fernsehen und praktizieren es auch nicht gerne. Vermutlich aufgrund der starken negativen Gefühle meiner Mutter in Bezug auf Sex fürchte ich jetzt immer, wenn mein Partner mich berührt, dass es auf Sex hinausläuft. Ich will eine gute Ehe führen, aber wie kann ich den sinnlichen Anteil und die Berührungen genießen, ohne Angst haben zu müssen, dass wir dann miteinander schlafen?«

ABRAHAM:

Beinahe jeder, der von der Sichtweise dieser Frau liest oder hört, wird stark auf ihre Worte reagieren. Manchen wird ihr Ehemann leidtun, der eine Frau hat, die schon den bloßen Gedanken an sexuellen Austausch dermaßen abstoßend findet, während andere sich mit ihrem diesbezüglichen Gefühl identifizieren werden. Wenn diese Frau mit jemandem verheiratet ist, der die sexuelle Erfahrung anders sieht als sie, dann wird sich einer von beiden hinsichtlich dieses Themas immer unwohl fühlen.

Vor allem wollen wir euch deutlich machen (und das zu verstehen fällt den meisten am schwersten), dass es bei diesem Gespräch und letzten Endes bei der Lösung nicht um die *Handlung* der Sexualität geht, denn beim sexuellen Verhalten gibt es weder Richtig noch Falsch. Wenn du hinsichtlich eines bestimmten Themas ein starkes negatives Gefühlsmuster aufweist, bedeutet das, dass die Gedanken, die du in Bezug auf dieses Thema ständig aktiviert hast, ganz erheblich von der Perspektive deiner Quelle abweichen.

Ein Beispiel: Wenn du als kleines Mädchen (das Alter ist unerheblich, aber diese Dinge setzen gewöhnlich ein, wenn du noch *sehr* jung bist) große Missbilligung für etwas erfuhrst, was du gesagt oder getan hast, hast du daraus wahrscheinlich den Schluss gezogen, dass es dir nicht zusteht, diese Worte zu sagen oder dieses Verhalten zu zeigen oder auch nur diese Gedanken zu haben. Du hast dieses Gefühl von Leere dann *Schuld* genannt und es als Beweis für dein falsches Handeln, deine falschen Worte oder dein falsches Denken akzeptiert. Doch die Führung, die dein *Emotionales Leitsystem* dir anbot, lief auf etwas ganz anderes hinaus. Dein Schuldgefühl war vielmehr ein schlichter Hinweis darauf, dass du dich mit deiner Meinung über dich im starken Widerspruch zur Meinung der Quelle in dir befandest. Mit anderen Worten: *Du* hast dich dafür verurteilt – deine Quelle hat es jedoch nicht.

Nichts willst du innerlich lieber, als deinen eigenen Wert und deine Güte anzuerkennen, und wenn du ständig Gedanken hast, die das nicht zulassen, fühlst du dich schlecht. Hast du beschlossen, dass ein bestimmtes Verhalten falsch ist, wirst du dich immer schlecht fühlen, wenn du dieses Verhalten an den Tag legst. Hast du beschlossen, dass ein bestimmtes Verhalten gut ist, wirst du dich immer gut fühlen, wenn du dieses Verhalten an den Tag legst. Aber dein Leben wird sehr kompliziert, wenn du damit klarzukommen versuchst, indem du Verhaltensweisen als *richtig* oder *falsch, gut* oder *böse* einordnest.

Glaubst du beispielsweise, dass eine gute Ehefrau versuchen sollte, mit ihrem Mann zusammenzuarbeiten, würdest du dich schlecht fühlen, wenn du seinen sexuellen Wünschen nicht nachkämst. Aber hältst du den sexuellen Austausch für falsch, würde es sich für dich schlecht anfühlen, wenn du den sexuellen Wünschen deines Ehemanns nachkämst. Ob du also zu seiner Bitte *Ja* oder *Nein* sagst, es fühlt sich jedes Mal schlecht an. Und so beschließt du nach einer Weile, dass seine sexuellen Wünsche unangebracht sind.

Aber ihr sollt verstehen, dass keine dieser Emotionen, die du empfunden hast, irgendetwas mit der Richtigkeit oder Falschheit seiner Bitte oder seines Verhaltens zu tun hat. Deine Emotionen zeigen dir immer nur an, ob deine Gedanken zu einem Thema mit den Gedanken deines

*Inneren Wesens* harmonieren. Und wenn du beschließt, dass sie für dich nicht angebracht sind, harmonierst du nicht mit deiner Quelle. Wenn du beschließt, dass sie für deinen Ehemann nicht angebracht sind, harmonierst du nicht mit deiner Quelle. Wenn du beschließt, dass es falsch von deiner Mutter war, dich in Bezug auf das Thema Sexualität zu beeinflussen, harmonierst du nicht mit deiner Quelle.

Sagen wir, dass du durch die Lebenserfahrungen, die du gemacht hast, zu der Entscheidung gelangt bist, nicht mehr an einer bestimmten Aktivität teilnehmen zu wollen, ob sexueller oder sonstiger Art. Und sagen wir auch, dass du dir nicht die Zeit genommen hast, darüber nachzudenken, was du hinsichtlich dieses Themas nicht willst, sodass diesbezüglich keine Schwingung in dir aktiv ist. Unter diesen Bedingungen würde dir das machtvolle *Gesetz der Anziehung* einen Partner zuführen, der vollkommen mit dir harmoniert, und du hättest keine Mühe, ein entsprechendes Leben zu führen. Sagen wir nun jedoch, dass du durch die Lebenserfahrungen, die du gemacht hast, zu der Entscheidung gelangt bist, nicht mehr an einer bestimmten Aktivität teilnehmen zu wollen, und du hast diese Entscheidung schon in sehr jungen Jahren getroffen. Du hast sie sogar von deiner Mutter gelernt, der du vertrautest. Es fühlt sich für dich nach einer wichtigen Entscheidung an. Du hast Bücher darüber gelesen. Du hast diesbezüglich Rat gesucht. Dir ist wirklich vollkommen klar, was du nicht willst, und du rechtfertigst diese Entscheidung oft. In dieser Situation wäre es dem *Gesetz der Anziehung* nicht möglich, dir einen Partner zuzuführen, der mit dir harmoniert, weil die Schwingung, die du in Bezug auf dieses Thema vorwiegend aussendest, nicht mit deiner Entscheidung harmoniert. Deshalb würdest du Partner anziehen, die dich um das genaue Gegenteil dessen bitten, was du beschlossen hast zu wollen, oder es von dir einfordern.

Es ist nicht unsere Absicht, dich zu sexueller Aktivität zu führen oder davon abzubringen, aber du sollst verstehen, dass dies ein weiterer Fall ist, in dem du nicht »von hier nach dort« gelangen kannst. Du kannst nicht weiter eine Schwingung aussenden, die vorwiegend aussagt, was du *nicht willst*, und bekommen, was du *willst*. Und du sollst auch verstehen, dass du, wenn du auf deine Gefühle achtest und dich bewusst für mehr Gedanken entscheidest, die sich gut anfühlen, beginnen wirst, die Natur deiner Umfassenderen Nicht-Körperlichen Wünsche zu erkennen. *Die meisten negativen Emotionen spürst du nicht deshalb, weil das Thema deiner Gedanken falsch ist, sondern weil du etwas missbilligst, was deine Quelle nicht missbilligt. Von deiner Quelle geht Liebe aus, nicht Missbilligung.*

Und so können wir dir versprechen, dass im Laufe der Zeit, je mehr du mit der Schwingung der Quelle in dir in Harmonie gelangst, auch deine Gefühle der Sinnlichkeit zurückkehren werden. Denn du bist in diesen physischen Körper eingetreten, weil du die köstliche Natur deines körperlichen Seins erforschen und dich daran erfreuen wolltest. Wir haben noch nie erlebt, dass ein körperlicher Mensch, der in *Harmonie* mit der Quelle war, den körperlichen Austausch verabscheut hätte. Ein solches Gefühl des Abscheus wäre ein Hinweis auf *mangelnde Verbundenheit.*

## *Wir können jederzeit wieder neu anfangen*

JERRY: Abraham, bevor ich euch begegnete, habe ich mir das Leben als einen Weg mit vielen möglichen Abzweigungen vorgestellt, die hierhin und dorthin führen. Ich könnte mich für diese oder jene Abzweigung entscheiden, dachte ich, und immer wenn ich an einen Punkt gelangte, an dem sich das Leben nicht richtig anfühlte, könnte ich einfach zur letzten Abzweigung des Weges zurückkehren und mich für einen Weg entscheiden, der vielleicht besser ist. Aber ihr sagt jetzt offenbar, dass ich nicht noch einmal umkehren muss und sogar jederzeit wieder neu anfangen kann.

ABRAHAM:

Deine Analogie berücksichtigt nicht, dass du unterwegs, wenn du keine gute Zeit hattest und es sich für dich nicht richtig anfühlte, spontan Schwingungsmäßige Wünsche nach angemessenen Verbesserungen oder Lösungen aussandtest – und dabei hast du dein Schwingungskonto um neu hinzugekommene Wünsche ergänzt. Darüber hinaus wurde dein Nicht-Körperlicher Anteil zu dem ausgedehnten Wesen, das eine bessere Erfahrung lebt. Es ist für dich weder erforderlich noch möglich, zu einer früheren körperlichen Perspektive zurückzukehren. Das Leben hat dich veranlasst weiterzugehen. Und, was am wichtigsten ist, diese ausgedehnte Version von dir ruft dich, und wenn du darauf hörst, wird sich vor dir ein hell erleuchteter und leicht begehbarer Weg auftun.

## *Wie erlangt man seine Frequenz der lustvollen Sexualität zurück?*

JERRY: Eine weitere Frage, die euch gestellt wurde, stammt von einem Herrn, der sagt: »In den ersten drei Monaten unserer Ehe hatten meine Frau und ich drei- oder viermal am Tag Sex. Doch jetzt, nach ein paar Jahren, sind wir an einem Punkt angelangt, an dem meine Frau jede sexuelle Aktivität verabscheut. Und so haben wir einfach keinen Sex mehr, wenn ich nicht darauf dränge. Sie ist an keiner Art von geistiger Stimulation interessiert, weder durch Worte oder Filme noch durch Bücher. Sie lässt nicht zu, dass etwas ihre Aufmerksamkeit in diese Richtung lenkt. Ich will keinen Sex mit ihr, wenn es ihr keinen Spaß macht, denn wenn sie keine Freude daran hat, habe ich auch keine. *Welche Gedanken muss ich verändern, um meine Erfahrung zu verändern?*«

ABRAHAM:

Viele Menschen finden sich in beunruhigenden Situationen wieder, für die es keine brauchbare Lösung zu geben scheint. Für diesen Herrn sieht die Situation so aus: »Da meine Frau keinen sexuellen Austausch mit mir haben will, bleiben mir nur folgende Möglichkeiten: (1) Ich könnte mich damit abfinden, keinen Sex mehr zu haben, was sich für mich nicht gut anfühlt. (2) Ich könnte meine Frau verlassen und mir eine andere Partnerin suchen, die für dieses Thema zugänglicher ist, wie anfangs auch meine Frau, aber ich will sie nicht verlassen. (3) Ich könnte die Ehe aufrechterhalten und mir eine andere Sexualpartnerin suchen, aber ich will meine Partnerin nicht betrügen oder täuschen, und ich bin mir auch sicher, dass sie das nicht dulden würde. (4) Ich könnte versuchen, sie zu überzeugen oder sogar Druck auf sie auszuüben, damit sie meinen Wünschen entspricht, aber das ist unangenehm und unterbindet mein eigenes sexuelles Verlangen.«

Der Grund, weshalb keine der eben erwähnten Möglichkeiten eine brauchbare Lösung darstellt, ist der, dass keine davon sich mit dem eigentlichen Problem befasst. Wenn zwei Menschen sich lieben (wie viele es vom Anfang ihrer Beziehung her kennen), ist ihre positive Aufmerksamkeit, die sie einander entgegenbringen, und ihre positive Erwartungshaltung in Bezug auf ihre Beziehung oft der Auslöser dafür, dass beide sich auf die Quelle in ihnen einstimmen, auf ihr jeweiliges Inneres Wesen. Man könnte also sagen, dass sie sich gegenseitig als Ausrede dafür benutzen, mit *Denen-die-sie-wirklich-sind* in Übereinstimmung zu gelangen. Und diese Übereinstimmung übersetzt sich in Harmonie. *Es gibt kein größeres Symbol für gemeinsam erschaffene Harmonie als die Verschmelzung zweier Menschen im sexuellen Austausch.*

Natürlich ist es genauso möglich, sich körperlich auszutauschen, ohne dass beide in Harmonie mit der Quelle sind oder auch nur einer von beiden es ist, aber wenn diese körperliche Harmonie mit der Quelle gegeben ist, ist die körperliche Verschmelzung heilig.

Wir könnten dir unzählige Gründe nennen, dir zu wünschen, dass deine Partnerin in Harmonie mit ihrer Quelle ist, nicht nur den, dass sie dann eher bereit wäre, in sexuellen Austausch mit dir zu treten, also richte deine Aufmerksamkeit in jedem Fall auf ihre Verbundenheit mit der Quelle. Du hast nicht die Macht, einen anderen mit seinem *Inneren Wesen* in Harmonie zu bringen. Du hast nur die Macht, dich mit dir selbst in Harmonie zu bringen. Du kannst deine Aufmerksamkeit nicht auf deine sexuellen Konflikte richten und gleichzeitig mit deinem *Inneren Wesen* in Harmonie sein. Du kannst nicht feststellen, dass deine Partnerin nicht mit ihrem *Inneren Wesen* in Harmonie ist, und gleichzeitig mit deinem *Inneren Wesen* in Harmonie sein. Du kannst dich nicht auf die Abwesenheit von etwas Erwünschtem ausrichten und gleichzeitig mit deinem *Inneren Wesen* in Harmonie sein. Die Lösung besteht in deiner Fähigkeit, mit deiner Partnerin zu Gedanken über Sexualität zu finden, während du gleichzeitig mit deinem *Inneren Wesen* in Harmonie bist.

Wenn du oft Gedanken an sexuellen Austausch mit deiner Partnerin hast, die sich gut anfühlen, wirst du in Harmonie mit der Quelle in dir und mit deinen Wünschen sein. Wenn du an sexuellen Austausch mit deiner Partnerin denkst und dich dabei schuldig fühlst, verlegen oder enttäuscht bist, befindest du dich nicht in Harmonie mit deiner Quelle oder mit deinen Wünschen. Wenn du an sexuellen Austausch mit deiner Partnerin denkst und dabei Eifer, Glück und Sinnenlust spürst, bist du in Harmonie mit deiner Quelle und mit deinem Wunsch. So wird das machtvolle *Gesetz der Anziehung,* wenn du dich auf das Thema ausrichten und dabei in Harmonie mit der Quelle bleiben kannst, im Laufe der Zeit immer mehr geeignete Treffpunkte finden, und du wirst wieder zu deiner früheren Leidenschaft mit deiner Partnerin zurückfinden.

Es ist möglich, dass deine Partnerin ihrer eigenen Harmonie Widerstand entgegensetzt, und wenn das der Fall ist, wird das *Gesetz der Anziehung* dir eine andere Partnerin zuführen, die der von dir entwickelten Schwingung entspricht. Aber wenn du deine Partnerin dauerhaft zum positiven Gegenstand deiner Aufmerksamkeit machst, während du weiter in vollkommener Harmonie mit deinem *Inneren Wesen* bist, ist die Wahrscheinlichkeit groß, dass sie in ihre natürliche Harmonie zurückkehren wird.

Sich dem sexuellen Austausch hinzugeben, wie die Verbundenheit mit deinem *Inneren Wesen* ihn dir eingibt, ist eine köstliche körperliche Erfahrung, während der sexuelle Austausch aus einem Pflichtgefühl oder Verantwortungsbewusstsein heraus alles andere als köstlich ist.

Du darfst einfach nicht zulassen, dass du wegen etwas, was ein anderer tut, ein Gefühl des Mangels oder der Begrenzung erfährst, und wenn es dir gelingt, deine Harmonie mit der Quelle in dir aufrechtzuerhalten, muss das Erwünschte zu dir kommen. Was die Situation des Mannes angeht, der diese Frage ursprünglich stellte: Wenn ihm die Gefühle seiner Partnerin wichtig sind, wird seine Harmonie sie höchstwahrscheinlich zu ihrer eigenen Harmonie inspirieren.

Bei diesem Gespräch geht es also nicht darum, wie man sich in die Lage versetzt, von einem anderen das Erwünschte zu bekommen. Vielmehr geht es darum, wie man ungeachtet dessen, was ein anderer tut, mit der Quelle in Harmonie kommt. Dann kannst du durch deine eigene dauerhafte Harmonie mit der Quelle deine Partnerin *vielleicht* zu ihrer Harmonie mit der Quelle anregen. Und ein Nebenprodukt all dieser Harmonie ist – wie du schon in den Anfangstagen deiner Beziehung herausgefunden hast – der Wunsch, eins zu werden mit dem positiven Gegenstand deiner Aufmerksamkeit.

## Die Kerker von Sex, Religion und Nervenheilanstalten

JERRY: Vor Jahren besuchte ich einmal einige Freunde, die Psychiater und Psychologen sind und mir im Wesentlichen sagten, dass die meisten Menschen, die in einer Nervenheilanstalt säßen – ganz in ihrer Nähe, bei Spokane, Washington –, dass sie als Ergebnis ihrer Verwirrung entweder über Religion oder über Sex dort wären. Und ich bin sicher, dass nicht nur ihre Verwirrung sie dorthin brachte, sondern auch ihr Verhalten.

ABRAHAM:
Das ist nicht überraschend, denn sowohl das Thema Religion als auch das Thema Sexualität verweisen auf die Herkunft der Menschen. Viele wenden sich der Religion zu, damit sie ihnen hilft zu verstehen, warum sie hier sind. Sie wollen verstehen, warum sie hier sind, und sie wollen danach handeln. Und Sexualität ist das Mittel, durch das sie in ihren physischen Körper gelangt sind.

Die meisten Religionen bieten Unmengen von Mustern an, gegen die ihre Schäflein vorgehen sollen, während sie das menschliche Verhalten beäugen und nach Beweisen für Fehltritte und Sünde suchen. Und oft geht es bei diesem vermeintlichen Fehltritt um Sexualität. Jeder Gedanke, der das Selbst abwertet, selbst wenn er auf einer religiösen Bühne geäußert wird, führt zur Trennung zwischen dem körperlichen Selbst des Menschen und dem Nicht-Körperlichen *Inneren Wesen*. Und nichts anderes ist *Verwirrung*. Nur jemand, der ernsthaft von der Quelle getrennt ist, würde einen Akt der Feindseligkeit, Gewalt oder sexuellen Aggression begehen. Es gibt da einen starken Zusammenhang: *Wenn jemand auf Mangel ausgerichtet ist, nimmt er das Thema, das für ihn am wichtigsten ist, und konzentriert sich dabei auf den Mangelaspekt.*

## Warum werden die Worte Gott und Sex zum Fluchen verwendet?

JERRY: Und noch etwas habe ich beobachtet, dass nämlich aus irgendeinem Grund in unserer Gesellschaft, wenn die Leute wirklich wütend, gewalttätig oder gefährlich zu werden drohen oder ernsthaft versuchen, jemandes Gefühle zu verletzen, für ihre Flüche Worte verwenden, die mit Sexualität oder Religion zu tun haben. Es scheint, je schlechter sie sich fühlen, desto mehr benutzen sie sexuelle oder religiöse Begriffe in herabsetzender Weise, um ihre Meinung zu äußern.

ABRAHAM:

Das liegt daran, dass, wenn sie auf Mangel ausgerichtet sind – und deshalb keine Verbundenheit mit der Quelle mehr haben –, sie die Themen wählen, die ihnen am bedeutungsvollsten und wichtigsten sind, um den Mangelaspekt davon zu betrachten.

## Warum strahlen die Medien Leid aus und zensieren Freude?

JERRY: Außerdem habe ich beobachtet, dass es in unserer Kultur für Fernsehen und Kino vollkommen angebracht zu sein scheint, die Verstümmelung von Menschen, Zerstörung und blutige Eingeweide zu zeigen … alles erdenklich Schreckliche, was die Zerstörung des menschlichen Körpers betrifft, während es unangebracht zu sein scheint, menschliche Sexualität und Freude zu zeigen. Ich habe nie verstanden, warum unsere Kultur an einem Punkt angelangt ist, an dem sie Hass, Zorn und Schmerz aushält, aber keine Freude sehen will.

ABRAHAM:

Es ist nicht so, dass sie Hass, Zorn und Schmerz sehen will und Freude nicht. Eigentlich trifft sogar das Gegenteil zu. Die Menschen *wollen* sich wirklich gut fühlen, und sie wollen Dinge sehen, die erfolgreich, schön und angenehm sind.

Viele Menschen ziehen Unerwünschtes an, weil sie ihre Aufmerksamkeit auf dieses Unerwünschte richten. Bei diesem Dialog geht es im Grunde um ein falsches Verständnis der *Gesetze des Universums*, weil die Mitglieder deiner Gesellschaft gegen das Krieg führen, was sie nicht wollen: Krieg gegen den Terror, Krieg gegen Aids, Krieg gegen die Schwangerschaft bei Teenagern, Krieg gegen die Gewalt, Krieg gegen Krebs – und all diese Dinge werden größer, weil die Aufmerksamkeit, die ihr auf das Unerwünschte richtet, noch mehr Unerwünschtes erschafft.

Eure Filmemacher, ob sie das *Gesetz der Anziehung* nun verstehen oder nicht, wissen sehr genau, dass die Menschen eher dazu neigen, sich Unerwünschtes anzusehen als Erwünschtes. Und dies ist zugegebenermaßen der wahre Grund dafür, warum in den meisten Menschen starke Schwingungen aktiv sind, die auf das abzielen, was sie nicht wollen. Wenn du mit einer durchschnittlichen Person darüber sprichst, was in ihrem Leben geschieht, wird sie viel mehr darüber zu sagen haben, was nicht funktioniert, was ungerecht ist und geändert werden muss, als dass sie die Schönheit ihres Lebens und der Welt zum Ausdruck bringt.

Außerdem, wenn du einmal beschlossen hast, dass die Welt zu Zorn und Hass tendiert, bist du keine Schwingungsmäßige Entsprechung mehr für die Schönheit der Welt – denn die Welt, die du anziehst, neigt zu deinen Überzeugungen hin. Wenn jemand beginnt, Listen mit den positiven Aspekten der Welt um sich herum aufzustellen, trainiert er damit seine Schwingung und seinen Ort der Anziehung darauf, mehr davon anzuziehen. Und so werden Menschen, die Filme machen, weiter Filme machen, die entsprechende Menschen anziehen.

Wir möchten dich daran erinnern, dass, wenn du darauf wartest, dass deine Gesellschaft sich ändert, damit du eine glückliche Lebenserfahrung machen kannst, deine Wartezeit sehr lang werden kann. Auch wenn du darauf wartest, dass jemand anderer in deiner Erfahrung sich ändert, damit du eine glückliche Lebenserfahrung machen kannst, kann deine Wartezeit sehr lang werden.

Du bist nicht hier, um das Vollkommene zu *entdecken,* du bist hier, um das Vollkommene zu *erschaffen* oder *anzuziehen*. Während der Gegensatz deines Lebens und sogar das, was du unangenehme Filme nennst, dir hilft zu verstehen, was du *nicht willst*, verstehst du umso deutlicher, was du *willst. Konzentriere dich auf das, was du willst, werde zu einer Schwingungsmäßigen Entsprechung dessen, was du willst, richte deinen Ort der Aufmerksamkeit darauf aus, was du willst – und sieh zu, wie deine private Welt genau so wird.*

## *Monogamie – ist das natürlich oder unnatürlich?*

FRAGESTELLER: Ich komme mit diesem ganzen Thema der *Monogamie* nicht klar. So wurde ich erzogen, und deshalb nehme ich an, dass das mein Wert ist, aber mir ist aufgefallen, dass damit viel Angst und Leid verbunden ist. Zunächst einmal musst du jemanden finden, der das Gleiche will, und dann musst du sein Wollen kontrollieren, was absolut keinen Spaß macht, und …

ABRAHAM:

Es macht nicht nur keinen Spaß, jemand anderen kontrollieren zu wollen, es ist unmöglich. Die Menschen glauben oft, dass sie eigentlich nur eine endgültige Verfügung über die Richtigkeit oder Falschheit von Monogamie haben wollen, damit sie die Regel dann einhalten oder brechen können, aber wenigstens wüssten sie dann, wie die Regel lautet. Und so ist diese Regel in euren Gesellschaften oft in die eine oder die andere Richtung ausgeschlagen. Heute hängt sie vorwiegend davon ab, in welchem Teil der Welt du lebst. Aber ihr sollt verstehen, dass es, als du aus dem Nicht-Körperlichen ins Körperliche gekommen bist, nicht in deiner Absicht lag, eine bestimmte Lebensweise zu finden und alle anderen zu überzeugen oder zu zwingen, sich daran zu halten. Du wusstest, dass die Welt groß genug ist, um viele unterschiedliche Wünsche und Überzeugungen und die Entstehung von Lebensweisen beherbergen zu können.

Was uns zum ersten Punkt deiner Frage führt: *Ich muss jemanden finden, der das will, was ich auch will.* Wenn zwei zusammenkommen, die in ihren Wünschen übereinstimmen, ist das eine gute Grundlage für eine Beziehung. Und eigentlich ist es offensichtlich, dass du deinen Planeten mit genug Menschen teilst, dass es nicht zu schwierig sein dürfte, jemanden zu finden, der dir entspricht und das will, was du auch willst. Aber was die meisten Menschen daran hindert – während sie auf der Suche nach dieser anderen Person sind, die dem entspricht, was sie sich wünschen –, ist, dass sie diese Person erst dann finden können, wenn sie selbst eine Entsprechung zu ihren Wünschen sind.

Macht sich jemand Sorgen, wie er jemanden finden soll, der ihm immer treu zur Seite steht, kann er diese Person nicht finden, denn die aktivsten Gedanken in ihm sind bange Gedanken an Verrat. Den Menschen fällt es nicht schwer, den Partner ihrer Träume zu finden, weil diese Person überhaupt nicht da draußen ist. Es fällt ihnen schwer aufgrund ihres eigenen Widerspruchs zu ihrem Wunsch in den Gedanken, die sie Tag für Tag über dieses Thema aussenden.

*Wenn du unaufhörlich Gedanken über deine zukünftige Beziehung aussendest, die sich gut anfühlen, während du sie denkst, bedeutet das, dass du unaufhörlich den Wünschen entsprichst, die du herausgefunden hast, als du dein Leben lebtest. Und unter diesen Bedingungen kann nur jemand, der mit deinen Wünschen übereinstimmt, zu dir kommen. Unter diesen Bedingungen ist Kontrolle unnötig.*

FRAGESTELLER: Dann entspricht es also unserer Natur, im Laufe des Lebens nur eine Beziehung zu führen? Oder ist das etwas, was Kultur und Religion uns aufgezwungen haben?

ABRAHAM:

Es war deine Absicht, dich mit vielen anderen über zahlreiche Themen auszutauschen. Und ob Sexualität für dich nun etwas ist, was du nur mit einer Person erleben willst, oder etwas, was du mit vielen Personen erleben willst, ist eine rein individuelle Entscheidung. Und deine diesbezüglichen Vorstellungen ändern sich ständig.

Wir wollen jedoch darauf hinweisen, dass die Regeln und Gesetze, die Verhalten einschränken sollen, immer aus einer mangelnden Verbundenheit mit der Quelle heraus entstehen. Anders ausgedrückt, wenn Beamte, Führer oder Herrscher Gesetze oder Regeln erlassen, um aus der Gesellschaft etwas zu entfernen, ist ihre Aufmerksamkeit gewöhnlich auf einen Aspekt der Gesellschaft gerichtet, den sie *nicht wollen*. Und so haben sie, obwohl sie Gesetze erlassen und diese Gesetze auch durchzusetzen versuchen, nur eine geringe Kontrolle, weil sie gegen Naturgesetze ankämpfen. *Die stärkste Kraft, die allem, was existiert, innewohnt, ist das Wissen um die persönliche Freiheit.*

Es ist dir nicht möglich, Vorstellungen davon zu entwickeln, was wirklich eine wundervolle Beziehung wäre, wenn du nicht Zugang zu Dingen hast, die nicht wundervoll sind. Die besten Beziehungen, die auf eurem Planeten heute existieren, sind aus einer Reihe nicht wundervoller Beziehungen hervorgegangen. *Durch jeden Austausch mit anderen sendest du spontan Wünsche dessen aus, was dir lieber wäre. Und wenn du eine Schwingungsmäßige Entsprechung zum klarsten und stärksten Ausdruck dieser Wünsche bist, aber wirklich nur dann, lässt du deine Begegnung mit jemandem zu, der den Absichten entspricht, die du auf deinem physischen Weg zusammengetragen hast.*

## Sex, Kunst, Religion und Monogamie

FRAGESTELLER: Ich möchte an das anknüpfen, was Jerry vorhin über die Menschen in Nervenheilanstalten sagte, dass dort nur Verwirrung über Sex und Religion herrsche. Ich bin Künstlerin und habe immer wieder gehört, dass alle große Kunst aus Sex und Religion hervorgeht, und bei eurem Gespräch über Sex ist mir klar geworden, dass die bestmöglichen Beziehungen aus meiner Sicht immer eine perfekte Verschmelzung von kreativer und sexueller Energie sind. Deshalb habe ich ungeachtet der gesellschaftlichen Vorschriften, was ich hinsichtlich meiner sexuellen Entscheidungen zu tun oder zu lassen habe, den Eindruck, dass diese Verschmelzung der Energien mit *einer* Person intensiver und köstlicher ist.

ABRAHAM:

Das trifft auf alles zu. Wenn du positiv ausgerichtet bist und deine Aufmerksamkeit gerade einem positiven Gegenstand widmest und daher in vollkommener Harmonie mit der Quelle in dir bist, sind auch deine Energien in Harmonie und deine Erfahrung muss wundervoll sein. Aber bei unserem Gespräch ging es darum, kraft unserer positiven Aufmerksamkeit überhaupt erst in Harmonie mit der Quelle zu kommen. Es ging nicht so sehr darum, welche Vorteile ein Liebespartner gegenüber vielen Liebespartnern hat.

Meistens haben diejenigen, die viele sexuelle Erfahrungen anstreben, für sich noch nicht endgültig herausgefunden, was sie wollen. Sie sammeln noch Daten, und daran ist nichts Verwerfliches.

FRAGESTELLER: Ich verwende lieber den Begriff *Lebenspartner* statt *Monogamie,* um zu beschreiben, wonach ich suche.

ABRAHAM:

*Momentaner Lebenspartner* wäre vielleicht eine angemessene Formulierung, denn da die Details des Lebens, das du lebst, ständig mehr Klarheit über deine Wünsche hervorbringen, wirst du auch spontan immer neue Wünsche hervorbringen. Die produktivste und tragfähigste Verpflichtung, die du jemals eingehen könntest, wäre diejenige einer anhaltenden Harmonie mit der Entfaltung und Ausdehnung, die du durch das von dir geführte Leben unwillkürlich erfährst.

Mit anderen Worten: Wenn du dein Leben lebst, in all seinen Details – einschließlich der Person, die du liebst und mit der du zusammenlebst oder verheiratet bist –, sendest du immer spontan Wünsche nach Verbesserung aus, und der Nicht-Körperliche Quellenergie-Anteil von dir empfängt jeden Wunsch und verschmilzt ihn zu dem Schwingungsereignis, das dich ausmacht. Dein wahrer Weg zum Glück ist deine Absicht, mit dieser Entfaltung Schritt zu halten.

Natürlich würde jemand, der ständig mit der Quelle in sich in Harmonie ist, seinen Partner weiter zu Harmonie und Liebe anregen. Wir sagen also nicht, dass du nicht eine wundervolle lebenslange Beziehung mit jemand anderem haben könntest oder solltest. Aber wir sagen, dass erst die Beziehung zwischen *dir* und *Dir* stimmen muss, bevor eine andere Beziehung zu anhaltender Zufriedenheit führen kann.

Viele Menschen, die sich über den Verlust von Liebe Sorgen machen, gehen eine Ehe ein und sprechen das Ehegelöbnis »bis dass der Tod euch scheidet« in dem Bemühen, sich vor Unerwünschtem zu schützen. Das ist das genaue Gegenteil dessen, was wir gerade erklärt haben.

## *Die ultimative sinnliche/sexuelle Erfahrung*

FRAGESTELLERIN: Was ist die *sexuelle Kraft?* Für mich gehören zur ultimativen sexuellen Erfahrung die vollkommene Verschmelzung mit einer anderen Person und die Kommunikation auf allen Ebenen sinnlicher, spiritueller und emotionaler Harmonie. Dann spüre ich, wie ich mich ausdehne, als würden meine Beschränkungen fallen.

ABRAHAM:

Ob nun die sexuelle Erfahrung der Grund für deine positive Ausrichtung und Harmonie mit der Quelle ist, oder ob du bereits mit der Quelle in Harmonie warst, als du in die sexuelle Erfahrung eingetreten bist – wichtig ist die Harmonie mit der Quelle.

Ist dir schon einmal aufgefallen, dass du diese Art von Erfahrung nicht machen kannst, wenn du dich in einer Auseinandersetzung befindest? Du kannst diese Erfahrung nicht machen, wenn dir Mängel an deinem Partner auffallen oder du dich unsicher oder selbst unvollkommen fühlst.

Als körperliche Wesen seid ihr Erweiterungen der Quellenergie, der Energie, die Welten erschafft, und wenn ihr euch die Zeit nehmt, euch ständig auf die Frequenz dieser Reinen Positiven Energie einzustimmen, und eure Aufmerksamkeit dann eurer Kunst oder eurem Liebesspiel zuwendet, erfahrt ihr, wie die Energie, die Welten erschafft, euch durchströmt. Das ist die sexuelle Kraft, die du versuchst zu bestimmen ... *Bei einer wundervollen sexuellen Erfahrung geht es sehr viel eher darum, mit deinem Schöpferischen Energiestrom in Harmonie zu sein, als um den eigentlichen körperlichen Austausch.*

FRAGESTELLERIN: Mein derzeitiger Partner ist sich der Nicht-Körperlichen Aspekte seines Wesens sehr bewusst. Er meditiert und will spirituell ausgerichtet sein, sagt aber, wenn er sich sexuellen Aktivitäten hingibt, ist das für ihn, als müsste er wieder zu dieser kleinen physischen Persönlichkeit werden und sein Ego anlegen, und dass er dann dieses Gefühl der größeren physischen Nicht-Körperlichen Erfahrung verliert.

ABRAHAM:

In dem Fall hat er Schwierigkeiten mit allen Aspekten des Körperlichen, nicht nur mit dem körperlichen Sexualakt. Das führt uns zur Erklärung einer weiteren falschen Grundannahme:

***Falsche Grundannahme 20:*** *Wenn ich meine Aufmerksamkeit auf Angelegenheiten körperlicher Natur richte, bin ich weniger spirituell.*

Da ihr Schöpfer seid, die aus der Quelle hervorgegangen sind, seid ihr buchstäblich Erweiterungen der Quelle. Richtet ihr euch auf diese physische Welt aus, richtet ihr euch auf Schöpfungen der Quelle aus, und durch eure Bereitschaft, den Gegensatz zu erkunden und um ständige Verbesserung zu bitten, tragt ihr zur Schöpfung der Quelle bei. *Dass ihr körperlich seid, trennt euch nicht von der Quelle, und Sex zu haben schmälert nicht eure spirituelle Verbundenheit. Was euch die Verbundenheit mit der Quelle nimmt, ist das Vorgehen gegen das Unerwünschte und die Lernmuster der Schwingung, die sich von der Schwingung der Quelle unterscheiden.*

*Es gibt nichts Spirituelleres, als dem wahren Geist, der du selbst bist, zu erlauben, durch dich in dein physisches Leben zu fließen. Bei der Abwesenheit von Spiritualität geht es nicht um das Thema oder die Aktivität. Es geht um die Schwingungsmäßigen Entscheidungen, die du triffst.*

Die Quelle liebt dich, und wenn du dich nicht liebst, bist du nicht spirituell. Die Quelle liebt auch die anderen, mit denen du deinen Planeten teilst, und wenn du sie nicht liebst, bist du nicht spirituell. Die Quelle versteht deine und die sich entfaltende Natur von *Allem-was-ist,* und wenn du glaubst, dass du dich mit jedem Thema perfekt auskennen musst, bist du nicht spirituell. Wenn du dich unwürdig fühlst, bist du nicht in Harmonie mit der Quelle.

Aber wie wir hier schon ausgeführt haben, muss deine Verbundenheit mit der Quelle nicht davon abhängen, wie sehr dein Partner mit der Quelle verbunden ist. Du musst deine eigene Kraft der Ausrichtung benutzen, um mit *Dem-der-du-wirklich-bist* in Harmonie zu bleiben. Schon wenn du darüber sprichst, dass dein Partner das Gefühl hat, seine Kraft der Ausdehnung verloren zu haben, bewirkt das den vorübergehenden Verlust dieser Kraft der Ausdehnung auch in dir.

Du kannst diese Themen wirklich nicht von außen lösen, indem du zu bestimmen versuchst, welches Verhalten richtig und welches falsch ist. Deine Entschlossenheit, dich mit deiner eigenen Spiritualität um deine eigene Verbundenheit zu kümmern, wird dich in die beste Ausgangslage bringen, das Gleiche in deinem Partner anzuregen. Und wenn er weiter glaubt, dass der Sexualakt ihn von der spirituellen Person entfernt, die er sein will, wird das *Gesetz der Anziehung* ihn aus deiner Erfahrung entfernen. Und wenn du dich weiter auf die Dinge ausrichtest, die deine Harmonie mit deiner Quelle zulassen, wird das *Gesetz der Anziehung* dir einen anderen bringen, der nicht nur selbst in Harmonie mit der Quelle ist, sondern der auch deine Werte und Wünsche hinsichtlich des Themas Sexualität teilt.

## *Jede Ehe war anders, aber keine war besser*

FRAGESTELLERIN: Ich war viermal mit zwei verschiedenen Männern verheiratet. Jedes Mal heirateten wir erneut in dem Glauben, es würde besser werden. Es wurde anders, nicht besser. Ich verstehe jetzt, nach dem, was ihr über Freiheit gesagt habt, dass diese Ehen in beiden Fällen nur meinen Wunsch verstärkten, frei zu sein. Einer meiner Ehemänner sagte einmal zu mir: »Du bist eigentlich an einer Romanze interessiert.« Und in gewisser Hinsicht stimmt das auch. Ich fand, dass ich vielleicht besser seine Geliebte als seine Frau sein sollte, weil wir in der Ehe über zwei verschiedene Dinge sprachen: *Sexualität* und *Ehe.* In einer Ehe hat man Kinder, Schwiegereltern, Eigentum, Verantwortung, Pflichten …

ABRAHAM:
Aber wie sich herausstellt, kann man das eine nicht vom anderen trennen, weil im Kern all dessen man selbst ist und die Art, wie man sich fühlt. Wenn du dich auf einen unangenehmen oder unerwünschten Aspekt des Lebens ausrichtest, wirkt er sich auf alle anderen Aspekte aus.

FRAGESTELLERIN: Das stimmt. Deshalb wurde mein Wunsch nach Freiheit schließlich so stark, dass ich jedes Mal einfach ging. Mir gefällt die Grundannahme des Lebens, wie du sie definierst, im Hinblick auf Freiheit, Wachstum und Freude, aber meine Ehen brachten mir keine Freude.

ABRAHAM:
Siehst du im Rückblick, dass es Gelegenheiten gab, nach positiven Aspekten Ausschau zu halten, dass du aber so sehr auf negative Aspekte fixiert warst, dass diese zu deiner vorherrschenden Erfahrung wurden?

FRAGESTELLERIN: Ja, aber mir missfiel es so sehr, mich eingeengt und gebunden zu fühlen und die ganze Zeit bestimmte Pflichten zu erfüllen, dass ich, auch wenn ich diese Pflichten erfüllte und sogar gut erfüllte, doch eigentlich nur frei sein und mein eigenes Leben führen wollte …

ABRAHAM:

*Die Freiheit, nach der du suchtest, war die Freiheit von negativer Emotion, die Freiheit von jedem schlechten Gefühl, die Freiheit davon, sich nicht gut zu fühlen und nicht die zu sein, die du wirklich bist.*

Du sollst verstehen, dass du in jedem Augenblick, selbst bei denjenigen, die dir den Eindruck vermitteln, keine Kontrolle über sie zu haben, die Freiheit hast, auf eine Weise an sie zu denken, die dir ein besseres Gefühl bereitet, oder an eine Weise an sie zu denken, die dir ein schlechteres Gefühl bereitet. Du hast die Freiheit, dich durch die Augen deiner Quelle auf sie auszurichten oder aus einer Perspektive, die dich von der Quelle fernhält. Deine Gefühle der Gebundenheit und fehlenden Freiheit verdankten sich deinem Schwingungsmäßigen Missklang, nicht den Themen, auf die du dich ausrichtetest, und das brachte den Schwingungsmäßigen Missklang hervor – ein wichtiger Unterschied.

Du sehnst dich nicht nach Freiheit von den Erfahrungen, die deine Wünsche dazu veranlassen, sich zu entfalten, du sehnst dich nach Freiheit von den hemmenden Gedanken, die dich davon abhalten, deine Entfaltung zuzulassen. Das Gefühl, an etwas gebunden und nicht frei zu sein, ist eigentlich das Gefühl, mit deiner eigenen Entfaltung und Ausdehnung nicht Schritt halten zu können – derselben Ausdehnung, die deine Beziehung überhaupt erst ermöglicht hat.

Ist dir schon aufgefallen, dass du in Bezug auf körperliche Aktivität jetzt genauso beschäftigt bist wie zuvor? [FRAGESTELLERIN: Ich bin sogar noch beschäftigter.] Und doch fühlst du dich freier, weil du dich nicht mehr auf den Mangel ausrichtest. Wir wollen damit nicht sagen, dass du etwas hättest anders machen sollen. Wir wollen damit nicht sagen, dass es richtig war, zu bleiben, und falsch war, zu gehen, oder andersherum. Aber wir wollen dir bewusst machen, dass du dich in jedem Augenblick nur aufgrund einer einzigen Sache so fühlst, wie du dich jeweils fühlst: wegen der Gedanken, die du denkst, und deines Schwingungsmäßigen Verhältnisses zu deiner Meinung und der Meinung der Quelle in dir. Und es gibt keine andere Person, und wenn sie dir noch so sehr ein guter Gefährte sein will und wenn sie sich noch so sehr auf den Kopf stellt, die die Gedanken, die *du* denkst, wettmachen könnte.

Wir wissen, dass man mit manchen Menschen scheinbar viel leichter leben kann als mit anderen, aber wir wollen niemanden ermutigen, sein Verhalten zu maskieren, um andere glücklich zu machen. *Eine wohlmeinende Person, die alles in ihrer Macht Stehende tut, damit du dich besser fühlst, verringert eigentlich sogar die Wahrscheinlichkeit, dass du deine Gedanken in Harmonie mit deiner Umfassenderen Perspektive bringst. Und weil dein Gefühl von Freiheit, Wachstum und Freude von einer Nicht-Körperlichen Verbundenheit abhängt, wird dir nichts helfen, was dich von dieser wichtigen Arbeit ablenkt.*

## *Abraham bietet Gelöbnisse für den »gemeinsamen Weg« an*

FRAGESTELLERIN: Abraham, ich hatte drei Jahre lang mit einer Religion zu tun, die lehrte, dass spirituelle Wesen keinen körperlichen Kontakt haben und sich nicht lieben dürfen. Sie verglichen unseren Körper mit einer Batterie und sagten, dass man sich durch den sexuellen Kontakt miteinander sozusagen entladen und Energie verschwenden würde.

ABRAHAM:

Die einzige Möglichkeit, sich zu »entladen« oder »Energie zu verschwenden«, besteht darin, sich auf die Abwesenheit des Erwünschten auszurichten. Da die Quelle in dir auf den ausgerichtet ist, der du wirklich bist, auf alles, wozu du geworden bist, und auf alles, was du dir wünschst, verlierst du – wenn du dich auf etwas anderes ausrichtest – deine Verbundenheit. Deine *Überzeugung,* unangebracht zu sein, ist es, die zur Disharmonie führt, nicht dein körperliches Verhalten. Wenn du eine sexuelle Erfahrung machst und deshalb, warum auch immer, starke Schuldgefühle hast, ist diese Erfahrung für dich wertlos. Dann *entziehst* du dir Energie. Aber wenn du eine sexuelle Erfahrung machst und dich dabei sehr gut fühlst, steht die Kraft des Universums hinter dir.

FRAGESTELLERIN: Hätte ich vor 25 Jahren gewusst, was ich heute hier gelernt habe … Ich kam aus einer Situation, in der alles verboten ist und die einzige Verantwortung darin besteht, zu heiraten, Kinder zu bekommen und deinem Ehemann zu gehorchen. Selbst mein Ehegelöbnis besagte nichts anderes: Du wirst diesen Mann für den Rest deines Lebens lieben, ehren und ihm gehorchen. O Mann, hätte ich damals gewusst, was ich heute weiß, hätte ich mich schleunigst aus dem Staub gemacht.

ABRAHAM:

Wir möchten euch die perfekten Gelöbnisse für den gemeinsamen Weg anbieten, ob ihr sie nun für die Vermählung verwenden wollt oder für andere Zwecke:

*Hallo, mein Freund. Hallo, meine Freundin. Wir sind als gemeinsame Schöpfer hier. Und es ist meine Erwartung, dass wir beide, während wir uns in dieser Ehe (oder in dieser Beziehung) weiterentwickeln, in jeder erdenklichen Hinsicht zufrieden bleiben. Es ist mein Wunsch, herauszufinden, wer ich bin und wer du bist. Aber am wichtigsten ist mir, dass ich glücklich bin, damit ich dir eine Inspiration für dein Glück sein kann.*

*Ich übernehme nicht die Verantwortung für dein Leben. Ich übernehme die Verantwortung für mein Leben. Und ich freue mich auf eine wundervolle Zeit hier. Ich sehe voraus, dass wir, während wir in diesem Leben gemeinsam voranschreiten, in allem das Äußerste an positiver Erfahrung machen – denn es ist meine Absicht, danach Ausschau zu halten. Lass uns zusammenbleiben, solange wir eine gute Zeit miteinander haben. Und sollten wir keine gute Zeit mehr miteinander haben, wollen wir uns trennen – entweder in Gedanken oder körperlich –, bis dass das Negative uns scheidet.*

Wir ermutigen euch nicht dazu, eure Ehen oder Beziehungen zu demontieren. Wir ermutigen euch dazu, euch um die Beziehung zu kümmern, die am meisten zählt – die Beziehung zwischen *dir* und *Dir*. Wenn du dich in Bezug auf alles und jeden um Gedanken bemühst, die mit der Perspektive der Quelle in dir harmonieren, wirst du die wahre Ausrichtung deines Wesens spüren, und nur dann wirst du einem anderen etwas zu bieten haben. *Du musst egoistisch genug sein, mit deinem wahren Selbst in Harmonie zu sein, bevor du jemandem überhaupt etwas geben kannst.*

# Teil IV

# Elterliche Erziehung und das Gesetz der Anziehung:

## Wie man in einer Welt des Gegensatzes positive Eltern-Kind-Beziehungen erschafft

### Welche Rolle spielt der beaufsichtigende Erwachsene für das Verhalten des Kindes?

Wenn es kleinen Kindern erlaubt wäre, sich ohne die Aufsicht und Schwingungsmäßige Beeinflussung nicht in Harmonie befindlicher Erwachsener auszutauschen, würden sie sich auf ganz natürliche Weise auf ihre Umfassendere Perspektive ausrichten, und sie würden positiv miteinander umgehen. Sie würden die Unterschiede sehen, die sie aneinander feststellen, aber diese Unterschiede würden nicht zu Brennpunkten ihrer Aufmerksamkeit werden, zu denen sie in Opposition treten. Und so würde ein positives, effektives und erfreuliches gemeinsames Erschaffen einsetzen. Doch sobald ein Erwachsener auf der Bildfläche erscheint, der nicht mit seiner Umfassenderen Perspektive in Harmonie ist, verschwindet diese positive Dynamik.

Viele Erwachsene glauben, dass Kinder, wenn sie sich selbst überlassen sind, vom rechten Weg abkommen. Und so bringen die Erwachsenen sich in die Gleichung ein, suchen nach Beweisen für das, was sie für falsches Benehmen halten, und bemühen sich, die Kinder von dem wegzuführen, was unerwünscht ist. Aber Kinder, die ermutigt werden, ihre Aufmerksamkeit auf »falsches« Benehmen zu richten, oder die einfach nur den Erwachsenen sehen, der sie nun mit Missbilligung betrachtet, empfinden starken Missklang mit sich selbst, wenn sie von ihrem liebevollen, billigenden *Inneren Wesen* weggeführt werden.

Wenn ein Erwachsener oder sonst jemand erwartet oder verlangt, dass du *dein* Verhalten an etwas anpassen sollst, was *ihm* besser gefällt, versucht er, dich vom Nutzen deines persönlichen *Emotionalen Leitsystems* abzubringen. Und der Zusammenbruch jeder Beziehung, die Ursache für jede Krankheit und jedes Scheitern entstammt geradewegs diesem unglaublichen Missverständnis: *Du hast niemals die Absicht gehabt, dich von der Billigung oder Missbilligung anderer führen zu lassen, sondern von der Harmonie oder Disharmonie der Energien zwischen dir und deiner Quelle.*

Wenn sich zu dieser Kindergruppe ein Erwachsener gesellte, der bereits in Harmonie mit seiner *Quelle* ist und nicht von *ihrem* guten Benehmen abhängt, um *sich* gut zu fühlen, würde seine Anwesenheit keine negative Auswirkung auf sie haben, denn er würde – durch die Kraft seines Beispiels – ihre persönliche Harmonie fördern ... *Wenn zwei oder mehr Menschen, die persönlich mit ihrer eigenen Umfassenderen Perspektive in Harmonie sind, sich austauschen, ist die körperliche Begegnung angenehm, produktiv und befruchtend.*

Würde die störende Beaufsichtigung eines Erwachsenen plötzlich aus der Erfahrung der Kinder verschwinden, würde sie das nicht sofort in ihren natürlichen Zustand des Wohlbefindens zurückversetzen, denn die Kinder haben ihre Schwingungsmuster von den Erwachsenen gelernt und gehen nun durch das Bezugssystem dieser Muster miteinander um. Doch jeder, vom Ältesten bis zum Jüngsten unter ihnen, will sich gut fühlen, weil sein Nicht-Körperlicher Anteil, sein *Inneres Wesen*, sich *gut* fühlt. Deshalb gerät mit jedem Augenblick, in dem dieses Kind sich weniger gut fühlt, etwas stärker aus der Harmonie ... Doch da Kinder ihre Gedanken des Widerstands noch nicht so lange praktizieren wie die Erwachsenen um sie herum, fällt es ihnen leichter, zu ihrem Zustand der Harmonie zurückzukehren und ihn aufrechtzuerhalten.

## *Welche Beziehung hat ein Kind zu anderen Kindern – ohne Erwachsene?*

Entfernen wir nun alle störenden, gemäßigten, kontrollierenden und beständigen Einflüsse, die Erwachsene oft untermischen, aus einer Gruppe von Kindern und stellen wir uns vor, wie ihr Austausch untereinander dann aussehen würde:

Sie würden sich mithilfe ihrer körperlichen Sinne gegenseitig beobachten und sich ihre Gedanken machen. Sie würden die Vielfalt der Persönlichkeiten, Überzeugungen und Absichten sehen, so wie du die enorme Auswahl bei einem großen Büfett siehst. Du fühlst dich von den Dingen, die du siehst und die du persönlich nicht essen oder erfahren willst, nicht bedroht, sondern suchst dir das aus, was du *bevorzugst,* und legst *das* auf deinen Teller. Auf ähnliche Weise würden Kinder, denen man nicht beigebracht hat, *unerwünschte* Komponenten wegzustoßen, sich einfach von *erwünschten* Komponenten angezogen fühlen. *Kinder mit gleichen Interessen oder Wünschen fühlen sich immer voneinander angezogen, was zu einem sinnvollen und befriedigenden Austausch führt. Kinder, die sich unterscheiden, fühlen sich einfach nicht voneinander angezogen – und so wäre eine harmonische Umgebung das Ergebnis.*

Viele Menschen würden einwenden, dass sie eine solche Umgebung noch nie erlebt haben, und sie hätten recht. Andere würden einwenden, dass eine solche Umgebung äußerst unwahrscheinlich ist, und wir würden auch ihnen beipflichten, denn die Kinder sind äußerst selten, denen die Freiheit gelassen wird, ihre eigenen Entscheidungen zu treffen, ohne die bewusste Einflussnahme durch Erwachsene, die sie in ihre Lebenserfahrung geholt haben. Aber es ist möglich, wenn du dein persönliches

*Leitsystem* erst verstehst und weißt, wie es funktioniert (dass du eigentlich eine körperliche Erweiterung des Nicht-Körperlichen Bewusstseins bist und dass deine Nicht-Körperliche Perspektive zur selben Zeit existiert wie deine körperliche Perspektive und dass du immer und vor allem nach Harmonie mit deinem eigenen *Leitsystem* strebst) ... Dann ist es dir möglich, in jeder körperlichen Umgebung Harmonie zu finden, in jedem Klassenzimmer, in jeder Situation oder Beziehung, in der du dich befindest.

Wenn du dich erst um deine Harmonie kümmerst, könntest du wie die Kinder werden, die wir beschrieben haben. Du könntest dich mit ihnen austauschen, ohne das Bedürfnis zu haben, den Zwang zu verspüren oder einen Sinn darin zu sehen, ihre unerwünschten Aspekte wegzustoßen. Du könntest (wie dein *Inneres Wesen* in dir) geneigt sein, nur das Beste in anderen zu sehen ebenso wie in dir selbst, und deshalb dem machtvollen *Gesetz der Anziehung* erlauben, dich nur mit erwünschten Dingen zusammenzuführen.

## *Welche Rolle spielen Mutter und Vater?*

JERRY: Aus eurer Perspektive gesehen, welche natürliche Rolle spielt ein Vater hauptsächlich im Leben seines Kindes?

ABRAHAM:

Die hauptsächliche Aufgabe für Vater und Mutter besteht darin, der Nicht-Körperlichen Quellenergie des Kindes einen Weg in die körperliche Erfahrung zu bahnen.

JERRY: Ihr seht keine unterschiedlichen Aufgaben bei Vater und Mutter, eine unterschiedliche Rollenverteilung?

ABRAHAM:

Nicht in irgendeiner Hinsicht, die wirklich von Belang wäre. Die Unterschiede sind offensichtlich, wenn du in Begriffen der Einflussnahme denkst, aber der Einfluss durch die Eltern ist nicht so wichtig, wie deine Gesellschaft glaubt. Bestenfalls bietet die elterliche Fürsorge eine stabile Umgebung in den ersten Tagen der Anpassung an dieses neue Leben in dieser neuen Umgebung und diesem neuen Körper. Schlimmstenfalls hindern die elterlichen Verhaltensweisen das Kind an seiner Fähigkeit, Entscheidungen zu treffen und Freiheit kennenzulernen. Und so ist der elterliche Einfluss für das Kind oft nicht von Vorteil. Eltern haben oft negative Erwartungen vom Leben, und so ist der Einfluss, den sie auf das Kind ausüben, ebenfalls negativ.

## *Wie würde für euch ein perfekter Elternteil aussehen?*

JERRY: Wie sieht für euch ein perfekter Elternteil aus?

ABRAHAM:

Das Beste, was ein Elternteil für sein Kind tun kann, ist, zu verstehen, dass dieses Kind, obwohl noch sehr klein und anfangs scheinbar abhängig, in Wahrheit ein machtvoller Schöpfer ist, der mit großem Eifer sowie großen Absichten und Fähigkeiten in diese körperliche Umgebung gekommen ist. Das Beste, was ein Elternteil für ein Kind tun kann, ist, nach Hinweisen auf Großartigkeit Ausschau zu halten und nur die positiven Aspekte des Kindes zu beachten. Ein Elternteil ist für sein Kind dann von allergrößtem Nutzen, wenn er das Kind dahingehend beeinflusst, sich auf sein eigenes inneres *Leitsystem* zu verlassen.

Wir wissen, dass du diese Frage stellst, um den Eltern zu helfen, befriedigende Beziehungen zu ihren Kindern zu finden, und wir führen dieses Gespräch gerne. Aber ihr sollt auch verstehen, dass es nicht die Absicht der Kinder war, bei ihrem Eintritt in diese Raum-Zeit-Realität in das gepolsterte Nest ihrer perfekten Eltern hineingeboren zu werden. Sobald ihr hier seid und euch miteinander austauscht, erfahrt ihr ebenso den Missklang, der sich in zwischenmenschlichen Beziehungen einstellen kann, und gebt oft anderen die Schuld daran, wie ihr euch fühlt oder wie euer Leben verläuft, doch aus eurer Nicht-Körperlichen Perspektive heraus wisst ihr sehr genau, dass die Einflussnahme derjenigen um euch herum eure Erfahrung nicht notwendigerweise beeinträchtigen muss und dass sich nicht ein Einziger von euch vor seiner Geburt eine perfekte Umgebung ausgesucht hat.

Die meisten Eltern wollen das Beste für ihre Kinder, und ihr habt viele unterschiedliche Meinungen darüber, was ihr euren Kindern am besten bieten solltet. Aus unserer Sicht und aus der Sicht eures Kindes, bevor es in diesen physischen Körper eintrat, ist das Beste, was ihr eurem Kind bieten könnt, das klare Beispiel von jemandem, der sich um Harmonie mit der Quelle in sich bemüht. Zeigt durch die Klarheit eures persönlichen Beispiels, dass ihr effektiv Gebrauch macht von eurem *Emotionalen Leitsystem.*

Das meiste Unbehagen würden Elternteil und Kind empfinden, wenn es dem Elternteil an Verständnis für die innere Weisheit und den Lebenszweck des Kindes fehlte. Und das könnte ein Elternteil in seinem Kind nur dann nicht verstehen, wenn er das in sich selbst nicht versteht. Mit anderen Worten: Wenn ein Elternteil eine Welt voller bedrohlicher, gefährlicher, unangenehmer Dinge sieht und das Gefühl hat, sich dagegen schützen und davor zurückziehen zu müssen, harmoniert er nicht mit seinem wahren Verständnis und seiner wahren Macht. Und unter solchen Bedingungen führt dieser Elternteil sein Kind in die gleiche Zurückhaltung.

Aber ein Elternteil, der den Wert seines *Emotionalen Leitsystems* zu schätzen weiß, der zunächst nach Harmonie mit seiner eigenen Umfassenderen Perspektive strebt, der die Natur des schöpferischen Energiestrudels kennt, der nur für ihn wirbelt, und dessen oberste Priorität darin besteht, in Harmonie mit *Dem-der-er-wirklich-ist* zu gelangen – dieser Elternteil kann sein Kind dahingehend beeinflussen, dass es seiner eigenen Führung vertraut.

Der Grund dafür, dass so viele Menschen ihren Eltern die Schuld an ihrem Scheitern oder Unglück geben, ist der, dass sie durch ihre Eltern darauf trainiert wurden, sich an sie um Führung und Unterstützung zu wenden. Doch selbst der wohlmeinendste Elternteil kann nicht einmal ansatzweise die Führung und Unterstützung ersetzen, die von innen kommt. Und nicht nur das. *Jeder von euch lebt die Details des Gegen-*

*satzes, der euch umgibt, und sendet spontan ständig Entfaltungsschwingungen aus, und ihr müsst diesen spontanen Schwingungen folgen und zulassen, dass sie sich voll entfalten – sonst könnt ihr nicht glücklich sein.* Wenn ein Elternteil diesen natürlichen Prozess stört, indem er dich überzeugt, dass es unwichtig ist, was du fühlst, dass du nicht darauf achten solltest, was deine Emotionen dir sagen, und dass eigentlich nichts anderes zählt, als dass du mit den Meinungen, Regeln und Überzeugungen übereinstimmst, die deine Eltern dir vorleben, darfst du dich nicht wundern, wenn es zu einem inneren Aufstand kommt. Und dieser innere Aufstand wird sich fortsetzen, bis du absichtsvoll und bewusst in Harmonie mit *Dem-der-du-wirklich-bist* gelangst.

Das Beste, was ein Elternteil für ein Kind tun kann, ist also, jeden Versuch der Kontrolle über das Verhalten und die Gedanken des Kindes aufzugeben und das Kind zu einem Gewahrsein seines eigenen Schwingungskontos zu ermutigen, seines Energiestrudels des Erschaffens und seines *Emotionalen Leitsystems*. Und ein Elternteil kann bei einem Kind das Verständnis dieser Dinge einzig und allein dadurch fördern, dass er sie selbst versteht.

Wenn ein Kind oder ein Elternteil die Leere von *Furcht, Zorn, Enttäuschung* oder *Groll* spürt, liegt das nur daran, dass der Betreffende seine Verbundenheit mit dem erweiterten Wesen, zu dem er geworden ist, Schwingungsmäßig nicht zulässt. Solche negativen Emotionen sind Symptome seines wahrgenommenen Verlusts an Freiheit, und bei dem Gefühl, nicht frei zu sein, geht es ausnahmslos darum, dass nicht zugelassen wird, dass die Fülle dessen, zu dem du geworden bist, in diesem Moment in dir aktiv ist.

Es ist interessant, dass die meisten Eltern ihrer Fürsorge auf die Weise nachkommen, dass sie die Welt beobachten, die Komponenten abwägen, richtig und falsch voneinander trennen und dann Haufen bilden, um anschließend daran zu arbeiten, ihr Kind vom Unerwünschten wegzuführen, und das steht im genauen Gegensatz zu der Absicht, die Eltern und Kind hatten, als sie in diese körperliche Erfahrung eintraten.

Daher wäre aus unserer Sicht der erfreulichste, wertvollste elterliche Zugang der folgende:

*Ich verstehe, dass mein Kind ein machtvoller Schöpfer ist, der in diese körperliche Umgebung gekommen ist, ähnlich wie ich, um sich eine wundervolle Erfahrung zu erschaffen. Mein Kind wird den Vorteil haben, den Gegensatz des Lebens zu sichten, um seine Vorlieben herauszufinden. Jedes Mal, wenn mein Kind eine Erfahrung macht, die sein Gewahrsein dessen, was es nicht will, verstärkt, wird ein Schwingungswunsch des verbesserten Gegenteils von ihm ausgehen und in seiner Schwingungsrealität, in seinem Energiestrudel des Erschaffens aufbewahrt werden. Und wenn es dem Emotionalen Leitsystem in sich selbst Beachtung schenkt und nach den Gedanken strebt, die sich am besten anfühlen, wird es immer mehr in Harmonie geraten mit Dem-zu-dem-es-geworden-ist, und es wird die Fülle dessen, der es ist, erfahren. Und während dieses ganzen Prozesses wird es die Zufriedenheit verspüren, der Schöpfer seiner eigenen Realität zu sein. Und als sein Vater oder seine Mutter werde ich es in seinem Werden allezeit unterstützen.*

## Das »Innere Wesen« von Eltern und Kindern in Familien

JERRY: Ich würde gern etwas mehr darüber erfahren, wie es war, bevor wir in diese physische Realität eintraten. Welche Beziehungen bestehen zwischen dem *Inneren Wesen* der Eltern und dem des Kindes?

ABRAHAM:

Jeder, der ins Körperliche kommt, ist eine Erweiterung der Quellenergie, und in diesem Sinne ist jeder mit jedem verbunden. Und alle Beziehungen sind ewig. Ist eine Beziehung erst einmal entstanden, endet sie nie mehr. Ihr kommt als etwas, was man Energiecluster oder Bewusstseinsfamilien nennen könnte, aus dem Nicht-Körperlichen und habt ausnahmslos starke gemeinsame Wurzeln der Schwingungsmäßigen und Nicht-Körperlichen Art mit den Angehörigen eurer physischen Familien.

Die ursprüngliche Absicht, die ihr hinsichtlich des gemeinsamen Erschaffens mit anderen Menschen hegtet, hatte nicht das Geringste mit Abhängigkeit zu tun. Ihr wusstet, dass durch die Vielzahl zwischenmenschlicher Beziehungen noch mehr wundervolle Ideen entstehen würden, und ihr wart von großer Vorfreude auf die neuen Ideen erfüllt, die aus diesen Beziehungen entstehen würden. Schon vor der Geburt des Kindes und sogar vor der Geburt der Eltern habt ihr euch bereits auf euren künftigen Austausch gefreut und wusstet um den Wert, der daraus entstehen würde.

In dem Wissen um eure Nicht-Körperliche Verbundenheit war euer Augenmerk vorwiegend auf eure Entfaltung gerichtet, und so blicktet ihr nicht zurück und suchtet auch nicht nach euren Wurzeln, nach Stabilität und Sicherheit. Ihr *wart* stabil und sicher.

**JERRY: Bringt es etwas, wenn wir bewusst über die Verbundenheit nachdenken, die wir mit unseren Eltern hatten, bevor wir geboren wurden?**

ABRAHAM:

Es hat keinen großen Wert, auf eure Nicht-Körperlichen Ursprünge zurückblicken zu wollen, weil sie für euch nicht greifbar genug sind, um sie in eurem körperlichen Zustand wirklich voll und ganz verstehen zu können, und da es für euch keinen richtigen Sinn ergibt, erweist es sich eher als Ablenkung von dem, was ihr in eurem körperlichen Jetzt beabsichtigt. Aber noch wichtiger ist, dass ihr durch den Austausch, den ihr in dieser physischen Raum-Zeit-Realität gemeinsam erfahren habt, machtvolle Wünsche hervorgebracht habt und dynamische Auslöser für die gegenseitige Entfaltung seid. Wenn ihr euch bemüht, mit der erweiterten Version eures Selbst in Harmonie zu gelangen, werdet ihr auch mit den erweiterten Versionen eurer Eltern in Harmonie gelangen – und die Harmonie, die daraus entsteht, wird euch enorme Zufriedenheit bringen. Und das alles könnt ihr durch den einfachen Vorgang erreichen, dass ihr am jeweils anderen nach positiven Aspekten Ausschau haltet und so viele Gründe wie möglich findet, euch wertzuschätzen.

## Gibt es in Familien wechselseitige Absprachen, die vor der Geburt getroffen wurden?

JERRY: Wenn unsere Beziehungen ewig sind, treffen wir dann bestimmte Absprachen mit unseren Eltern oder unseren Kindern, wie wir uns nach der Geburt verhalten wollen? Oder läuft das auf allgemeiner Ebene ab?

ABRAHAM:

In den meisten Fällen sind eure Absichten eher allgemeiner Natur und beruhen darauf, dass ihr eure Schöpferkraft und die *Gesetze des Universums* versteht, aber ihr wart ganz versessen darauf, die Sache anzugehen und tüchtig Staub aufzuwirbeln, den Gegensatz zu erfahren und zu erschaffen. Ihr saht eure Eltern als wundervollen Weg in die körperliche Erfahrung und als jemanden, der euch anfängliche Stabilität bietet, während ihr hinsichtlich des Erschaffens gewissermaßen noch mit den Armen rudert. Eure vorherrschende Absicht war es, in diesen physischen Körper einzutreten und euch in den Gegensatz zu vertiefen, und ihr wusstet, dass dies dazu führen würde, das Denken und Leben in Bereiche zu tragen, in denen sie vorher nie gewesen waren. Ihr gingt davon aus, dass eure Beziehungen mit euren Eltern und mit allen anderen Menschen euch eine wundervolle Grundlage für den Gegensatz und somit eine wundervolle Grundlage für das Bitten und somit eine wundervolle Grundlage für Entfaltungen bieten würden. Und ihr wusstet, dass die Details sich im Laufe des Lebens ergeben würden. Ihr versuchtet nicht, alles im Voraus festzulegen.

## Für wen tragen wir die größte Verantwortung?

JERRY: Wollt ihr damit sagen, dass die Verantwortung, die wir als Eltern gegenüber unserem Kind haben oder als Kind gegenüber unseren Eltern, sich nicht von der Verantwortung unterscheidet, die wir gegenüber irgendeinem anderen Menschen auf dem Planeten haben?

ABRAHAM:

Das wollen wir damit sagen. Ihr seid als gemeinsame Erschaffer mit *allen anderen* auf eurem Planeten in diese körperliche Erfahrung eingetreten.

## *Was könnten Eltern von Kindern lernen?*

**JERRY: Ist es bei Eltern genauso wie bei dem Lehrer, der oft vom Schüler lernt, während der Schüler vom Lehrer lernt? Lernen sie von ihren Kindern?**

ABRAHAM:

Wenn eine Frage in dir entsteht, bildet sich die entsprechende Antwort sofort in deiner Schwingungsrealität. Während du mitten in einem Problem steckst, bildet sich eine entsprechende Lösung in deiner Schwingungsrealität. Und so ist es nur natürlich, dass ihr bei eurem Austausch miteinander – zwischen Eltern und Kind, Lehrer und Schüler, von Person zu Person – auf Fragen und Probleme stoßt, die Antworten und Lösungen hervorbringen. Und so ist Lernen (oder das, was wir lieber *Entfaltung* oder *Ausdehnung* nennen) das Ergebnis jeder gemeinsam erschaffenen Erfahrung.

**JERRY: Dann lernen wir also, ohne es selbst zu merken?**

ABRAHAM:

Solange du keine Schwingungsmäßige Entsprechung zu dem bist, der du wirklich bist, solange du nicht in Schwingungsmäßiger Übereinstimmung mit der erweiterten Version deines Selbst bist, die in deinem Schwingungsstrudel existiert, kannst du dir deiner Entfaltung nicht bewusst sein. Deine Entfaltung ist konstant. Es steht dir frei, damit Schritt zu halten. Je besser du dich fühlst, desto besser hältst du mit deiner Entfaltung Schritt und desto mehr erkennst du diese Entfaltung an. Anders gesagt: *Der-der-du-wirklich-bist*, lernt dazu. Aber erst wenn du dich in dem Energiestrudel aufhältst, erkennst du, dass du lernst. Jede Erfahrung verleiht dir weiteres Wissen, ob du dir dessen bewusst bist oder nicht.

## Warum reagieren Geschwister auf ähnliche Einflüsse unterschiedlich?

JERRY: Mir ist aufgefallen, dass Geschwister, auch wenn sie dieselben Eltern haben, nicht als Kopien voneinander aufwachsen. Ein Kind kann gesund und glücklich werden und zu einem, wie ich es nenne, erfolgreichen Wesen heranwachsen, während sein Bruder oder seine Schwester aus derselben Familie ein sehr schmerzerfülltes Leben führen kann. Bedeutet das, dass der elterliche Einfluss, der doch bei beiden Kindern gleich ist, kein besonders wichtiger Faktor ist, wenn es darum geht, was aus den Kindern wird?

ABRAHAM:

Es ist nicht möglich, den anhaltenden Erfolg, den du *Glück* nennst, ohne das bewusste Streben nach Harmonie mit deinem Umfassenderen Nicht-Körperlichen Wesen zu bewahren. Manchmal löst ein Elternteil oder ein Lehrer die Entwicklung in eine bestimmte Richtung aus. Aber jeder wird mit dem Wunsch geboren, sich gut zu fühlen, und hat eine natürliche instinktive Neigung, diese Harmonie aufzusuchen.

Im Zentrum dieser Erörterung steht eigentlich die Einflussnahme, die diese natürliche Harmonie stört, denn Kinder bewegen sich auf ganz natürliche Weise in Richtung des Wohlgefühls und ihrer Harmonie mit der Quelle. Anders gesagt: Überließe man sie ihren natürlichen Instinkten, würden Kinder schneller zur Harmonie finden. Doch wohlmeinende, zurückhaltende Eltern unterdrücken oft diese natürlichen Impulse, indem sie sich Sorgen machen, was alles geschehen könnte, und indem sie ihre Kinder von deren eigenem *Leitsystem* wegführen.

*Im Gegensatz zu dem, was die meisten Eltern glauben, wird es ihrem Kind desto besser ergehen, je weniger sie sich um sein Wohlergehen bemühen, denn in Abwesenheit negativer Erwägungen und Sorge wird das Kind sich mit größerer Wahrscheinlichkeit auf seine Harmonie zubewegen.*

Doch um nun auf deine ursprüngliche Frage zurückzukommen: Oft ist das erste Kind, das wohlmeinenden und überfürsorglichen Eltern geboren wird, der Gegenstand von sehr viel mehr Aufhebens und sehr viel größerer Sorge und negativer Beeinflussung als die später geborenen Kinder.

Es gibt viele Faktoren, die darauf Einfluss nehmen, wie Kinder oder Menschen ganz allgemein sich fühlen, aber es gibt nur einen wirklich wichtigen Faktor, den ihr in Betracht ziehen müsst: *Harmoniert der Gedanke, den diese Person gerade aussendet, mit dem Gedanken der Quelle in ihr?* Das ist der Einfluss, den ihr ausüben solltet. Alle anderen Einflüsse sind zweitrangig. So, wie ein Korken, der unter Wasser gezogen und dann losgelassen wird, den direkten Weg zurück zur Oberfläche nimmt, werdet auch ihr, wenn ihr den Widerstand loslasst, den eure im Widerspruch zur Quelle befindlichen Gedanken hervorrufen, zur Klarheit und zum Glück, zum Erfolg und zum Wissen eurer Quelle zurückkehren.

## Müssen Kinder nach ihren Eltern kommen?

JERRY: Meine Mutter sagte immer zu mir: »Ach, Jerry, weißt du, du kommst ganz nach deinem Vater«, oder: »Du kommst ganz nach *meinem* Vater«, oder: »nach meinem Onkel«, und ich weiß noch, dass ich damit absolut nicht einverstanden war.

ABRAHAM:

Warum, glaubst du, war das so?

JERRY: Ich hatte nicht unbedingt den Eindruck, dass ich überhaupt nach jemandem kam, und außerdem schien es mir, dass sie das immer sagte, wenn sie ihre Missbilligung über mich zum Ausdruck bringen wollte.

ABRAHAM:

Genau das wollten wir dir bewusst machen. Der von dir empfundene Missklang rührte daher, dass die missbilligende Haltung deiner Mutter in dir einen Gedanken aktivierte, der ganz und gar nicht mit deinem *Inneren Wesen* übereinstimmte. Wenn deine Mutter auf einen Mangel an dir hinwies und ihn mit einem Mangel an jemand anderem verglich, um dich gewissermaßen zu kontrollieren, indem sie dir mit der Aussicht auf ein unglückliches Ende drohte, bot dein *Inneres Wesen* dir eine ganz andere Meinung von dir dar. Und deine negative Emotion wies dich auf das Missverhältnis hin. So funktioniert dein *Leitsystem*. Wann immer du eine negative Emotion spürst, heißt das, dass dein aktiver Gedanke (egal wie du auf ihn gekommen bist) nicht dem entspricht, was dein *Inneres Wesen* über dieses Thema weiß.

JERRY: Selbst heute taucht manchmal noch jemand auf, der wie damals meine Mutter einige dieser Mängel betont.

ABRAHAM:

Und du empfindest immer noch eine negative Emotion, wenn das geschieht, und das bedeutet, dass dein *Inneres Wesen* nach wie vor nicht mit den Worten deiner Mutter übereinstimmt.

## Müssen vererbte Charakterzüge meine zukünftigen Erfahrungen bestimmen?

JERRY: Aber gibt es denn nicht Charakterzüge, die wir an unsere Kinder weitergeben? Geben wir nicht auf die gleiche Weise, wie wir körperliche Merkmale vererben, auch andere Eigenschaften weiter?

ABRAHAM:

Woran denkst du dabei genau?

JERRY: An geistige Regsamkeit, körperliche Fähigkeiten, besondere Talente, Gesundheit ... Wie viel Kontrolle hat das alles über mich?

ABRAHAM:

Nichts muss dich negativ beeinflussen, aber wenn du negativ beeinflusst *wirst*, liegt es daran, dass du deinem aktiven Denken gestattest, von dem abzuweichen, was du wirklich willst.

Es ist weit verbreitet, dass negative *Erwartungen* von Generation zu Generation weitergereicht werden, aber wenn jemand den Missklang dieses negativen Denkens erkennt und begreift, dass die negative Emotion bedeutet, dass sein *Inneres Wesen* nicht damit übereinstimmt, kann er diese widerstrebenden Gedanken, die den Kern jeder Krankheit und negativen Erfahrung bilden, allmählich loslassen.

## Sollte man Eltern, die Missbrauch treiben, ihre Kinder nicht wegnehmen?

JERRY: Hätten die gegenwärtigen Regeln und Bestimmungen bereits Anwendung gefunden, als ich noch ein Kind war, wäre ich meinen Eltern wohl weggenommen und in ein Pflegeheim gebracht worden. Aber damals hat man es vermutlich irgendwie als die Art und Weise hingenommen, wie wir alle leben. Und so hatte ich, als ich heranwuchs und später darauf zurückblickte, nicht den Eindruck, als wäre meine Jugend besonders negativ verlaufen. Ich glaube, ich habe das Leben schon damals eher als ein Abenteuer betrachtet, als eine Lebensweise, voller Aufregung und Vielfalt.

Und so blickte ich nie zurück und machte meinen Eltern keine Vorwürfe dafür, wie schrecklich sie mich misshandelt hatten. Wir haben einfach alle gemeinsam erschaffen. Ich kannte meine Rolle, und sie kannten ihre

Rolle anscheinend auch. Aber heute leben wir in einer anderen Zeit, und die Misshandlung von Kindern ist ein großes Thema.

Meinem Eindruck nach gibt es viele Menschen, die sich selbst *bewusst* misshandeln, wenn sie Hockey oder Football spielen oder sich einem Boxkampf stellen … Ist es möglich, dass wir uns das alles selbst aussuchen und ich mich gewissermaßen dafür *entschieden* habe, mich von meinen Eltern so misshandeln zu lassen?

ABRAHAM:

Wir wissen deine Frage sehr zu schätzen, denn viele Menschen würden sich dagegen verwahren, dass es einen Zusammenhang zwischen Menschen geben könnte, die sich verprügeln lassen, indem sie an einem bestimmten Sport teilnehmen, und Kindern, die von ihren Eltern geschlagen werden – aber es gibt wirklich eine Ähnlichkeit.

*Die Menschen verstehen nicht, dass sie sich nicht für etwas entscheiden, indem sie sich etwas ansehen und schreien: »Ja, davon möchte ich auch etwas haben!« Ihr trefft eure Entscheidungen, indem ihr eure Aufmerksamkeit auf etwas richtet. In diesem Universum, das auf Anziehung beruht, braucht euer Blick nur auf etwas Unerwünschtes zu fallen, und schon löst eure Aufmerksamkeit darauf aus, dass seine Schwingung in euch aktiviert wird, und dann bringt das Gesetz der Anziehung mehr davon in eure Erfahrung.*

Selbstverständlich ist es absolut schrecklich, wenn ein Kind misshandelt wird, aber es ist ebenso schrecklich, wenn einem Kind nicht die Freiheit gelassen wird, der zu sein, der es wirklich ist. Und ihr sollt verstehen, dass in jedem Fall diejenigen, die jemanden misshandeln, egal wie schwer ihre Handlung auf eurer Skala des Unerwünschten wiegen mag, bei ihrer Tat unter der eigenen Unverbundenheit mit der Quelle leiden. Mit anderen Worten: Das Problem besteht nicht nur darin, dass das Kind von seinem Elternteil misshandelt wird, sondern der Erwachsene leidet dabei selbst unter einer Misshandlung – seiner fehlenden Verbundenheit.

Ein Kind vom körperlichen Missbrauch zu befreien ist unter solchen Umständen natürlich das Beste, aber dieses Vorgehen löst das Problem nicht. Vielmehr wird der Missklang, welcher der missbräuchlichen Behandlung zugrunde lag, durch die physische Entfernung des Kindes nur verschlimmert. Nun fühlt sich ein Elternteil, der sich als wertlos empfindet, noch wertloser und wird gewöhnlich, um sich besser zu fühlen, zu noch mehr Missbrauch greifen. Und oft fühlt sich das Kind, das durch die Erfahrung schon ganz ausgelaugt ist, noch unsicherer, weil ihm jetzt der Austausch mit jemandem verboten wird, den es doch eigentlich liebt.

Die Misshandlung von Kindern wird erst dann enden, wenn die Menschen verstehen, welche Emotionen sie spüren, und die Richtung kontrollieren können, in die ihre Gedanken gehen. Gewalt wird in all ihren Spielarten so lange Bestand haben, wie die Menschen sich selbst misshandeln – indem sie sich weigern, ihre eigene Verbundenheit mit dem, zu dem sie geworden sind, zu ihrem *Inneren Wesen,* zuzulassen.

Kinder sind anpassungsfähig und kehren leichter zur Verbundenheit mit der Quelle zurück als Erwachsene. In Abwesenheit eines Sozialarbeiters, der darauf hinweist, wie schlecht du behandelt wurdest, überlebst du die Misshandlung, schickst spontan Wünsche in deine Schwingungsrealität – und ziehst deinen Nutzen aus der Erfahrung. Und das können die Menschen am schwersten verstehen. »Warum sollte ein Kind sich freiwillig ein Zuhause aussuchen, in dem es misshandelt wird? Warum sollte ein liebender Gott so etwas zulassen?«

*Wir möchten euch daran erinnern, dass ihr nicht nach einem gepolsterten Nest, in dem ihr nur das Vollkommene beobachten könnt, Ausschau gehalten habt. Ihr wolltet Vielfalt und Vielgestaltigkeit und sogar Missklang. Ihr wolltet eine Gelegenheit, eine noch bessere Erfahrung zu machen. Ihr wusstet, dass ihr ein Schöpfer wart, und ihr wolltet Erfahrungen, die euch bei der Entscheidungsfindung helfen. Ihr lernt und entfaltet euch an jedem Tag eures Lebens. Nicht nur, wenn ihr Kinder seid.*

## *Würden Kinder ohne Androhung von Strafe Hausarbeiten verrichten?*

JERRY: Wie passt Bestrafung in das Gleichgewicht zwischen Eltern und Kindern? Damit bei den Details des physischen Lebens ein harmonischer Fluss gewährleistet ist, wie das Sauberhalten der Wohnung, das Hinausbringen des Mülls und so weiter – wie seht ihr da die Androhung von *Strafe*?

ABRAHAM:

Wir sind keine Befürworter von *Bestrafung,* weil das zu den Versuchen gehört, einander zu Handlungen zu *motivieren,* und wir haben noch nie erlebt, dass so etwas gut ausgeht. Wenn ein Elternteil den Wunsch nach einer aufgeräumten häuslichen Umgebung hat und sich ausmalt, seine Kinder lebten als harmonische Helfer im Haus, dann gibt es keine Schwingungsmäßige Trennung in diesem Elternteil, weil seine Wünsche und Erwartungen einander Schwingungsmäßig entsprechen. Und unter diesen Umständen würde er seine Kinder zu ihrer bereitwilligen Zusammenarbeit *anregen.* Wir würden zu einer solchen *Anregung* raten statt zu einer *Motivation.*

*Motivation* funktioniert eher folgendermaßen: Ein Elternteil erkennt, dass noch viel gemacht werden muss, und richtet seine Aufmerksamkeit auf die Kinder, die nicht helfen. Seine Beobachtung entspricht nicht seinem Wunsch, und so erfährt er einen Schwingungsmäßigen Missklang, der sich wie eine negative Emotion anfühlt. In seinem Frust oder Zorn stellt er ein Ultimatum mit der Aussicht auf *Bestrafung*, wenn nicht die sofortige Zusammenarbeit erfolgt. Das Kind ist zur Tat motiviert, weil es die negativen Folgen seiner Untätigkeit nicht wünscht. Aber durch seine fehlende Verbundenheit mit der Quelle ist es lustlos, achtet nicht auf sein Tun, leistet keine gute Arbeit, verabscheut, was es tun muss, und so weiter. Das ist ein weiteres perfektes Beispiel dafür, dass man nicht von »hier nach dort gelangen« kann.

*Wären wir Eltern oder jemand, der einen anderen zu positivem Verhalten anregen will, würden wir erst unsere Schwingungsarbeit verrichten. Wir würden uns auf unsere Quellenergie ausrichten, indem wir uns das erwünschte Ergebnis ausmalen und uns die Beteiligten als positive Gegenstände unserer Aufmerksamkeit vor Augen führen. Wir würden nicht zulassen, dass ein aktuelles unerwünschtes Verhalten unsere Aufmerksamkeit von ihnen ablenkt.*

Eine andere Art, es auszudrücken, ist: Lass nicht zu, dass deine Kinder, die nicht zur Zusammenarbeit bereit sind, dich von der Vision der hilfsbereiten glücklichen Kinder, die du auf deinem Schwingungskonto hast, ablenken. Wenn du in der Lage bist, an deiner Vision der Zusammenarbeit festzuhalten, und ihrer Untätigkeit, die dich von deiner Macht trennen will, keine Beachtung schenkst, werden sie schließlich den Sog des kraftvollen Einflusses der Verbundenheit spüren. Deine Kinder werden sehr kreativ werden und sogar nach Wegen suchen, die vorteilhaft für sie sind, statt über jede Kleinigkeit, die sie tun müssen, zu jammern, denn du hast sie davon überzeugt, dass es negative Folgen haben wird, wenn sie ihre Arbeit nicht tun.

## Muss Harmonie in der Familie auf Kosten der persönlichen Freiheit gehen?

JERRY: Wenn eine Familie zusammenlebt, ob nun eine kleine Familie mit einem Elternteil und einem Kind oder eine größere Gruppe von vierzehn Personen mit Eltern, Großeltern und Kindern, die alle in einem Haushalt leben, wie sollen sie eurer Meinung nach in einer Haltung gegenseitigen Respekts zusammenkommen, ohne ihre individuelle Freiheit zu verlieren? Muss nicht jemand das Sagen haben oder kann jeder frei handeln und seine eigenen Entscheidungen treffen und doch mit den anderen als eine Familie in Harmonie miteinander leben?

ABRAHAM:

Es ist jeder Gruppe möglich, unabhängig von ihrer Größe, in Harmonie miteinander zu leben, zu spielen und zu arbeiten, wenn die Einzelnen zuerst in Übereinstimmung sind mit *Denen-die-sie-wirklich-sind*. Und es muss nicht unbedingt jeder in der Gruppe mit seinem *Inneren Wesen* in Übereinstimmung sein, damit ihr in der Gruppe die Erfahrung von Harmonie machen könnt. Die Harmonie, nach der jeder in dieser Gruppendynamik sich sehnt, besteht in der Übereinstimmung mit seinem eigenen *Inneren Wesen,* und wenn die erreicht ist, und erst dann, kann sich die Harmonie mit anderen Menschen einstellen. *Jemand, der sich ständig in seinem eigenen Energiestrudel aufhält, wird selbst dann zur Harmonie mit anderen Menschen finden, wenn sie nicht zur Harmonie mit ihm finden.*

*Alles, was sich jemand ersehnt, ob es ein materieller Gegenstand ist, ein körperlicher Zustand oder eine harmonische Beziehung, will er nur aus einem einzigen Grund: Er glaubt, dass er sich besser fühlt, wenn er es hat. Hast du dir erst einmal bewiesen – indem du dich in Gedanken übst, die sich immer besser anfühlen, Listen mit positiven Aspekten machst, laut der Wertschätzung anderer frönst –, dass du die Harmonie mit deinem Inneren Wesen beibehalten und dabei in deinem Energiestrudel des Erschaffens bleiben kannst, wirst du auch in der Welt um dich herum Harmonie finden.*

Und wer wird das Sagen haben? Eine bessere Art und Weise, das auszudrücken, wäre wohl: Wer ist der Anführer dieser Gruppe? Und die Antwort auf diese Frage lautet: *Einer, der mit der Quelle in Harmonie lebt, ist machtvoller als Millionen, die das nicht tun. Und so wird derjenige zum Anführer werden, der am ehesten auf sein Inneres Wesen eingestimmt ist, auf seinen Energiestrudel der Schöpfung und auf die Macht, die Welten erschafft. Die Menschen fühlen sich naturgemäß zu anderen hingezogen, die einen klaren Verstand haben, stabil und glücklich sind.*

Wenn niemand im Haushalt diese Art von Ausrichtung aufweist, dann fällt die Führerschaft gewöhnlich dem Größten oder Stärksten oder auch dem Lautesten zu. Aber in einer Gruppe, in der niemand mit der Quelle in Harmonie ist, sehen wir keine echte Führerschaft.

Viele Menschen nähern sich dem Leben und der Führerschaft auf sehr rückwärtsgewandte Weise. Sie wollen, dass die Menschen sich so verhalten, wie es ihnen angenehm ist, weil ihrer Beobachtung nach das, was ihnen angenehm ist, auch diesen Menschen angenehm ist. Wir ermutigen euch dazu, eure Aufmerksamkeit auf *Gedanken* zu richten, die euch angenehm sind, selbst wenn es eigentlich nichts Angenehmes zu beobachten gibt, denn die ständige Abwesenheit von Widerstand und negativer Emotion wird dafür sorgen, dass ihr mit allem in Harmonie seid, was sich in eurem Energiestrudel befindet. Und in eurem Energiestrudel befindet sich eine sehr glückliche und harmonische Familie.

## *Welches Familienmitglied sollte das Sagen haben?*

JERRY: Hat in dieser Familie, von der wir sprechen, dann nicht jeder das Sagen?

ABRAHAM:

Das ist geradeso, als wolltest du fragen, wer die anderen kontrolliert, dabei hast du nur eine wahre Kontrolle, nämlich die über die Richtung deines Denkens.

Die meisten Menschen würden zur Antwort geben, dass die Größten oder die Mächtigeren das Sagen oder die Kontrolle haben, aber eure Geschichtsschreibung bestätigt das nicht, weil es dem *Gesetz der Anziehung* widerspricht. Jemand, der mit dem verbunden ist, der er wirklich ist, oder anders gesagt, jemand, der sich in seinem eigenen Schwingungsmäßigen Energiestrudel befindet, ist mächtiger als Millionen Menschen, die sich nicht in ihrem Energiestrudel befinden.

Du strebst nicht nach der Kontrolle über das Verhalten oder die Überzeugungen deiner Familie, sondern nach der Kontrolle über deine Fähigkeit, sie so zu sehen, wie du sie haben willst. Und wenn du Kontrolle über deine Gedanken erlangt hast und unablässig in Harmonie mit deiner sich ständig entwickelnden und entfaltenden Version *ihres* glücklichen und erfolgreichen Lebens bist, wird dein Einfluss auf sie so mächtig sein, dass andere, die dich beobachten, sich fragen werden, was für eine Magie du ausübst.

Wir möchten dich ermutigen, dir nicht länger Sorgen zu machen, was andere tun, und vielmehr nach Gedanken, Worten und Taten zu streben, die sich für dich gut anfühlen. Übe dich in der Schwingungsmäßigen Ausrichtung auf all die wundervollen Erfahrungen und Beziehungen, die du in deinen Energiestrudel des Erschaffens projiziert hast, dann wirst du bald feststellen, dass dich als Ergebnis deiner Schwingungsarbeit Harmonie umgibt.

## Eltern und Kinder – Harmonisieren oder Traumatisieren?

JERRY: Ich komme nicht umhin festzustellen, wie sich seit meiner Kindheit die Familiendynamik verändert hat. Meine Eltern waren zweifellos noch überzeugt, dass sie die Verantwortung für mich tragen. Ich glaube, meine Mutter tat viel von dem, was sie tat, aus dem Glauben heraus, dass es für mich das Beste sei, aber inzwischen ist für mich nach allem, was ich von euch gelernt habe, und durch die Prügel, die ich von ihr bezog, offensichtlich, dass sie meistens nicht mit ihrem eigenen *Inneren Wesen* in Harmonie war.

Erst kürzlich ging ich hier einen Flur entlang, und mir fielen eine Mutter und ihre Tochter auf. Das kleine Mädchen stand etwas abseits und schrie: »Nein!«

Und ihre Mutter sagte: »Oh?«

Und das kleine Mädchen sagte: »Nein!«

Und dann sagte die Mutter: »Oh, *du* willst uns also den Weg weisen?«

Und das kleine Mädchen sagte: »Ja.« Und dann kam das schmollende kleine Mädchen die Treppe herunter, während seine Mutter wartete, und führte seine Mutter dorthin, wohin es sie führen wollte.

Und ich dachte: *Das Pendel schlägt inzwischen ganz in die andere Richtung aus, als es das in meiner Kindheit tat*. Heute ist es nicht mehr ungewöhnlich, kleine Kinder zu sehen, die Forderungen an ihre Eltern stellen, und zu sehen, wie ihre Eltern diesen Forderungen nachgeben. Würdet ihr uns das bitte etwas näher erläutern?

ABRAHAM:

Wenn keine der beiden Personen, die sich in einer Situation gemeinsamen Erschaffens befinden, sich die Zeit genommen hat, sich auf die Macht ihres eigenen Energiestrudels auszurichten, befinden sich alle Beteiligten außerhalb ihres Energiestrudels. Derjenige, der sich am schlechtesten fühlt, ist gewöhnlich derjenige, der am wenigsten verbunden ist, und er nimmt die Situation dann in die Hand. Aber wenn man die Macht machtloser Personen messen will, ist das ein bisschen so, als wollte man eine verwirrte Person um Klarheit bitten. Daraus entsteht nichts Produktives, und alle sind unglücklich.

Aus unserer Sicht kann nur derjenige ein effektiver Anführer, ein effektiver Elternteil und Mentor sein, der sich ständig in seinem schöpferischen Energiestrudel befindet. Wenn du dir nicht die Zeit genommen hast, dich mit der Macht, der Klarheit und dem Wissen der Quelle zu verbinden, hast du als Anführer nichts zu bieten.

*Kinder lernen ihre Wutanfälle von Erwachsenen, die nicht verbunden und nicht in Harmonie sind.*

*Kinder lernen ihre Stabilität und Klarheit von Erwachsenen, die in Harmonie mit der Quelle sind.*

## Müssen Kinder von den Überzeugungen der Eltern geprägt werden?

JERRY: Oft werden wir schon in jungen Jahren Eltern und haben die Dinge noch nicht gelernt, die wir später im Leben wissen werden. Wie können wir unseren Kindern etwas beibringen, wenn wir es noch nicht gelernt haben?

ABRAHAM:

Oft erinnern sich eure Kinder noch an Dinge, die ihr bereits vergessen habt. Sie wissen noch, dass sie gut sind. Sie erwarten noch, dass sich für sie alles zum Positiven wendet. Sie sind immer noch in Schwingungsmäßiger Harmonie mit ihrem eigenen *Inneren Wesen.* Mit anderen Worten, deine Kinder befinden sich noch in ihrem Energiestrudel. Das ist einer der Gründe, warum sie oft nicht bereit sind, auf euch zu hören oder sich mit euch zu einigen, weil ihr sie in gewisser Hinsicht für ungeeignet erklärt. Hier eine weitere wichtige falsche Grundannahme:

**Falsche Grundannahme 21:** *Es ist meine Aufgabe als Elternteil, alle Antworten zu haben, damit ich meinen Kindern diese Antworten beibringen kann.*

Du wirst nie alle Antworten haben, denn du wirst nie alle Fragen gestellt haben. Du wirst ewig eine neue Bühne des Gegensatzes entdecken, die mehr zu beantwortende Fragen hervorbringt. Das ist ja gerade die Freude deines Ewigen Lebens, die Freude der Ewigen Evolution und Entfaltung und Entdeckung. *Worte lehren nichts. Es ist die Lebenserfahrung, die etwas lehrt. Deine Kinder sind nicht in diese Welt gekommen, um von deinen Worten zu lernen, vielmehr kamen sie in diese Welt, um von ihren eigenen Lebenserfahrungen zu lernen.*

Den größten Wert hast du für deine Kinder, wenn du die Beziehung zwischen deinem körperlichen Aspekt und deinem Nicht-Körperlichen Aspekt verstehst, wenn du dein eigenes *Emotionales Leitsystem* effektiv einsetzt und Tag für Tag daran arbeitest, deinem eigenen Energiestrudel so nahe wie möglich zu sein.

Wenn du dich nicht in deinem Energiestrudel befindest und dich deshalb auch nicht gut fühlst, gib nicht vor, dich *gut* zu fühlen. Sei authentisch. Lass deine Kinder wissen, dass du dir bewusst bist, nicht mit *Dem-der-du-wirklich-bist* in Harmonie zu sein, und demonstriere ihnen deinen Wunsch, diese Harmonie zu finden. Zeige ihnen die Prozesse, die du gelernt hast und die dir ein besseres Gefühl bereiten, und setze sie oft und öffentlich ein, bis du sehr erfahren darin bist, dich in deinen Energiestrudel zu begeben, wann immer du dich dafür entscheidest.

Wenn du vorgibst, glücklich zu sein, obwohl du es gar nicht bist, oder zuversichtlich, obwohl du dich fürchtest, rufst du in deinen Kindern nur Verwirrung hervor. Zeige ihnen durch die Klarheit deines bewussten Beispiels, wie gut dein Leben läuft, wenn es dir gelingt, die Schwingungsmäßige Kluft zwischen deinen beiden Schwingungsaspekten bewusst zu überbrücken. Lass sie wissen, dass du dich gut fühlen *willst,* und demonstriere ihnen, dass du dich gut fühlen *kannst,* wann immer du dich dafür entscheidest, ungeachtet dessen, was um dich herum geschieht.

Und am wichtigsten von allem: Mache deinen Kindern verständlich, dass du sie oder ihr Verhalten nicht als verantwortlich dafür betrachtest, wie du dich fühlst. Befreie sie von den unmöglichen Fesseln der Notwendigkeit, es dir recht zu machen – und führe sie dabei ihrem eigenen wundervollen *Leitsystem* zu.

## *Wer trägt die Schuld an dieser nicht intakten Familie?*

FRAGESTELLERIN: Meine Kindheitserfahrungen liefen darauf hinaus, dass meine Eltern schrien und brüllten und sich stritten und die Kinder geschlagen wurden. Ich wuchs in der tiefen Überzeugung auf, dass die Welt kein sicherer Ort ist und dass wirklich schlimme Sachen geschehen können. Und dann ging ich für fünf Jahre in Therapie und gelangte dadurch zu der Überzeugung, dass ich überhaupt keine Schuld an dem hatte, was mir widerfahren war, sondern dass ich das Opfer zweier außer Kontrolle geratener Elternteile war.

ABRAHAM:

Auch wenn der Therapeut nicht wollte, dass du dich für das, was dir widerfahren war, schuldig fühlst, ist es für dich nicht unbedingt wertvoller, die Schuld deinen Eltern zu geben, denn ob du nun *Schuldgefühle hast oder anderen die Schuld zuweist,* du bist immer noch außerhalb deines Energiestrudels, du bist immer noch nicht in Harmonie mit *Der-die-du-bist. Keine Schlussfolgerung ist zerstörerischer als die Überzeugung, dass du ein Opfer bist und dass andere die Macht haben, dir Schmerz und Leid zuzufügen.*

Nun wissen wir ja, dass es schwer zu verstehen ist, worauf wir hinauswollen, wenn du beispielsweise als Ergebnis der Handlungen eines anderen Schmerz und Leid erfahren hast. Und es gibt wichtige Faktoren, die erst erklärt werden müssen, bevor das Folgende einen Sinn für dich ergibt: Deine Eltern haben dich nicht geschlagen, weil du böse warst. Und deine Eltern haben dich auch nicht geschlagen, weil sie böse waren. Deine Eltern haben dich geschlagen, weil sie nicht in Harmonie waren und sich machtlos fühlten. Es ist nicht unlogisch, eigentlich sogar sehr logisch, wenn jemand von einem Gefühl der Machtlosigkeit zu einem Gefühl der *Vergeltung* oder des *Zorns* wechselt, denn auf der Schwingungsskala ist das ein Schritt in Richtung Harmonie.

Anders gesagt: Das Gefühl der *Machtlosigkeit* ist die Emotion, welche die größte Distanz zum Energiestrudel *Dessen-der-du-wirklich-bist*, anzeigt. *Vergeltung* ist näher dran, *Zorn* noch näher dran, *Kontra-Sein* ist noch näher dran an *Dem-der-du-wirklich-bist*, und *Frustration* noch sehr viel näher dran an *Dem-der-du-wirklich-bist. Hoffnung* ist noch um einiges näher dran, und jetzt bist du beinahe da – du bist beinahe innerhalb des Energiestrudels. Der *Glaube* an Wohlbefinden und das *Wissen* um Wohlbefinden befinden sich ebenso in diesem Energiestrudel wie *Wertschätzung, Liebe, Leidenschaft, Eifer* und alle Emotionen, die sich gut anfühlen.

Wenn du dich mitten in einer schrecklichen und unkontrollierbaren Situation wiederfindest, besteht deine Reaktion darin, dass du dich fürchtest. Und während du dich zusammenkauerst und weinst (eine absolut verständliche Reaktion), rufst du in deinen Eltern noch mehr von dem hervor, was du nicht willst. Es mag vielleicht schwer zu verstehen sein, aber hättest du dich geistig von dem Drama dieser Kämpfe entfernen und dich auf deine Spielsachen ausrichten können, wärst du in deinem Zimmer geblieben und nicht ein Teil des Schwingungsmäßigen

Mischmasches geworden, hätten deine Eltern dich aus dem Drama herausgelassen. Aber es ist nicht einfach, zu übersehen, was sich abspielt, und nicht emotional zu reagieren.

Das Gleiche traf auf deine Eltern zu. Zweifellos spielten sich unerwünschte Dinge in ihrem Leben ab, die sie nur unter Mühen ignorieren konnten und die bewirkten, dass sie in immer mehr unerwünschte Situationen gerieten. Wenn jemand unglücklich ist (und oft durchaus entschuldbar), entwickelt sich häufig eine Art Kettenreaktion des Schmerzes, indem sie aufeinander einschlagen, worauf sie auf andere einschlagen, die wiederum auf andere einschlagen ...

Die meisten Menschen, die an einer solchen Kettenreaktion des Schmerzes beteiligt sind, ob nun Kinder oder Erwachsene, gelangen aufgrund des unangenehmen Lebens, das sie führen, zu dem Schluss, dass sie nichts wert sind und dass nichts Gutes zu ihnen kommen kann. Und weil sie so empfinden, widerfährt ihnen auch genau das.

Und dann verbringen die meisten, auch wenn sie in Therapie gegangen sind, einen großen Teil ihrer Zeit damit, herauszufinden, welches Verhalten der beteiligten Parteien denn nun richtig und welches falsch gewesen ist. Kinder geben sich selbst die Schuld, Kinder geben ihren Eltern die Schuld, Eltern geben sich selbst die Schuld, Eltern geben ihren Kindern die Schuld, und so geht es immer weiter mit dieser Kettenreaktion des Schmerzes.

Erst wenn du bereit bist, einen Gedanken zu finden, irgendeinen Gedanken, der dir ein Gefühl der Erleichterung verschafft, kannst du beginnen, die *Emotionale Skala* in Richtung der *Liebe* und *Wertschätzung* zu erklimmen, die für denjenigen steht, der du wirklich bist. Und nur aus diesem Energiestrudel heraus kannst du voll und ganz die Erfahrung, Entfaltung und das Verständnis schätzen lernen, zu dem all das bei dir geführt hat.

Die meisten Menschen glauben, dass sie nach jemandem suchen, der sie liebt, und sie glauben auch, dass ihre Eltern die Pflicht haben, sie zu lieben. Aber *verzweifelte* Eltern, weit weg von ihrem Energiestrudel des Wohlbefindens, können keine Liebe geben. Und so nimmt das Kind an, nicht geliebt zu werden, weil etwas mit ihm nicht stimmt, statt zu verstehen, dass seine Eltern es nicht lieben, weil sie nicht in Harmonie mit der Liebe sind.

Abermals müssen wir sagen, dass Menschen ständig an den falschen Orten nach der Liebe suchen. Suche in deinem Energiestrudel danach, wende dich an dein erweitertes Du, suche in deiner Quelle und strebe nach dem Besitz der Liebe. Sie ist immer für dich da, aber du musst die Schwingungsmäßige Harmonie mit ihr in dir finden. Du musst deine Schwingungsfrequenz auf Liebe einstimmen – dann wird dein Energiestrudel dich umhüllen, und du wirst von Liebe umgeben sein.

## *Wie sollen Babys unerwünschte Erfahrungen »anziehen« können?*

FRAGESTELLERIN: Aber wie zieht man schreckliche Erfahrungen an, wenn man erst neun Monate alt ist?

ABRAHAM:

Auch wenn du in deinem physischen Körper erst neun Monate alt bist, bist du doch ein sehr alter und weiser Schöpfer, der sich in diesem Babykörper fokussiert hat. Und du kamst mit machtvollen Absichten, um den Gegensatz zu erfahren und spontan zum Zwecke der Entfaltung Wünsche in deine Schwingungsrealität auszusenden.

*Die Menschen nehmen oft an, dass ein Kind, nur weil es noch keine Worte äußern kann, nicht der Schöpfer seiner eigenen Erfahrungen sein könnte, aber wir versprechen dir hoch und heilig, dass kein anderer deine Erfahrung erschafft. Vom Augenblick ihrer Geburt an gehen von Kindern Schwingungen aus – die der Grund dafür sind, was sie anziehen.*

Die meisten Kinder werden in Situationen hineingeboren, die ihrer natürlichen Neigung, in Harmonie mit ihrem eigenen Energiestrudel zu bleiben, nicht förderlich sind. Die meisten Kinder werden von denjenigen, die sie umgeben, in den ersten Tagen ihrer körperlichen Erfahrung nicht aus ihrem Energiestrudel geholt, doch manchmal hattest du, wenn du mit einer machtvollen Absicht, das Wohlbefinden zu lehren, in die körperliche Erfahrung gekommen bist, schon vor deiner Geburt die Absicht, dich von klein auf einem Gegensatz auszusetzen, der deinen Wunsch bereits früh in deiner körperlichen Erfahrung anregt, weil dir die Macht des Verlangens klar war, das sich aus deinen Erfahrungen ergeben würde. Wenn du wirklich weißt, was du *nicht willst*, bittest du mit größerer Klarheit um das, was du *willst* – und als Ergebnis dessen dehnt sich dein Energiestrudel schnell aus.

In deiner Nicht-Körperlichen Perspektive vor deiner Geburt war dir auch klar, dass der wahre Ursprung von Unbehagen, negativen Emotionen oder Krankheiten, aller unerwünschten Dinge, die fehlende Harmonie mit deinem Energiestrudel ist, die fehlende Harmonie mit *Dem-der-du-wirklich-bist*.

Und so sind alle Wesen, die in physische Körper eintreten, eigentlich ziemlich versessen darauf, schon früh Erfahrungen des Gegensatzes zu machen, um spontan Wünsche in ihre Energiestrudel des Erschaffens aussenden zu können, denn je kraftvoller sich der Energiestrudel dreht, desto lauter ertönt der Ruf der Quelle. *Alle Nicht-Körperlichen Wesen wissen, dass mit zunehmender Stärke des Wünschens auch das Gewahrsein des Widerstandes zunimmt, und da Widerstand das Einzige ist, was jemals freudiges Erschaffen vereiteln kann, heißt es: Je größer das Gewahrsein, desto besser.*

Wir verstehen, dass, wenn du noch immer außerhalb deines Energiestrudels stehst, nicht verbunden mit dem mächtigen Wesen, das aus dem Gegensatz, den du gelebt hast, entstand, keine dieser Erklärungen dich zufriedenstellen wird. Aber wir versprechen dir, dass du nur nach mehr Gründen Ausschau zu halten brauchst, um dich gut zu fühlen, dass du nur zu versuchen brauchst, deinen Eltern oder denjenigen, die dir wehgetan oder dich verraten haben, die zweifelhaften Umstände günstig auszulegen, dass du dich nur in deinen Energiestrudel hineinzubewegen brauchst, damit du verstehst. Denn wenn du mit deinem sich entwickelnden und entfaltenden Anteil verschmilzt, umgeben von der Schwingungsmäßigen Entsprechung all dessen, worum du gebeten hast und zu dem du Schwingungsmäßig geworden bist, dann wirst du niemandem mehr grollen, der dir half, das zu erreichen. Vielmehr wirst du den Anteil, den er an deiner freudigen Entfaltung und Ausdehnung spielte, sehr zu schätzen wissen.

## *Warum werden manche Kinder autistisch geboren?*

JERRY: Was sollte ein Kind dazu veranlassen, mit einer unerwünschten körperlichen Krankheit geboren zu werden? Zum Beispiel scheint es eine fast epidemische Anzahl von Kindern zu geben, die mit der Krankheit namens *Autismus* geboren wird. An welchem Punkt vor seiner Geburt könnte ein Baby Gedanken an Mangel hegen?

ABRAHAM:

Aus deiner körperlichen Perspektive erinnerst du dich oft nicht an den enormen Wert von Gegensatz und Unterschied, während er aus deiner Nicht-Körperlichen Perspektive vor deiner Geburt oft ein sehr wichtiger Faktor in den Entscheidungen ist, die du triffst. Viele Eltern und Lehrer, die den Wert von Gegensatz und Unterschieden vergessen haben, verspüren den starken Wunsch, dass ihre Kinder »sich einordnen«, was zu einem wirklich beunruhigenden epidemischen Ausmaß an Gleichförmigkeit geführt hat. Und daher treten viele Wesen in die physische Erfahrung mit der ausdrücklichen Absicht ein, genügend anders zu sein, sodass sie nicht in die Gleichförmigkeit gelenkt werden können. Alle Nicht-Körperlichen Wesen, die in die physische Erfahrung eintreten, sind klar und gespannt und sich sicher, und sie kommen niemals aus einer Position des Mangels. Ohne Ausnahme.

# Teil V

# Selbstschätzung und das Gesetz der Anziehung: Wertschätzung, der »magische« Schlüssel zu deinem Energiestrudel

## Wertschätzung, dein Schlüssel zum Energiestrudel

Wir haben unseren Austausch mit dir, bei dem wir unser Wissen über das Universum, die *Gesetze des Universums* und die wichtige Rolle, die ihr darin spielt, darlegten, sehr genossen. Stets ist es unsere vorrangige Absicht, wenn wir uns mit unseren physischen Menschenfreunden austauschen, euch bei der Erinnerung daran zu helfen, wer ihr eigentlich seid, damit ihr die Fülle der Wertschätzung erfahren könnt, die euch in dieser freudigen Ewigen, Universellen Schöpfung entgegengebracht wird.

*Das ist ein wichtiger Tanz, den wir miteinander aufführen, wenn wir im Gespräch zwischen der körperlichen und der Nicht-Körperlichen Perspektive hin und her wechseln, denn beide Perspektiven sind Bestandteil des Ganzen. Die Perspektiven des Körperlichen wie des Nicht-Körperlichen sind beide wesentlich für unsere Ewige Entfaltung, doch die größte*

*Einsicht, die wir euch in diesem Buch bieten, und das bedeutendste Wissen, das ihr jemals erwerben werdet, ist die Integration dieser beiden Schwingungspositionen.*

Eure körperliche Betrachtungsweise ist für euch auf spektakuläre Weise zwingend, während ihr die Details über eure physischen Sinne entschlüsselt und erforscht. Der Gegensatz eurer taktil, sinnlich und olfaktorisch erfahrbaren Erdumgebung in all ihrer Detailliertheit und Lebendigkeit veranlasst euch, eure Welt zur »Realität« zu erklären. Und wirklich leistet euch und *Allem-was-ist* die Aufmerksamkeit, die ihr auf eure physische Welt richtet, sehr gute Dienste. Aber das, was ihr mit euren körperlichen Sinnen hier auf eurem erstaunlichen Planeten, in eurer erstaunlichen Galaxis, in eurer erstaunlichen Raum-Zeit-Realität herausfindet, ist noch lange nicht die ganze Geschichte der Realität, denn all dies, all das, was ihr seht, ist nur ein Wegbereiter dessen, was kommen wird, eine Absprungfläche in eine noch freudigere Realität und ein noch freudigeres Werden.

Wenn Menschen die Wunder ihrer Galaxis und ihres Planeten beobachten und darüber spekulieren, dass sie irgendwie von Nicht-Körperlichen Kräften in Gang gesetzt wurden, sind ihre Einsichten und Erklärungen zwar dürftig, aber im Wesentlichen haben sie recht: *Eure körperliche Welt ist eine Erweiterung und Entfaltung der Nicht-Körperlichen Energie und Schöpfung. Alles, was ihr jetzt seht, wurde aus der bewussten Aufmerksamkeit der Quellenergie geschaffen.*

Die Schöpfungsgeschichte deiner Person und der Welt handelt nicht von etwas, was einst geschah – sondern von etwas, was *immer* geschieht. Die Quellenergie, die eure Welt erschuf, strömt dir weiter zu, durch dich hindurch und setzt die Schöpfung und Ausdehnung des Universums fort.

Die Menschen weigern sich in ihrer Bescheidenheit oft, ihre wichtige Rolle bei der ständigen Entfaltung von *Allem-was-ist* zu akzeptieren, und deshalb bieten wir euch dieses Buch an. Es ist unser Wunsch, in euch die Erinnerung daran zu wecken, wer ihr wirklich seid und warum ihr hier seid. Wir wollen euch helfen, zum Wissen eurer Schöpferkräfte zurückzukehren. Wir wollen, dass ihr die Vorteile der wichtigen Arbeit nutzt, die ihr in euren physischen Körpern leistet. Wir wollen, dass ihr in den Energiestrudel zurückkehrt.

Dass ihr euch körperlich der physischen Welt aussetzt, versorgt euch mit dem Gegensatz, der erforderlich ist, damit ihr eure Auffassungen und Wünsche darüber bilden könnt, wie das Leben besser sein könnte. Und auch wenn ihr es nicht erkennt und euch dessen oft auch nicht bewusst seid, sendet ihr eure Wünsche nach Verbesserung als spontane Schwingungen aus, als Boten eures Verlangens. Sie steigen auf die gleiche Weise in die Schwingungsatmosphäre auf wie Raketen, die euer Planet erschaffen hat, und werden von der Quelle der Energie empfangen, die Welten erschafft, derselben Quellenergie, die der Ursprung von *Allem-was-ist* ist. Und diese Ideen, Bitten und Wünsche werden verstanden und schon im Augenblick ihres Entstehens beantwortet.

Den meisten Menschen ist weder der Start der Raketen noch der Empfang durch die Quelle und ihre Antwort bewusst, aber genauso entsteht die machtvolle neue Schöpfung. Manche Menschen verstehen, wenn sie über diese Worte nachdenken, die Logik in der ewigen Natur der Schöpfung. Viele akzeptieren, dass die Schöpferkraft noch existiert und dass die Entfaltung auch weiterhin andauert. Doch der Teil, der von unseren Menschenfreunden am häufigsten missverstanden oder übersehen wird, ist der, dass ihr dadurch, dass ihr euer körperliches Leben lebt und diese Raketen der erwünschten Ausdehnung abfeuert, nicht nur eine sich ausdehnende Welt erschafft - sondern auch ein sich ausdehnendes Selbst.

Wenn ihr Krankheit beobachtet, an euch selbst oder einem anderen, schickt ihr einen neuen Schwingungswunsch nach Gesundheit aus, den die Quelle empfängt und beantwortet. Wenn der Gegensatz eurer Welt euch Korruption oder Ungerechtigkeit offenbart, schickt ihr einen neuen Schwingungswunsch nach Fairness und Gerechtigkeit aus. Wenn jemand unhöflich zu euch ist, bitten eure Raketen um nettere Erfahrungen. Wenn ihr nicht genug finanzielle Mittel habt, bitten eure Raketen um mehr. Und mit jeder Bitte und jedem Wunsch, die ihr tagaus, tagein aussendet, bildet sich ein Schwingungskonto, eine Schwingungsrealität. Euer Umfassenderer Nicht-Körperlicher Anteil, der

Anteil von euch, der schon vor eurer Geburt existierte, der Anteil von euch, der im Nicht-Körperlichen existiert, während ihr im Körperlichen fokussiert seid – die Quelle in euch (euer *Inneres Wesen*) beantwortet nicht nur die Bitte um Verbesserung, sie *wird* zur Verbesserung.

Es fällt den Menschen oft schwer, sich einen Schöpfer oder eine Kraft oder den Prozess vorzustellen, durch den so etwas Erstaunliches wie euer Planet, der in vollkommener Nähe zu anderen Planeten auf seiner Umlaufbahn kreist, entstanden sein könnte. Und doch, auch wenn ihr es nicht versteht und nicht einmal ansatzweise erklären könnt, tragt ihr, jeder Einzelne von euch, durch das Leben, das ihr führt, zur Entfaltung und Ausdehnung all dessen bei und schickt Raketen in die Schwingungsrealität, die physische Bewohner eines Tages voll und ganz begreifen werden.

Wir haben dieses Buch geschrieben, weil wir eure Aufmerksamkeit auf die Schwingungsrealität lenken wollen, die ihr im Begriff seid zu erschaffen. Wir wollen, dass ihr euch eures Energiestrudels der Erschaffung bewusst seid, und am allerwichtigsten ist: Wir wollen, dass ihr einen Weg findet, durch die absichtsvolle Ausrichtung eurer eigenen bewussten Gedanken zu einer Schwingungsmäßigen Entsprechung der Inhalte eures wirbelnden Schwingungsstrudels der Erschaffung zu werden, denn jeder Wunsch, der bisher in euch entstand, existiert dort, so wie ihr ihn euch erträumt habt, und wartet darauf, dass ihr mit ihm harmoniert.

Alles, was ihr seht, was jetzt körperlich greifbare, sichtbare und hörbare *Realität* ist, wirbelte vorher in einem Schwingungsstrudel des Erschaffens, denn erst ist der *Gedanke,* dann die *Gedankenform* und dann die *Realität,* wie ihr sie in eurer physischen Welt kennt. Euer umfassenderer Teil hat eure Träume, Wünsche und Ideen der Verbesserung empfangen, und wenn dieser ältere, größere und weisere Teil in euch sich ganz auf eure Bitten ausrichtet und keinen wie auch immer gearteten Widerstand aufbaut, reagiert das machtvolle *Gesetz der Anziehung.* Dann werden alle zusammenwirkenden Komponenten (alle Komponenten mit derselben Schwingungsfrequenz) in diese wirbelnde Schwingungsrealität hineingezogen, in diesen Vorläufer der physischen Realität, die euch jetzt zur Verfügung steht. Nur eines ist erforderlich, damit diese Schwingungsrealität in einem materiellen Sinn real werden und sich in Dingen und Erfahrungen manifestieren kann, die ihr sehen, hören, riechen, schmecken und berühren könnt: *Ihr müsst in den Energiestrudel eintreten!*

Wenn dein Partner dich in seiner Frustration anschreit und du dich unter der Abwesenheit von Liebe, die er dir gerade entgegenbringt, windest, entsteht in dir spontan der Wunsch, respektiert zu werden, geliebt zu werden, der Wunsch nach einem Partner, der sich besser fühlt, der Wunsch nach einem Partner, der dich liebt. Und *klick-klick-klick* werden diese Bitten empfangen und in deinen Schwingungsstrudel des Erschaffens integriert. Und nun reagiert das *Gesetz der Anziehung* auf diese wirbelnde Schöpfung und zieht alle zusammenwirkenden Komponenten hinein – und dein neuerlich veränderter Schöpfungsstrudel entfaltet sich. Aber es gibt eine sehr wichtige Frage, die du bedenken solltest: *Bist du in diesem Augenblick eine Komponente, die mit den anderen zusammenwirkt? Befindest du dich im Energiestrudel?*

- Wenn du dich über den verbalen Missbrauch durch deinen Partner noch immer vor Unbehagen windest – befindest du dich nicht im Energiestrudel.
- Wenn du deiner Freundin erzählst, was geschehen ist, und dabei die ganze Zeit deine Unschuld beteuerst – befindest du dich nicht im Energiestrudel.
- Wenn du dich nach der Zeit sehnst, als er dich besser behandelte – befindest du dich nicht im Energiestrudel.
- Wenn du loslässt und dich daran erinnerst, wie es sich anfühlte, als du beschlossen hast, ihn zu heiraten – befindest du dich im Energiestrudel.
- Wenn du seinen Ausbruch nicht persönlich nimmst und dich auf andere positive Aspekte deiner Erfahrung ausrichtest – befindest du dich im Energiestrudel.
- Wenn du dich schrecklich fühlst – befindest du dich nicht im Energiestrudel.

- Wenn du dich besser fühlst – bist du deinem Energiestrudel näher.

Ein einfacher Weg, den Energiestrudel zu verstehen, besteht darin:

- Vor deiner Geburt in diesem physischen Körper befandest du dich im Energiestrudel (es gab dort keinen widerstrebenden Gedanken).
- Ein Teil des Bewusstseins, das du warst, ist nun in deinem körperlichen Selbst fokussiert, das du als *Du* kennst.
- Der Gegensatz deines Lebens veranlasst dich, Wünsche nach mehr Entfaltung in deinen Energiestrudel zu schicken, in dem dein größerer Nicht-Körperlicher Anteil existiert.
- Der Energiestrudel, der nur deine positiven Bitten um Verbesserung und Entfaltung enthält, enthält keine Gedanken, die Verbesserung und Entfaltung widersprechen.
- Das *Gesetz der Anziehung* reagiert auf die reine, widerstandsfreie Schwingung deines Energiestrudels und versammelt alle zusammenwirkenden, sich Schwingungsmäßig entsprechenden Komponenten, die nötig sind für die Vollendung der Schöpfung.
- Du bist eine der Komponenten deiner Schöpfung.
- Tatsächlich *bist du die Schöpfung.*
- Die einzige Frage lautet also: *Bist du in deinem physischen Format gerade eine Schwingungsmäßige Entsprechung zu deiner Schöpfung?* Oder bist du es nicht?
- Und die Art, wie du in dem Moment empfindest, in dem du dich auf das Thema Schöpfung ausrichtest, gibt dir die Antwort.
- Wenn du zornig bist, bist du keine Schwingungsmäßige Entsprechung – und du befindest dich nicht im Energiestrudel.
- Wenn du Wertschätzung und Anerkennung empfindest, bist du eine Schwingungsmäßige Entsprechung – und dann befindest du dich im Energiestrudel.

*Der Schlüssel dazu, in deinen Schwingungsstrudel des Erschaffens zu gelangen, die absolute Abwesenheit von Widerstand zu empfinden, die vollkommene Harmonie mit allem, wozu du geworden bist, und mit allem, was du dir wünschst, zu erreichen, und alles, was du dir wünschst, in deine körperliche Erfahrung zu bringen, besteht darin, im Zustand der Wertschätzung und Anerkennung zu sein. Und es gibt keinen wichtigeren Gegenstand der Aufmerksamkeit, dem du deine Anerkennung zufließen lassen kannst, als dein Selbst. Diejenige gedankliche Gewohnheit oder Überzeugung, die die meisten Menschen von ihrem Energiestrudel des Erschaffens fernhält, mehr als alle anderen Gedanken zusammen, ist der Mangel an Selbstschätzung.*

## Warum sollte jemand sein Selbstvertrauen verlieren?

JERRY: Also, ich rede wohl normalerweise über meine Erfahrungen, weil ich mir bei ihnen am ehesten sicher bin, was geschehen ist und wie ich mich dabei fühlte. Ich weiß noch, dass ich als kleines Kind sehr viel Selbstvertrauen hatte. Ich habe nicht gefremdelt. Ich hatte den Eindruck, schlichtweg alles zu können. Doch dann begann ich im Laufe der Jahre die Kritik der anderen zu akzeptieren, und ich begann mich selbst zu kritisieren, sodass ich dieses Selbstvertrauen verlor. Ich wurde beinahe introvertiert.

Wenn ich heute Kinder sehe, die als kleine Draufgänger und mit starkem Selbstbewusstsein daherkommen, erinnere ich mich, genauso empfunden zu haben. Doch dann sehe ich, wie sie nach und nach, wie ich es nenne, zurechtgestutzt werden, wie ihr Selbstbewusstsein nachlässt. Könntet ihr uns bitte näher erklären, warum uns dieses Selbstbewusstsein abhanden kommt und wie wir das verhindern können? Und wie können wir anderen zu mehr Selbstbewusstsein verhelfen?

ABRAHAM:

Du hast recht, nur durch deine eigenen Erfahrungen kannst du wirklich etwas verstehen, und deshalb: Dein Leben hat bewirkt, dass du dich entfaltest, dass du spontane Wünsche in deinen Schwingungsstrudel des Erschaffens schickst, doch wahres Wissen oder Einsichten erfährst du nur, wenn du dir erlaubst, mit diesen Wünschen Schritt zu halten und zu verschmelzen. Kein Wissen kann jemals erlangt werden, indem du versuchst, mit Wünschen Schritt zu halten, die andere ausgeschickt haben. Deshalb können Worte dir nichts beibringen. Einzig die Lebenserfahrung bringt dir etwas bei.

Deshalb warst du anfangs auch so enorm unabhängig: Du wolltest nicht die Worte anderer statt der Dinge, du wolltest selbst Erfahrungen sammeln, deine eigenen Entscheidungen treffen, deine eigene Freiheit der Wahl. Keiner dieser Wünsche wird jemals geringer oder erlischt. Vielmehr werden sie größer! *Der Grund, warum das Draufgängertum, mit dem du geboren wirst, gewöhnlich verschwindet, liegt darin, dass du zulässt, von deinem Energiestrudel entfernt zu werden. Mit anderen Worten: Du lässt dich überzeugen, dass es wichtiger ist, darauf zu achten, wie sie sich fühlen, als wie du dich fühlst.*

Jedes Gefühl, das du hast, ist ein Hinweis auf deine Beziehung zu deinem Energiestrudel. Wenn du dich selbstbewusst fühlst, bedeutet das, dass dein gegenwärtiger Gedanke eine perfekte Entsprechung zu der Art ist, wie die Quelle in dir, aus deinem Energiestrudel des Erschaffens heraus, dich empfindet. Wenn dir etwas peinlich ist, bedeutet das, dass dein gegenwärtiger Gedanke nicht der Art entspricht, wie die Quelle in dir dich empfindet. Wenn also ein Elternteil oder Lehrer oder ein Freund eine Haltung der Missbilligung auf dich projiziert (um ein Verhalten in dir hervorzurufen, das ihm lieber ist), darfst du auf seine Missbilligung nicht dadurch reagieren, dass du deine Gedanken, Worte oder Verhaltensweisen änderst, denn dann würdest du dich von deiner wahren Führung und von deiner wahren Quelle des Selbstbewusstseins entfernen.

Und dadurch wird nicht etwa dein Selbstbewusstsein *untergraben,* vielmehr unterbindest du, dass es unablässig gestärkt wird. Wenn du nach Billigung durch diese Person strebst, wirst du von deinem Ursprung der Quellenergie, ihrer ständigen Erneuerung, abgelenkt. Wieder »suchst du an all den falschen Orten nach Liebe«.

Willst du jemandem Auftrieb verleihen, musst du ihn zu seinem eigenen Ursprung der Stärkung führen. Es hilft niemandem, wenn du ihn bittest, auf deine Billigung oder Missbilligung zu reagieren. Viele Menschen glauben, dass man anderen Auftrieb verleihen sollte, indem man sie mit seiner Billigung überschüttet. Aber wenn sie sich dann an dich wenden, damit du ihr Sein erneuerst, und du musst deine Aufmerksamkeit gerade etwas anderem zuwenden, werden sie Probleme bekommen. Oder wenn sie sich an dich wenden und du bist selbst nicht mit deinem eigenen Strom der Erneuerung verbunden, sodass du ihnen nichts geben kannst, werden sie ebenfalls Probleme bekommen. Aber wenn du ihnen hilfst zu verstehen, dass sie eine Quelle der Erneuerung haben, die von allen Menschen unabhängig ist, und dass sie nur das Wesen ihres eigenen Energiestrudels des Erschaffens zu verstehen und sich oft darauf auszurichten brauchen, hast du ihnen wahren Auftrieb verliehen, der ihnen für den Rest ihres Lebens ganz unabhängig dienen wird.

## *Was ist der erste Schritt zur Selbstschätzung?*

JERRY: Ich erinnere mich noch an all das Negative, das mir entgegengehalten wurde, und wie ich kritisiert wurde, was bewirkte, dass ich mich richtig schlecht fühlte, aber ich erinnere mich auch an meinen Großvater, der mir enormen Auftrieb verlieh. Es gab Lehrer, die mir immer wieder Dämpfer verpassten und mich zu demütigen versuchten, die mich in Verlegenheit brachten und heruntermachen wollten, aber ich hatte damals auch einen Rhetoriklehrer, Mr Hanley, der mich aufbaute und dem es gelang, dass ich mich richtig gut fühlte. Ich weiß noch, wie die Leute in der Turnhalle sich über mich lustig machten, aber mein Turnlehrer Mr Piers richtete mich enorm auf. Ich erinnere mich, an den Teenager-Programmen der Kirche teilgenommen zu haben, und an den Chor und die Pfadfinder, aber in der Kirche wurden alle anderen Kirchen und der ganze Rest der Welt so sehr kritisiert, dass ich dort einfach nur wegwollte. Ich wollte in meinem physischen Körper von dort weg. Aber nun höre ich von euch, dass es nicht um Aktivitäten geht, wenn wir etwas hinter uns lassen wollen. Wir müssen uns nicht an die anderen Lehrer oder Familienmitglieder wenden, um uns Auftrieb oder Selbstbewusstsein zu verschaffen, auch wenn das hilft. Wie können wir diesen Auftrieb direkt in uns selbst finden, egal was sich um uns herum abspielt?

ABRAHAM:

Durch die Beispiele in deinem Leben hast du gerade auf das Problem hingewiesen, das sich ergibt, wenn du dich an andere wendest, um dich gut zu fühlen. Befand sich jemand im Zustand der Wertschätzung und war deshalb mit der Quelle und seinem Energiestrudel in Harmonie, mit der Reinen Positiven Energie, die Welten erschafft, als du der Gegenstand *seiner* Aufmerksamkeit warst, dann spürtest du, wie sein Blick dich *erhob*. Aber machte jemand, der nicht in seinem Energiestrudel war, nicht in Harmonie mit der Quelle, dich zum Gegenstand seiner mangelbehafteten Aufmerksamkeit, dann spürtest du, wie sein Blick dich *nicht* erhob. Es ist diese Unbeständigkeit der Reaktionen, welche du von anderen erfährst, die nach und nach dein Selbstbewusstsein untergraben.

Dein Energiestrudel des Erschaffens, die Quelle in dir, dein *Inneres Wesen* sind unbeirrbar und zuverlässig. Bahnst du dir deinen Weg zu deinem Energiestrudel des Erschaffens durch die Gedanken, die du wählst, wirst du dich immer erneuert fühlen. Für ein ausgewogenes Leben guter Gefühle ist es nötig, dass du oft zur Quelle zurückkehrst und von ihr trinkst.

## *Wie wirkt sich das Gesetz der Anziehung auf den Wettbewerb aus?*

JERRY: Betrachtet ihr Konkurrenz und Wettbewerb als hilfreich oder nicht? Als ich Teenager war, fühlte ich mich jedes Mal, wenn ich jemanden sah, der einen spektakulären Sprung von einem Sprungbrett machte, inspiriert, etwas noch Besseres zu zeigen. Oder wenn ich einen Jongleur sah, der mir in irgendeiner Hinsicht die Schau stahl, dann versuchte ich beim Jonglieren Techniken zu entwickeln, die kein anderer draufhatte. Ich hatte den Eindruck, dass ich mich durch den Vergleich mit dem Talent und der Geschicklichkeit anderer ständig neu einschätzte. Doch als Erwachsener versuchte ich mich dann allem zu entziehen, was sich nach Konkurrenz anfühlte, weil mir der Gedanke nicht gefiel, dass man nur gewinnen kann, wenn ein anderer verliert. Ich gewann gern, aber das Verlieren gefiel mir nicht, und es machte mir keinen Spaß, wenn andere verloren, selbst wenn ich gewann.

ABRAHAM:

Du hast dich bewusst in diese Raum-Zeit-Realität begeben, die von Vielfalt und Gegensatz erfüllt ist, weil dir gefällt, wie sehr sie die Gedanken anregt. Der Schlüssel dazu, effektiv die Vielfalt und den Wettstreit der Ideen und Erfahrungen um dich herum zu nutzen, besteht darin, dein Wünschen anzuregen, aber wenn du deine Wünsche formuliert und spontan in deinen Energiestrudel ausgesandt hast, wende deine ungeteilte Aufmerksamkeit wieder dir und deinem Denken zu, indem du deine Gedanken in Beziehung zu deinem Energiestrudel setzt. Sobald du deine Wünsche abgefeuert hast, hat der körperliche Wettstreit seinen Zweck für dich erfüllt. Mit anderen Worten: Konkurrenz ist ein enormer Antrieb für *Schritt eins* deines Schöpfungsprozesses, aber sie ist ein gewaltiges Hindernis für *Schritt drei* deines Schöpfungsprozesses.

JERRY: Sprecht ihr nicht eher von Vergleichen als von Konkurrenz und Wettbewerb?

ABRAHAM:

Wettstreit, Wettbewerb oder Konkurrenz sind nur eine fortgeschrittene Version des Vergleichs. Und es ist wichtig zu wissen, dass dieses Spiel kein Ende kennt, denn es wird immer eine neue Kombination des Gegensatzes geben, der bewirken wird, dass du spontan weitere Wünsche ausschickst. Dadurch wirst du immer die Freude haben, dich durch deinen Energiestrudel zu bewegen, die Schwingungslücke zu schließen und detailliert deine neu eingeleitete Entfaltung zu erfahren.

## Wenn man sich gegenüber anderen in ein unvorteilhaftes Licht setzt

JERRY: Noch lange nachdem ich mir ein luxuriöses Auto leisten konnte, fuhr ich eher konservative Fahrzeuge, weil ich mich erinnerte, wie kritisch ich gegenüber Menschen gewesen war, die Luxuskarossen fuhren. Und sobald ich dann meine Kritik an den Besitzern von Luxuskarossen hinter mir gelassen hatte, fuhr ich das teuerste Auto der Welt. Aber in beiden Fällen wurde ich davon beeinflusst, wie andere Menschen auf mich reagieren würden. Würdet ihr das ein ungesundes Spiel nennen?

ABRAHAM:

Immer wenn das, was ein anderer über dich denkt, wichtiger wird als deine Ausgewogenheit mit dir selbst, bist du in einer weniger gesunden Position. Immer wenn du etwas unternimmst, um die Meinung eines anderen über dich oder seine Einstellung dir gegenüber zu manipulieren oder zu beeinflussen, bist du in einer weniger gesunden Position, weil du dann dein eigenes *Leitsystem* durch seine *Meinung* ersetzt.

## Und wenn man sich vor einer weltweiten Finanzkrise fürchtet?

Die meisten Menschen sind so sehr davon abgelenkt, was andere tun und was andere denken, dass sie vergessen, sich auf ihre eigene Entfaltung einzustimmen. Und wenn sich dann das Gefühl der Leere einstellt, nehmen sie fälschlicherweise an, dass es mit dem Verhalten oder der Meinung der anderen zu tun hat. Aber darum geht es nie. *Bei jeder Emotion, die du verspürst, ob gut oder schlecht, geht es um die Beziehung zwischen deinem gegenwärtigen Gedanken und dem Wissen, das die Quelle in dir über dieses Thema hat.*

Manche Menschen verspüren akute Furcht oder Angst, weil sie persönlich gerade keine Arbeit oder kein Einkommen haben. Aber die größte Angst empfinden die *meisten* Menschen heutzutage aufgrund ihrer negativen Spekulationen darüber, wie schlimm es noch kommen könnte, und über den negativen Einfluss, den diese Zukunft und ihre unerwünschten Zustände auf ihr persönliches Leben ausüben könnten.

Indem sie ihre Aufmerksamkeit auf das finanzielle Trauma richten, das manche Menschen erfahren, und dieses Trauma um die Erwartung ergänzen, wie viel schlimmer es noch werden *könnte*, tragen sie, ohne es zu beabsichtigen und sicher auch ohne es zu wollen, massiv dazu bei, dass die wirtschaftliche Lage sich weiter verschlechtert. Ihre besorgten Gedanken sind keine negativen Triebkräfte, die irgendwie Unternehmen, Arbeitsstellen oder Ressourcen zerstören, sondern diese Gedanken halten *sie* von dem finanziellen Wohlstand fern, den sie sich so sehr wünschen.

Wenn du siehst, dass andere Härten erleben, und dich die Angst packt, dass ähnliche Härten auch dich treffen könnten, befindest du dich in einer Schwingungsmäßigen Anspannung, die dein natürliches Wohlbefinden daran hindert zu fließen. *Sowie mehr Menschen Härten beobachten und eine Haltung der Anspannung und des Widerstands einnehmen und dadurch ihr eigenes Wohlbefinden verhindern – benutzen andere sie als ihren Grund, sich genauso zu verhalten. Und so kann in kürzester Zeit ein sehr negatives Widerstandsmuster durch eure ganze Bevölkerung gehen. Die gute Nachricht an diesem Szenario ist, dass in jedem Moment, in dem jemand eine negative Emotion über seine wirtschaftliche Lage verspürt, er oder sie Schwingungsbitten um mehr Fülle aussendet – und diese Bitten werden deutlich von der Quelle vernommen, und sie reagiert sofort. Dann beginnt als machtvolle Antwort auf diese machtvolle Bitte ein Nicht-Körperlicher Schwingungsstrudel des Erschaffens zu wirbeln – und zur Ermittlung und Erleichterung derjenigen, die das zulassen, werden alle zusammenwirkenden Komponenten in diesen Strudel hineingezogen.*

Auch wenn große Verwirrung darüber herrscht, was gegen die wirtschaftliche Lage deiner Nation oder deiner Welt unternommen werden sollte, liegt die Lösung doch nicht in der Maßnahme, die du ergreifst, sondern in der Schwingungsmäßigen Einstellung, die du findest und die dir erlaubt, deutlich den Weg zu den Lösungen zu sehen, nach denen du suchst. Mit einfachen Worten: Da die Lösungen, die du suchst, vom machtvollen *Gesetz der Anziehung* bereits im Schwingungsstrudel des Erschaffens aneinandergefügt wurden, brauchst du nur noch die Gedanken aufzugeben, die dich außerhalb des Schwingungsstrudels halten. Sendest du oft Gedanken über etwas aus, was seiner Natur nach in einem Schwingungsmäßigen Gegensatz steht, hinderst du dich daran, die von dir ersehnten Lösungen zu finden.

Die persönlichen und kollektiven *Widersprüche* in euren Gedanken hinsichtlich Fülle und finanziellen Wohlstands grassieren in eurer Gesellschaft, in eurer Regierung, in den Köpfen derjenigen, die vorgeben, die Situation lösen zu können, und überhaupt in der allgemeinen Öffentlichkeit. Ihr könnt nicht beides gleichzeitig haben. Eure Unternehmen gründen darauf, dass Menschen für ihre Produkte und Dienstleistungen bezahlen und Geld ausgeben, um die Wirtschaft anzukurbeln, und sie gründen darauf, dass viele florierende Unternehmen zu einer allgemein florierenden Wirtschaft führen. Doch dann taucht die widersprüchliche Behauptung auf, dass es arrogant und ungebührlich sei, deine Fülle zur Schau zu stellen, indem du zu viel Geld ausgibst oder zu gut lebst.

Viele Menschen wollen mehr persönlichen Reichtum erfahren, während sie gleichzeitig diejenigen kritisieren, die bereits ihren persönlichen Reichtum erfahren.

- »Du sollst ausgeben./Deine Ausgaben bereiten uns Unbehagen.«
- »Ich will reich sein./Reiche Menschen sind irgendwie unmoralisch.«
- »Ich wäre gern reich./Reiche Menschen bringen arme Menschen um ihre Ressourcen.«
- »Ausgaben kurbeln die Wirtschaft an./Ausgaben sind Verschwendung.«

- »Gib aus und kurble die Wirtschaft an./Spare und bringe Opfer für die Wirtschaft.«
- »Ich will, dass meine Geschäfte florieren./Es gibt nicht genug für alle.«

*Es ist nur natürlich, dass du Erfolg hast, und es gibt genug Ressourcen, damit alle erfolgreich sein können. Aber ständige Gedanken an Knappheit und ständige Gedanken gegen diejenigen, die Erfolg haben, halten dich im Widerspruch zu deinen eigenen Wünschen und, noch wichtiger, zu dem, was du für dich in deinen Energiestrudel des Erschaffens geschickt hast.*

Bei den negativen Emotionen, die du verspürst, wenn du glaubst, dass andere dich um etwas bringen, geht es nicht darum, was *sie haben* und was demzufolge *du nicht hast*. Bei deinen negativen Emotionen geht es in allen Fällen darum, worum du dich im Augenblick deiner negativen Emotion bringst. Und noch wichtiger ist: Wenn du nicht bereits durch das Leben, das du geführt hast, um Fülle gebeten hättest und wenn die Fülle, um die du gebeten hast, nicht bereits in Erwartung dessen, dass du sie empfängst, in deinem Energiestrudel wirbeln würde, dann würdest du überhaupt keine negative Emotion verspüren, um die du dich bringen könntest.

*Wenn du nach finanziellem Wohlstand für dich selbst strebst, musst du ihn preisen, wo auch immer du ihn siehst.*

*Wenn du mehr Fülle für dich persönlich oder für andere, die dir wichtig sind, haben möchtest, darfst du nicht diejenigen kritisieren, die Fülle erfahren. Wenn du etwas kritisierst oder verurteilst oder dich dagegen wendest, aktivierst du eine Schwingung, die dem entgegenwirkt, wonach du strebst. Jedes Mal. Ausnahmslos.* Und das bringt uns zu einer weiteren falschen Grundannahme:

**Falsche Grundannahme 22:** *Ich kann erfolgreiche Menschen kritisieren und trotzdem selbst Erfolg haben.*

*Immer wenn du etwas kritisiert oder dich gegen etwas wendest, bist du außerhalb deines Energiestrudels. Du realisierst deinen eigenen Erfolg erst, wenn du dich in deinem Energiestrudel befindest. Falsche Grundannahmen halten die Menschen von ihren Energiestrudeln der Fülle fern und hindern sie an der Leichtigkeit und dem Wohlbefinden, die ihr Geburtsrecht sind. Du kannst nicht durch Kritik zu Erfolg kommen. Du kannst nicht durch Selbstverdammung zu Erfolg kommen. Die negative Emotion, die du in deiner Enttäuschung, deinem Zorn und deiner Verurteilung empfindest, ist ein Hinweis auf die entgegenwirkenden Gedanken in dir. Du wirkst deinem Erfolg entgegen. Du wirkst deiner Fülle entgegen. Du wirkst deiner Harmonie mit der Quelle entgegen. Du wirkst dem Energiestrudel entgegen, der alles enthält, wonach du strebst.*

## Egoismus und das Gesetz der Anziehung

Manche kritisieren uns dafür, dass wir so viel Wert darauf legen, dass ihr euch gut fühlt, und werfen uns vor, *Egoismus* zu predigen. Und wir geben gern zu, dass wir im Kern unserer Lehren wahren Egoismus vertreten, denn wenn ihr nicht egoistisch genug seid, wenn es euch egal ist, wie ihr euch fühlt, wenn ihr nicht bereit seid, eure Gedanken ständig neu darauf auszurichten, dass ihr euch gut fühlt, dann könnt ihr nicht mit der Quelle in euch in Harmonie kommen. Und solange ihr nicht mit der Quelle in euch in Harmonie seid, habt ihr einander nichts zu geben. Die Harmonie mit der Quelle, sich im Energiestrudel des Erschaffens zu befinden, eins zu werden mit der wahren entfalteten Version eures Selbst – das ist der ultimative Egoismus.

Und, ja, in diesem Zustand der Harmonie muss alles Gute zu euch kommen. Jeder Wunsch, den ihr spontan ausgeschickt habt, wird sich erfüllen. *Bei wahrem Erfolg geht es nicht darum, etwas zu erwerben oder Aufgaben zu erfüllen oder finanzielle Fülle zu erreichen, sondern darum, in Harmonie mit euch selbst zu gelangen. Ja, in egoistische Har-*

*monie mit euren Wünschen, eurer Klarheit, eurem Selbstvertrauen, eurem Wissen und eurer Liebe – mit euch selbst!*

## *Müssen wir uns von den Absichten anderer leiten lassen?*

**JERRY: Wenn jeder von uns sich vollkommen eins mit sich fühlen würde, wenn wir uns ständig in unserem Energiestrudel befänden, wäre es dann noch nötig, dass Anführer oder andere Menschen auf der Welt uns kontrollieren oder sagen, was wir tun sollen?**

ABRAHAM:

Eure Harmonie mit der Quelle ist so viel mehr als jede Führung, die ihr jemals von irgendeinem anderen Ort aus erfahren könntet. Manchmal habt ihr als Einzelner oder als Kultur den Vorteil, einen Anführer zu haben, der aus dem *Inneren* des Energiestrudels herausführt. Und wenn das geschieht, spürt ihr die Macht des Einzelnen, und wenn ihr dann hinhört, empfangt ihr oft Klarheit und Erkenntnis. Aber viel öfter bewegt sich ein Anführer, wenn er zu führen beginnt und sich auf die Probleme ausrichtet, die er lösen will, aus dem Energiestrudel *heraus* und versucht dann, aus einer weitgehend geschwächten Position zu führen. Wären wir an eurer physischen Stelle, würden wir nicht nach einem Anführer suchen und ihn bitten, sich in den Energiestrudel zu begeben, um euch zu führen. Wir würden einen Weg dort hineinfinden, und wir würden daran arbeiten, ständig darin zu bleiben, und dann würden wir feststellen, dass die Kraft, die Welten erschafft, buchstäblich durch unsere eigenen Fingerspitzen fließt.

Meistens versammelt ihr euch aus eurem Gefühl der Schwäche heraus in großer Zahl. Von eurem Ort der Unsicherheit aus versucht ihr es dann besser zu machen. Aber eine große Ansammlung von Menschen, die sich nicht in ihrem Energiestrudel befindet, bietet niemals Klarheit oder Stärke oder eine Lösung. *Eine Person, die sich ständig im Inneren des Energiestrudels befindet, ist machtvoller als Millionen Menschen, die sich nicht in ihrem Energiestrudel befinden.*

## *Wie kann ich mehr Selbstschätzung empfinden?*

JERRY: Nun, diese Philosophie handelt eindeutig davon, wie wir uns gut fühlen können. Könnt ihr uns einen Weg dorthin weisen? Könnt ihr uns einen Prozess oder eine Methode nennen, die uns ein gutes Selbstgefühl gibt? Mit anderen Worten: Sagt uns, wie wir bewusst mehr Selbstschätzung erlangen können.

ABRAHAM:

Das Nonplusultra an Selbstschätzung erreicht ihr, wenn ihr euch erlaubt, in Schwingungsharmonie mit der Quelle zu sein, mit dem erweiterten Selbst in eurem Energiestrudel, und dazu ist es nötig, dass ihr euch auf euch selbst ausrichtet. Den meisten Menschen fällt es leichter, in Harmonie zu kommen, besonders am Anfang, wenn sie sich auf andere Dinge als sich selbst ausrichten.

Im Laufe der Zeit habt ihr zahlreiche Auffassungen, Einstellungen und Denkgewohnheiten – oder Überzeugungen über euch selbst – angenommen, die euch, wenn sie aktiviert sind, außerhalb des Energiestrudels halten. Deshalb ist es einfacher, in den Energiestrudel zu gelangen, wenn ihr euch auf andere Dinge ausrichtet, bei denen es euch leichter fällt, sich gut zu fühlen.

Ihr könntet beispielsweise an euer Lieblingshaustier denken, und durch eure Wertschätzung bewegt ihr euch dann schnurstracks in den Energiestrudel, weil ihr hinsichtlich eures Haustiers keine widerstrebenden Gedanken von Neid oder Schuld hegt. Wir würden es wirklich gern sehen, wenn ihr an eure Katze oder etwas anderes denkt, was eurem Energiestrudel keinen Widerstand entgegenbringt, damit ihr mühelos hineingleitet, sodass ihr euch dann mit allem verbindet, was ihr seid (weil ihr *zulasst,* damit zu verschmelzen). Das würden wir als das Nonplusultra an Selbstschätzung bezeichnen, obwohl ihr gar nicht an *euch* dachtet, um das zu erreichen. Wir an eurer physischen Stelle würden uns die Themen aussuchen, mit denen wir uns am wohlsten fühlen, und uns dann darauf ausrichten, um in den Energiestrudel zu gelangen.

Eure körperliche Ausrichtung hat euch darin geschult, objektiv zu sein und das Für und Wider jedes Themas abzuwägen, aber wenn ihr dieses Spiel spielt, werdet ihr feststellen, dass das Für eines Themas euch durchaus geradewegs in den Energiestrudel befördern kann, während die Fokussierung auf das Wider dafür sorgt, dass der Energiestrudel euch wieder ausspuckt. *Ihr könnt euch nicht gleichzeitig auf das Unerwünschte ausrichten und im Energiestrudel bleiben* ... Wenn ihr oft die Aussage trefft: »Nichts ist wichtiger, als dass ich mich gut fühle«, macht ihr euch bewusster, wie nahe ihr eurem Energiestrudel seid.

## Welchen Sinn hat mein Leben?

Wenn die Menschen mitten im Gegensatz ihres körperlichen Lebens stehen, fragen sie sich oft: *Welchen Sinn hat mein Leben? Warum bin ich hier?* Und du sollst wissen, dass du bewusst auf diesen Planeten gekommen bist, um dich an der Erkundung des Gegensatzes eurer Raum-Zeit-Realität zu erfreuen, weil du wusstest, dass dich das zu neuen Ideen und Wünschen anregen würde und dass dies die eigentliche Grundlage für Entfaltung ist.

Davon, dass du dieses Buch liest, erwarten wir uns, dass du ein deutlicheres Verständnis dafür entwickelst, wie du mit deinem physischen Körper in das größere Bild der Schöpfung hineinpasst und welche wichtige Rolle du in deinem körperlichen Format in diesem größeren Bild spielst.

Wir sind sehr daran interessiert, dir bei der Erinnerung daran zu helfen, dass du zwar in deinem physischen Körper in deiner körperlichen Realität zu dieser Zeit fokussiert bist, dass wir gemeinsam mit dir aber eine Schwingungsrealität erschaffen, die das Versprechen deiner künftigen Manifestationen enthält, und dass die Zeit, die vergeht, bevor *du* diese erwünschten Manifestationen zu sehen und zu erfahren beginnst, nur der Zeit entspricht, die du benötigst, um in deinen Energiestrudel zu gelangen. Anders gesagt: Deine Launen, Einstellungen und Emotionen sind deine Hinweise darauf, wie nahe du deinem Energiestrudel bist, deiner Schwingungsrealität, allem, was du dir wünschst, und allem, wozu du geworden bist.

Wenn du schon für eine Weile unsere Lehren studierst oder die vorangegangenen Bücher in dieser Reihe gelesen hast, wirst du festgestellt haben, dass wir euch gerne Prozesse anbieten, und ihr sollt wissen, dass wir all diese Prozesse mit der Absicht verbinden, euch zu helfen, jeden Widerstand loszulassen, der euch außerhalb eures Energiestrudels festhält.

Zum Abschluss dieses Buches werden wir euch noch eine Handvoll ganz einfacher Methoden nennen, die euch bei regelmäßiger Anwendung helfen werden, allmählich, aber beständig in Harmonie mit der Energie zu treten, die ihr eigentlich seid und die euch den Zugang zu eurem Energiewirbel gewährt, und seid ihr einmal dort, wird sich euer körperliches Leben verwandeln.

## *Einige Methoden, um in den Energiestrudel zu gelangen*

Es ist nicht unbedingt erforderlich, die nun folgenden oder irgendeine andere Methode anzuwenden, um deine Schwingung zu erhöhen und in den Energiestrudel zu gelangen. Die meisten Menschen bewegen sich mühelos in den Energiestrudel hinein, einfach weil sie sich gern gut fühlen und ständig Gedanken aussenden, die sich gut anfühlen. Du könntest ahnungslos sein von dem, was wir hier in diesem Buch anbieten, du könntest noch nie etwas vom *Gesetz der Anziehung* gehört haben, du könntest nichts von dem Schöpfungsprozess in drei Schritten wissen, dir ganz und gar im Unklaren darüber sein, dass du eine Erweiterung der Quellenergie bist, und doch könntest du dich ständig im Inneren des Energiestrudels befinden – einfach weil du dich gern gut fühlst und deshalb deine Gedanken auf das ausrichtest, was sich gut anfühlt. Vielleicht war deine Großmutter eine fröhliche Person, die in allem und jedem nur das Beste sah, und als du die Macht ihres Einflusses der Verbundenheit spürtest, hast du einfach das Gleiche getan. Aber wenn du wie die meisten Menschen bist, die die Welt um sich herum beobachten, hast du wahrscheinlich Gedankenmuster entwickelt, die dir nicht dienlich sind und dich, ohne dass es dir bewusst ist, von deinem Energiestrudel fernhalten.

Wenn du an etwas glaubst (ein Glaube ist nur ein Gedanke, den du ständig denkst), und du denkst oft daran und hältst es deshalb in deiner Schwingung aktiv, führt das *Gesetz der Anziehung* dir Beweise dafür zu, um dich zu unterstützen. (Denn du bekommst das, woran du denkst, ob es etwas ist, was du willst, oder etwas, was du nicht willst.) Und ohne dich entschieden zu haben, an dem Schwingungsmuster, das diese Überzeugungen enthalten, etwas zu ändern, kann sich in deiner Erfahrung nichts ändern, und dann wirst du keine bewusste Kontrolle über die Nähe zu deinem Energiestrudel haben, oder zu dem, der du geworden bist und was du dir wünschst.

Und so bieten wir euch die folgenden Methoden an, um euch zu helfen, den Widerstand loszulassen und einen zwangsläufigen Weg in eure Energiestrudel zu ermöglichen.

## Eine Visualisierungsmethode für die Schlafenszeit

- Wenn du dich heute Abend ins Bett legst, richte deine Aufmerksamkeit auf etwas, was das beste Gefühl in dir erzeugt, das du nur erzeugen kannst. Lenke deine Gedanken nach innen, fort von allen überwältigenden Details des Tages, und spüre die Ruhe, die dich überkommt, wenn du dich genau darauf fokussierst, wo du bist. Denke detailliert an dein Bett, daran, wie bequem es ist, an das Gefühl des Bettzeugs. Denke an die Beziehung deines Körpers zur Matratze und stell dir vor, wie die Matratze schwebt oder dein Körper in sie sinkt ... Entspanne dich, atme und genieße die Bequemlichkeit deines Bettes. Sage Dinge wie: *Das mag ich. Das ist eine feine Sache. Ich habe ein gutes Leben.* Und schlaf ein.

## *Wenn du feststellst, dass du wach bist*

❤ Wenn du am Morgen wach wirst, bleibe bewusst mit geschlossenen Augen noch für etwa fünf Minuten mit der Absicht im Bett, dich an den erfreulichsten Dingen zu laben, die dir in den Sinn kommen ... Während des Schlafs hast du jeden Widerstand aufgegeben, und wenn du ihn jetzt nicht aktivierst, kommt er nicht wieder. Diese zusätzlichen fünf Minuten im Bett dienen also dem Zweck, deiner natürlicherweise höheren Schwingung zu erlauben, festen Halt zu finden ... Erfreue dich an deinen Gedanken und belasse sie so lange wie möglich an diesem angenehmen Ort. Und sobald das leichteste Unbehagen auftaucht, richte deine Aufmerksamkeit wieder auf die Behaglichkeit deines Bettes und finde etwas, was du wertschätzen kannst – und dann stehe auf, um den Tag zu beginnen.

## *Die Methode des »Aufmerksamkeitsrads«*

❤ Wenn du gefrühstückt und dich erfrischt hast, setze dich irgendwo mit der Absicht hin, ein oder zwei *Aufmerksamkeitsräder* zu machen, eine Methode, die eigens dafür entwickelt wurde, dir zu helfen, deinen Widerstand loszulassen und dich auf deinen Energiestrudel zu fokussieren, und tatsächlich ahmt diese Methode selbst einen wirbelnden, anziehenden Energiestrudel nach, der sich immer schneller dreht.

Hast du schon einmal die Karusselle gesehen, die man in der Mitte von Hand beschleunigen muss und die oft auf dem Schulgelände oder auf Spielplätzen im Park zu finden sind? Gewöhnlich sieht man die Kinder, wie sie sich hinaufdrängen und dann das Karussell immer schneller und schneller drehen. Wenn es angehalten hat oder sich langsamer dreht, kommt man leicht hinauf, aber wenn es sich richtig schnell dreht, ist es schon schwerer oder ganz unmöglich, aufzuspringen. Und wenn du es versuchst, wirst du von dem Schwung des Rads in die Büsche geworfen. Behalte dieses Karussell vor Augen, denn es wird dir helfen, die Methode des *Aufmerksamkeitsrads* zu verstehen.

Im Laufe deines normalen Tages begegnet dir vieles, bei dessen Anblick oder bei der Erinnerung daran ein Widerstand in dir aktiviert wird. Vielleicht ist es etwas Unangenehmes, was du in der Zeitung gelesen hast, oder etwas, was jemand zu dir sagte, doch wenn der Widerstand auftritt, wirst du immer den jähen Schmerz einer negativen Emotion verspüren. Oft kannst du mit dem, was du gerade tust, nicht einfach aufhören, um dich mit dem neu aktivierten Widerstandsgedanken zu befassen, aber wir ermutigen dich, eine geistige oder besser noch schriftliche Notiz darüber zu machen: *Die Haltung meines Arbeitgebers mir gegenüber bereitet mir Unbehagen. Er weiß den Beitrag nicht zu schätzen, den ich hier leiste.* Nun hast du ein Thema für dein *Aufmerksamkeitsrad* am nächsten Morgen.

Gestern hast du also, als du im Bett lagst, vor dem Einschlafen deinen Widerstand aufgegeben. Die Nacht über ist jeglicher Widerstand dahingeschmolzen. Und als du wach wurdest, hast du die widerstandsfreie Zone bewusst aufrechterhalten, indem du noch eine Weile geruht hast. Du hast gefrühstückt, geduscht und dir die Zähne geputzt, und nun hast du vor, dich fünfzehn bis zwanzig Minuten lang hinzusetzen, um jeden letzten Rest von Widerstand, der sich noch in deinen Gedankenprozessen verstecken könnte, zu beseitigen. Und der beste Zeitpunkt für so etwas ist, wenn du dich gut fühlst.

Wenn du deine Notiz über deine Wahrnehmung der Haltung deines Arbeitgebers dir gegenüber liest, wirst du den Gedanken des Widerstands reaktivieren. Also nimm dir ein großes Blatt Papier und schreibe oben hin: *Die Haltung meines Arbeitgebers mir gegenüber bereitet mir Unbehagen. Er weiß den Beitrag nicht zu schätzen, den ich für seine Firma leiste.*

Nun male einen großen Kreis auf das Blatt, so groß, dass die Seite ausgefüllt ist. Dann male in die Mitte dieses großen Kreises einen kleinen Kreis und um den großen Kreis herum zwölf kleine Kreise, wobei du sie wie die Zahlen auf dem Ziffernblatt einer Uhr anordnest.

Immer wenn im Leben etwas geschieht, was mit großer Deutlichkeit einen Hinweis auf dich bietet, etwas, was du nicht willst, schlüpft gleichzeitig ein ebenso deutliches Gewahrsein dessen, was du willst, in dein Bewusstsein. Dadurch, dass du dich auf deine Überzeugung ausrichtest, dass dein Arbeitgeber den Beitrag, den du leistest, nicht zu schätzen weiß, wird ein entsprechender *Wunsch* geboren: *Es gefällt mir, wenn mein Arbeitgeber die Tiefe meines Interesses und des Beitrags, den ich zu dem Erfolg leiste, den wir alle hier haben, zu schätzen weiß.* Schreibe eine Version davon in das Innere des Kreises in der Mitte des Rades.

Nun musst du wie bei dem Karussell auf dem Spielplatz einen Weg finden, auf das Rad zu gelangen. Wenn deine widerstrebenden Gedanken sich zu schnell drehen, wirst du nicht weiterkommen. Das Rad wird dich einfach in die Büsche werfen. Versuche also etwas zu finden, wovon du bereits überzeugt warst, dass es in vieler Hinsicht zutrifft, als du die Worte in den mittleren Kreis geschrieben hast.

Vielleicht denkst du:

- *Mein Chef weiß mich zu schätzen.* (Ab in die Büsche.) Das glaubst du nicht wirklich. Jedenfalls noch nicht.
- *Mein Chef hat mich nicht verdient.* (Jetzt versuchst du es gar nicht erst richtig.)

Konzentriere dich wieder auf die Wörter in deinem *Aufmerksamkeitsrad.* Das wird dir helfen, die Aktivierung der Überzeugungen zu spüren, die du schon bereithältst und die diesem Gefühl entsprechen.

- *Mein Chef will, dass seine Firma erfolgreich ist.* (Du bist auf dem Rad.) Schreibe das in den 12-Uhr-Kreis an deinem Rad.
- *Seine Firma war schon auf dem besten Weg, als ich hinzukam.* (Du hast hier zwar kein Problem gelöst, aber diese Aussage ist etwas, was du glaubst, und deshalb verleiht sie dir ein besseres Gefühl.) Schreibe das in den 1-Uhr-Kreis an deinem Rad.
- *Es gibt Aspekte dieser Arbeit, die mir wirklich Freude bereiten.* (Auch das stimmt, und jetzt kommst du langsam in Fahrt.) Schreibe das in den 2-Uhr-Kreis an deinem Rad.

- *Es macht mir echt Spaß, wenn mein Chef und ich Hand in Hand arbeiten.* (Das stimmt, und es fühlt sich gut an.) 3-Uhr-Kreis.
- *Wir spüren beide die Synergie unserer Zusammenarbeit.* (Noch mehr Schwung, jetzt läuft es.) Schreibe das in den 4-Uhr-Kreis.
- *Ich habe gespürt, wie mein Chef mich zu einer neuen Idee inspirierte.* (Jetzt läuft es wie geschmiert, dein Widerstand ist weg.) 5-Uhr-Kreis.
- *Ich bin sicher, mein Chef hat auch gespürt, wie ich ihn zu einer neuen Idee anregte.* 6-Uhr-Kreis.
- *Ich glaube, uns ist allen klar, dass wir alle in einem Boot sitzen.* 7-Uhr-Kreis.
- *Ich möchte meinen Job nicht missen.* Der 8-Uhr-Kreis.
- *Mein Chef bittet mich oft, Projekte zu leiten und Mitarbeiter zu führen.* 9-Uhr-Kreis.
- *Es ist offensichtlich, dass er mir vertraut.* 10-Uhr-Kreis.
- *Ich arbeite gern mit ihm.* 11-Uhr-Kreis.

Und dann schreibst du in die Mitte des Rads, direkt über das, was du anfangs geschrieben hattest, oder an den oberen Rand oder in Druckbuchstaben quer über die ganze Seite: *Ich weiß, dass mein Chef meinen Wert kennt.*

Du hast deine Schwingung hinsichtlich dieses Themas an einen neuen Ort verschoben, und damit hat sich auch dein Ort der Anziehung verschoben, und deine Beziehung zu deinem Energiestrudel hat sich verschoben. Das ist *Bewusste Schöpfung* vom Feinsten. Mit dieser raschen Methode hast du Widerstand aufgelöst, deine Beziehung zu deinem Chef verbessert, dich wieder in Harmonie mit *Dem-der-du-wirklich-bist* gebracht – und du bist in den Energiestrudel eingetreten. Und nun, da du dich im Inneren des Energiestrudels befindest, siehst du deine Welt durch die Augen der Quelle.

## Die Methode »Liste positiver Aspekte«

Nun, da du deinen Widerstand in Bezug auf deinen Arbeitgeber aufgelöst und hinsichtlich dieses Themas eine höhere, widerstandsfreie Schwingung eingenommen hast, kann es enorm wertvoll für dich sein, diesen widerstandsfreien Ball weiter am Rollen zu halten, zu dem Zweck, deine neue Schwingungsgrundlage und deinen neuen Ort der Anziehung richtig zu etablieren. Mit anderen Worten: Holen wir eine Weile noch mehr daraus heraus und ziehen wir jeden Nutzen aus dem Schwung, den du gerade gewonnen hast.

❤ Erstelle also jetzt, da du in Harmonie mit deinem *Inneren Wesen* bist, eine Liste positiver Aspekte deines Arbeitgebers und deiner Arbeit aus der Perspektive der Quelle. Aus dem Energiestrudel heraus ist das leicht zu bewerkstelligen. Und wir ermutigen dich deshalb dazu, weil es sehr wertvoll ist, sich im Inneren des Energiestrudels zu befinden. Und so ist es umso besser, je länger du dort bleiben kannst.

Nun dreh deinen Zettel um und schreibe oben an den Rand des Blattes: *Die positiven Aspekte meines Arbeitgebers.*

- *Seine Firma ist ihm wichtig.*
- *Er achtet genau darauf, wen er einstellt.*
- *Er springt oft ein, um bei einem Projekt zu helfen.*
- *Er lächelt oft.*
- *Die Menschen mögen ihn.*
- *Seine Firma ist finanziell gesund.*
- *Er hat den Laden zum Laufen gebracht, bevor er jemanden von uns einstellte.*
- *Er bezahlt immer unseren Lohn, und immer pünktlich.*
- *Seine Firma wächst beständig.*
- *Ich bin froh, dass ich hier arbeite.*
- *Mir gefällt mein Job.*
- *Ich mag diesen Mann wirklich.*

Vielleicht wird diese Liste sogar noch länger, denn in deiner Harmonie siehst du sehr klar. Und so wirst du feststellen, dass die Worte dir mühelos aus der Feder fließen. Später bist du vielleicht überrascht über deine vielen Komplimente gegenüber jemandem, der oft so sehr nervt, doch bedenke: *In diesem Moment siehst du deinen Arbeitgeber durch die Augen der Quelle.*

## Die Methode der »Maßlosen Wertschätzung«

Wenn du nun wirklich deinen Claim abstecken und deine neu erworbene höhere Schwingung hinsichtlich dieses Themas fest verankern willst, bediene dich noch dieser letzten Methode: die *Maßlose Wertschätzung.*

- Besorge dir ein leeres Blatt Papier und fange an, deine Wertschätzung für deinen Arbeitgeber niederzuschreiben und/oder sie laut auszusprechen.

*Ich weiß zu würdigen ...*

*... seinen prächtigen Wagen*
*... dass er Geld in seine Firma zurückfließen lässt*
*... dass er uns oft zum Essen einlädt*
*... unsere wunderschöne Arbeitsstelle*
*... die Bandbreite seiner Firma*
*... wohin das Ganze läuft*
*... das Potenzial, das wir alle haben, wenn wir hier arbeiten*
*... den Beitrag, den seine Firma für die Welt leistet*
*... die Flexibilität, die ich hier habe*
*... seine Begierde zu lernen*
*... wie sehr er gute Ideen liebt*
*... sein herrliches Lachen*
*... seine Hingabe an seine Firma*
*... die Stabilität seiner Firma*

*... die Arbeit, die er mir anbietet*
*... den abenteuerlichen Nervenkitzel*
*... die Möglichkeit, mich zu entfalten*
*... den Gegensatz, der mir hilft, mich zu entfalten*
*... mein Leitsystem, das mir bei meiner Entfaltung hilft*
*... diese Welt*
*... diese wundervolle Zeit der Technologie*
*... mein Leben!*

## Wie das Leben aus dem Inneren des Energiestrudels aussieht

Dieses Buch soll dir als Hilfestellung dienen, um die Existenz deines Schwingungsstrudels der Realität zu akzeptieren und in dir den Wunsch anzuregen, dich oft dorthin zu begeben, denn wir haben den Vorteil, in diesem Energiestrudel zu existieren, den du erzeugst. Aus dem Inneren deines Energiestrudels heraus fokussieren wir uns auf alles, worum du gebeten hast, und damit auch auf das, wozu du geworden bist. Wenn du auf deine Emotionen achtest und stets nach den sich am besten anfühlenden Gedanken strebst, die du finden kannst, wirst du dich in deinen Energiestrudel begeben, wann immer du das willst, und je öfter du dich dort aufhältst, desto öfter wirst du dorthin zurückkehren wollen – denn das Leben aus dem Energiestrudel heraus ist etwas Erhabenes.

Dein Ort der Anziehung wird so angelegt sein, dass nur Erwünschtes in deinen Weg fließt. Die Menschen, denen du begegnest, werden perfekte Entsprechungen deines höchsten Interesses sein, und du wirst dich nicht mit denen verabreden, die mit dem, der du bist, nicht Schritt halten können. Du wirst dich vital, lebendig, klarsichtig und selbstbewusst fühlen. Du wirst das Beste in anderen finden, ob sie es sehen oder nicht. Und deine Wertschätzung für das Leben wird in Form prickelnder Gefühle deinen Körper durchströmen, wenn du dich auf die Gegenstände besonderer Wertschätzung ausrichtest.

Doch gelegentlich, sogar recht oft, wirst du dich an etwas erinnern oder etwas beobachten, was nicht Schritt halten kann – und dann wird dein Energiestrudel dich ausspucken. Aber erschrick nicht, denn du bist bewusst in eine Umgebung des Gegensatzes eingetreten, um den Wert der neuen Idee zu erkunden, die immer aus dem Gegensatz geboren wird. Es ist normal, diese (bittenden) Augenblicke des *ersten Schrittes* zu haben, in denen man so genau weiß, was man nicht will. Denke einfach daran, dass du in solchen Augenblicken spontan besondere Wünsche auf dein Schwingungskonto schickst und dass du später, wenn du deinen Widerstand von seinen Makeln befreit hast, mühelos deinen Weg zurück in den Energiestrudel finden kannst, wo du erneut den Nutzen aus deinem früheren Augenblick des Gegensatzes ziehen wirst.

Nun, da du das ganze Bild kennst, wirst du selbstbewusst und ruhig mit dem Schöpfungsprozess in drei Schritten umgehen können. Wenn etwas geschieht, was dich veranlasst, um etwas zu bitten, wirst du dich nicht länger dem Unbehagen der Machtlosigkeit überlassen (da du ja nun den Energiestrudel verstehst und weißt, wie man in ihn hineingelangt). Ganz gleich, welchen unangenehmen Problemen du auf deinem Weg vielleicht noch begegnest, ein verbesserter Wunsch oder eine verbesserte Bitte wird von dir ausgehen, und die Lösung wird sich großzügig einstellen, indem alle zusammenwirkenden Komponenten sich versammeln und darauf warten, dass du in den Energiestrudel eintrittst.

*Du brauchst das niemandem zu erklären, und selbst wenn du es versuchst, verstehen sie deine Worte vielleicht überhaupt nicht, aber wir versprechen dir hoch und heilig, dass du nun, da du dieses Buch gelesen hast, deine Beziehung zum Energiestrudel verstehst – und durch die Kraft des Beispiels deiner erfreulichen Lebenserfahrung werden andere vielleicht dazu angeregt, mehr darüber erfahren zu wollen.*

Wir haben diesen Austausch enorm genossen. Hier ist große Liebe für euch, und wir verbleiben erfreulich unvollständig.

*Abraham*

# Abraham Live

## Ein Workshop über das »Gesetz der Anziehung«

(Diese Workshops über das *Gesetz der Anziehung* wurden am 19. Oktober 2008 in Ashville, North Carolina, und am 13. September 2008 in Chicago, Illinois, abgehalten. Es gibt sie auch auf CD. Die folgende Abschrift wurde der besseren Lesbarkeit wegen geringfügig verändert. Wenn Sie sich für unsere Bänder, CDs, Bücher, Videos, Kataloge oder DVDs interessieren oder einen Platz bei einem Abraham-Hicks-Workshop über das *Gesetz der Anziehung* buchen möchten, wählen Sie bitte [830] 755–2299 oder schreiben Sie an Abraham-Hicks Publications, P. O. Box 690070, San Antonio, Texas, 78269. Einen sofortigen Überblick über unsere Arbeit bietet Ihnen unsere interaktive Webseite www.abraham-hicks.com.)

## Hat man dich als Kleinkind negativ eingestellt?

ABRAHAM:
Guten Morgen. Wir freuen uns ganz außerordentlich, dass ihr hier seid. Es tut gut, zum Zweck des gemeinsamen Erschaffens zusammenzukommen, nicht wahr? Wisst ihr, was ihr wollt? Freut ihr euch an der Entfaltung eures Verlangens? Das ist gut. Das ist gemeinsames Erschaffen vom Feinsten, oder?

Ihr wisst, dass ihr mehr seid als das, was ihr hier in diesen physischen Körpern seht? Wisst ihr, dass ihr in eurem physischen Körper Erweiterungen der Umfassenderen Quellenergie seid? Ist euch bewusst, dass dieser Umfassendere Nicht-Körperliche Anteil von euch, diese Quelle in euch, immer zu euch fließt und euch durchströmt, dass ihr euch nicht davon trennen könnt? Ist euch bewusst, dass dieser Umfassendere Nicht-Körperliche Anteil von euch eine größere Rolle dabei spielt, was an jedem Tag den ganzen Tag über geschieht, als die meisten von euch wissen? *Das Kontinuum dessen, was euch ausmacht, ist gewaltig – ihr seid Quellenergie in einem physischen Körper.*

Vielen von euch ist das nicht bewusst. Oft wollt ihr sagen: »Also, wenn das stimmt, warum geht es mir dann nicht besser? Wenn ich Quellenergie in physischer Gestalt bin, warum singen die Engel dann nicht mehr für mich?« Und wir wollen euch wissen lassen, dass das Wohlbefinden, das ihr in Wahrheit seid, das euch umgibt, das in allen Atmosphären alles durchdringt, körperlich und Nicht-Körperlich, dass dieses Wohlbefinden alle Zeit zu euch fließt und euch durchströmt. Und in dem Maße, wie ihr das *zulasst,* seht ihr die Beweise dafür in eurer Erfahrung.

Oft habt ihr, wenn ihr die Details betrachtet, die sich in eurer Lebenserfahrung entfalten, den Eindruck, dass es äußere Kräfte oder Umstände geben muss, dass es Details geben muss, die euch von dem Wohlbefinden abhalten müssen, das euch unseren Worten nach zusteht. Wenn das Wohlbefinden nämlich nicht fließt, wenn das Geld nicht in eure Erfahrung strömt oder euch in eurem Körper etwas wehtut, wissen wir, dass ihr manchmal das Gefühl habt (weil ihr euch so sehr wünscht, dass es anders sein möge)... dass ihr dann das Gefühl habt, es müsse abgesehen von euch noch etwas anderes geben, was das Wohlbefinden daran hindert zu fließen. Aber ihr sollt verstehen, dass es niemals etwas anderes gibt, was das Wohlbefinden daran hindert zu fließen.

Oh, wir geben zu, dass ihr oft in eine Umgebung hineingeboren werdet, in der das Wohlbefinden nicht fließt. Vielleicht hatten eure Eltern eine schwere Zeit, oder die Umgebung, in die ihr hineingeboren wurdet, befand sich in Aufruhr. Und so fiel es euch von frühester Kindheit an, als ihr begannt, die Details der Umgebung zu beobachten, die euch umgab, nicht schwer, kraft dessen, was ihr beobachtetet, euch darin zu üben, dass eure Schwingung einen Widerstand zu dem Wohlbefinden aufbaut, das ihr erleben würdet, wenn ihr euch nicht in diesem Widerstand geübt hättet.

Und viele von euch sagen: »Ja, genau davon reden wir. Warum sollte ein hilfloses kleines Wesen in eine Umgebung hineingeboren werden, in der es sich kraft der Umgebung, die es umgibt, darauf einstellt, eine Schwingung des Widerstands aufzubauen? Wie sollte ein Baby eine Schwingung erlernen, die das Wohlbefinden daran hindert zu fließen?«

Und wir sagen: Weil dieses Baby, *dieses Baby, das wie ein hilfloses kleines, unwissendes Wesen aussieht, in Wahrheit ein genialer bewusster Quellenergie-Schöpfer ist, der in diese körperliche Erfahrung eingetreten ist, ohne sich über den Gegensatz Sorgen zu machen und ohne ihn auch nur vermeiden zu wollen, der den Gegensatz vielmehr mit offenen Armen aufnimmt – in dem Wissen, dass aus dem Gegensatz immer die Klarheit der Verbesserung entsteht.*

Und so werden oft die größten Meister eurer physischen Umgebung in Situationen hineingeboren, die voller Gegensatz sind, in denen es von Dingen wimmelt, die sie *nicht* um sich herum haben wollen, und von Dingen, die sie um sich herum haben *wollen*. Aber sagen wir einmal, du wärst jemand (oder du würdest jemanden kennen), der in eine sehr stark vom Gegensatz geprägte Umgebung hineingeboren wurde. Dann wollen wir euch sagen, dass der Gegensatz, als du in diese seltsame Umgebung hineingeboren wurdest, nicht nur *dir* diente, nicht nur *dir* Entfaltung ermöglichte (die du gnädigerweise erleben kannst, während du noch in diesem physischen Körper bist), sondern dass der Gegensatz auch dem *Massenbewusstsein* dient und ganz sicher dem *Alles-was-ist,* das du in Wahrheit bist, und *uns* allen.

# Dein Universum wird vom Gesetz der Anziehung organisiert

Dieses Quellenergie-Du bleibt also Nicht-Körperlich fokussiert, und ein Teil von dir tritt in diesen physischen Körper ein, und der Gegensatz hilft dir herauszufinden, was du *nicht* willst, und das führt wiederum dazu, dass zu erfährst, was du *willst*. Manchmal weißt du ganz genau, was du *nicht* willst, sodass du auch genau weißt, was du *willst*. Manchmal weißt du so ungefähr, was du *nicht* willst, und weißt deshalb auch nur so ungefähr, was du *willst*. Aber der Gegensatz führt immer zu einer Fokussierung der Schwingung.

Ob du das, wovon du jetzt weißt, dass du es von dem Gegensatz willst, den du erlebst, nun laut aussprichst oder es überhaupt in Worte fasst, du sendest immer noch das Schwingungssignal aus. Viele von euch sagen: »Ach, Schwingungssignal, Schwingungssignal, damit kann ich nichts anfangen, mit einem Schwingungssignal.« Wir sagen, du kannst *alles* damit anfangen, denn du lebst in einem Schwingungsuniversum, das vom *Gesetz der Anziehung* organisiert wird. Das *Gesetz der Anziehung* reagiert auf die im Überfluss vorhandenen Schwingungen, organisiert sie – sortiert sie – und führt Schwingungen zusammen, die einander gleichen. Daher ist es für euch wichtig zu wissen, dass ihr Schwingungswesen seid, die ständig Schwingungssignale des Verlangens aussenden. Und hier ist noch etwas wirklich Wichtiges, das ihr vielleicht vergessen habt: *Wenn ihr aus eurer menschlichen Gestalt heraus eine Schwingung dessen, was ihr wollt, anbietet – weil ihr wisst, was ihr nicht wollt, sodass ihr wisst, was ihr wollt –, könnt ihr über kein Thema nachdenken, ohne dass entsprechende Komponenten des Erwünschten und Unerwünschten Schwingungsmäßig in eurer Erfahrung auftauchen.*

Wenn ihr nicht genug Geld habt, in einem Maße, dass es einfach nicht reicht, bittet ihr um die entsprechende Geldmenge in dem Maße, wie ihr es benötigt. (Versteht ihr das?) Wenn ihr ein *wenig* krank seid, bittet ihr darum, *ein wenig* gesund zu sein. Seid ihr *sehr* krank, bittet ihr darum, *sehr* gesund zu sein. Mit anderen Worten: Wenn ihr auf eure körperliche

Erfahrung ausgerichtet seid, bemisst sich die Menge dessen, was ihr *nicht* wollt, an der Schwingungsmäßigen Entsprechung dessen, was ihr *wollt.* (Könnt ihr das irgendwie nachvollziehen?)

Ob ihr es aussprecht oder nicht, ihr strahlt es aus. Und wenn das geschieht, richtet der Nicht-Körperliche Quellenergie-Anteil von euch seine ungeteilte Aufmerksamkeit auf diese neu hinzugekommene veränderte Version der Bitte oder des Wunsches, die ihr hervorgebracht habt, und dann habt ihr euch aus eurer Nicht-Körperlichen Warte bis zu diesem neuen Ort hin entfaltet – gerade eben.

Wenn das geschieht, bedeutet das, dass die Schwingung eures größeren Anteils (und er ist der größere Anteil von euch, euer Ewiger Nicht-Körperlicher Anteil) ... dass die Schwingung eures größeren Anteils sich aufgrund des Gegensatzes, den du gerade erlebt hast, verändert hat – auf herrliche Weise. Und wenn ihr, die ihr gerade den Gegensatz erlebt habt, euch hinsichtlich der Schwingung, um die ihr gebeten habt, mit dem größeren Anteil verbinden könntet, hättet ihr *sofort* einen sehr beschwingten Augenblick. Aber das tut ihr nicht oft.

Oft wendet ihr eure Aufmerksamkeit nicht dem zu, was ihr *nicht* wollt, um dadurch zu bewirken, dass ihr wisst, was ihr *wollt,* sondern macht mit dem weiter, was ihr *nicht* wollt. Und das ist eigentlich gar keine schlechte Sache, nur ist es euch, wenn ihr so weitermacht, nicht besonders dienlich. Mit anderen Worten: Gerade habt ihr erlebt, wie das Leben euch veranlasste, euch zu entfalten, und ihr ließt nicht los. Das Leben veranlasste euch, mehr zu werden, aber ihr rechtfertigt euch dafür, warum ihr mehr wollt, rechtfertigt euch dafür, warum ihr es verdient habt, mehr zu sein, beklagt euch darüber, nicht mehr zu sein, fühlt euch schlecht, weil ihr nicht bekommt, was ihr wollt, beschwert euch darüber, *wer* es bekommt, wo ihr es doch *nicht* bekommt, und beteuert nachdrücklich, wie schlimm es *hier* ist ohne das, was ihr wollt, beschwert euch darüber, *hier* zu sein, und erklärt, wie lange ihr schon *hier* seid, bemerkt, wie viele andere Menschen es *hier* gibt, und gründet Klubs, in denen es darum geht, dass ihr *hier* seid, während ihr doch dort sein wollt. [Erheiterung]

Online-Chatgruppen: »Wir sind hier, wir sind hier, wir sind hier, wir sind hier, wir sind hier. Und die Typen da drüben haben sicher etwas falsch gemacht. [Erheiterung] Sicher betrügen sie. Sie müssen mit Drogen handeln. Sicher wurden sie da hineingeboren. Sie haben es nicht mehr verdient als ich, und ich bekomme es nicht, ich bekomme es nicht, ich bekomme es nicht. Wo ist mein Zeug? Wo ist mein Zeug? Wo ist mein Zeug? Wo ist mein Zeug?« [Erheiterung]

Und so bleibt ihr (ohne es zu wollen) in der Schwingung, die euch veranlasste zu *bitten,* aber ihr bittet nicht mehr aus der Schwingung des *Habenwollens* heraus. Ihr bittet aus der Schwingung des *Nicht-haben-Wollens* heraus. Ihr seht jetzt, dass das normal ist, nicht wahr? Wenn es nichts gibt, was ihr haben wollt, von eurem Ort des Nichthabens aus, werdet ihr darum bitten. Aber könnt ihr es spüren, wenn ihr eingehüllt werdet in diese Schwingung des »Es gibt nichts, was ich brauche, es gibt nichts, was ich brauche, es gibt nichts, was ich brauche. Ich will es, wo ist es? Ich will es, wo ist es?«. Kannst du spüren, wie gegensätzlich diese Schwingung ist zu der Schwingung des »Es gibt etwas, was ich will«.

Die Quelle in euch wird, sobald ihr darum bittet ... Ach, das ist der Teil, von dem wir so sehr wollten, dass du ihn hörst, denn dies ist der Teil, der jede Emotion erklärt, die du empfindest, und jede Emotion, die jemals empfunden wurde: Wenn die Quelle in dir sich mit der Schwingung deiner Bitte verbindet, und *du* verbindest dich nicht mit ihr – dann empfindest du den Missklang.

Erklären wir das nun auf eine Weise, auf die du es auch wirklich verstehst: Wenn du über das hinaus, was du bereits hast, um nichts bittest – schickst du die Quelle in dir nicht in deinem Namen an neue Schwingungsorte –, dann könntest du auch bleiben, wo du bist, und keinen Missklang empfinden. Das Knifflige daran ist, dass das gesamte Universum darauf ausgelegt ist, dich zur Entfaltung zu bringen. *Du kannst nicht stillstehen. In jedem Moment, egal wo du bist, gibt es einen Gegensatz, der bewirkt, dass du dich entfaltest, und wenn du der Entfaltung nicht nachkommst, spürst du, wie der Widerstand dich zerreißt.*

## Drängt dein Freund dich zur Entfaltung?

Wenn du also *Begeisterung* empfindest, bedeutet das, dass du dich entfaltest, und in diesem gedanklichen Moment hast du der Entfaltung nachgegeben. Wenn du *Liebe* empfindest, bedeutet das, dass du dich entfaltet hast, und in diesem gedanklichen Moment hast du dem Gedanken der *Liebe* nachgegeben. Wenn du *Interesse* verspürst, wenn du *Aufregung* verspürst, wenn du *Leidenschaft* verspürst, wenn du eingestimmt, verbunden, aufgedreht bist, bedeutet das, dass du dich entfaltest, und in dem Moment machst du nicht das, was du so oft machst und was dich davon abhält, dem nachzugeben und zu folgen, der du wirklich bist.

Aber wenn du *Frustration*, *Zorn* oder *Furcht* empfindest, wenn du dich *machtlos* fühlst, wenn du diese negativen Emotionen empfindest, die sich für dich so schrecklich anfühlen, bedeutet das alles nur, dass in diesem Moment etwas in deinem Geist vor sich geht. Vermutlich redest du gerade darüber, vielleicht schreibst du es gerade in dein Internettagebuch – etwas geht in deinem Geist vor, bei dem du nicht einmal ansatzweise in der Nähe dessen bist, der du wirklich bist. Und die negative Emotion, die du verspürst, ist dein *Hinweis* auf Trennung. Nun, *Trennung* ist eigentlich ein zu hartes Wort dafür, aber wir wollen deine Aufmerksamkeit wecken. *Wenn du eine negative Emotion verspürst, bedeutet das einfach, dass du nicht mit Dir Schritt hältst.*

Nun gibt es darüber einiges Interessante zu erfahren: Weißt du, wenn das Leben dich nicht veranlassen würde, dich zu entfalten, gäbe es nichts, womit du Schritt halten könntest. Und dann sagst du: »Ja, genau meine Rede. Wenn es den Gegensatz nicht im Überfluss gäbe, würde ich mich nicht entfalten. Und wenn ich mich nicht entfalten würde, bräuchte ich mich nicht aufzumachen. Dann könnte ich einfach ruhig sitzen bleiben.« Und wir sagen, *keine Chance*, denn du kannst nicht aufhören, dich mitten in einer reichen Auswahl an Möglichkeiten zu befinden, die dich veranlasst, dich unablässig zu entfalten.

Wir sind ewig fokussierte Wesen, und das bedeutet, dass du auf *Egoismus* ausgerichtet bist, wie wir *alle,* und dass wir nicht anders können, als auf allen Ebenen unseres Seins (selbst auf Zellebene) weiter um Verbesserung zu bitten, um Verbesserung zu bitten, um Verbesserung zu bitten. Und das ist nicht ganz ohne, weißt du, und wir verstehen, dass du dich vielleicht beklagst. Aber es läuft wie folgt: *Gäbe es nicht den Gegensatz, könntest du nicht um Verbesserung bitten. Und für die Verbesserung ist eben der Gegensatz verantwortlich, den du als Ausrede dafür missbrauchst, dich nicht aufzumachen.* (Ist das nicht interessant?)

Es ist, als hättest du einen Freund (wir verwenden dieses Wort ganz zwanglos, es kann ebenso gut eine Freundin sein) ... als hättest du einen Freund, der dich in die Entfaltung treibt. Dieser Freund bereitet dir schon lange viel Kummer, aber du kannst diesen Freund einfach nicht abschütteln, weil du so oft über ihn redest, dass das *Gesetz der Anziehung* diesen Freund in deinem Umfeld hält. Und selbst wenn es dir gelingt, dich aus der Nähe dieses Freundes zurückzuziehen, indem du auf die andere Seite der Welt ziehst – nimmt sofort ein anderer den Platz dieses Freundes ein. Wenn nämlich etwas in deiner Schwingung aktiv ist, bringt das *Gesetz der Anziehung* es einfach zu dir, ein ums andere Mal.

Du hast also einen Freund, der dich in die Entfaltung treibt. Dieser Freund folgt der Natur seines wahren *egoistischen* Wesens, und er setzt alles daran, *sich* besser zu fühlen. Da ist dieser Freund, der dich in die Entfaltung treibt und das sehr gut macht, weil du ihn, der wie ein Dorn in deiner Seite steckt, schon sehr lange hast, und, Mannomann!, dein größerer Anteil hat sich aufgrund der Betroffenheit dieser Beziehung entfaltet. Du hast dich entfaltet und entfaltet und entfaltet. Wir können also sagen, dieser Freund, über den du nicht sehr glücklich bist, ist für einen großen Teil deiner Schwingungsmäßigen Entfaltung verantwortlich, und die Quelle in dir hat von dieser unangenehmen Beziehung enorm profitiert. *Dieser Freund ist also verantwortlich für deine Entfaltung, doch jetzt kommt der interessante Teil: Wenn du wie die meisten Menschen bist, benutzt du nun diesen Freund und diese Erfahrung des Gegensatzes als Ausrede, um mit der Entfaltung Schritt zu halten, die dieser Freund bei dir hervorgerufen hat.*

Darum bist du auch so unglaublich wütend auf diesen Freund. Ihr seid Schwingungsmäßig aneinander gebunden. Mit anderen Worten: Dieser

Freund ist ein Mitverschwörer deiner Entfaltung, doch du nimmst die Details dieser Beziehung zum Anlass, dich nicht zu entfalten, und darum musst du ständig an diesen Schlawiner denken. Darum scheint dieser Freund an allem schuld zu sein. Und ist dir nicht bereits aufgefallen, dass, wenn du so etwas laufen hast (und das hat nahezu jeder, mehr oder weniger stark ausgeprägt), dass es dann für eine Weile *diese* Person ist, dann für eine Weile *jene* Person, dann wieder für eine Weile *diese* Person, dann wieder *jene* Person, dann wieder *diese* ...

Mit anderen Worten: Es scheint immer etwas zu geben, was du als deine momentane Ausrede benutzen kannst, dich nicht gut fühlen zu müssen. Es ist wie: »Wenn ich nur diesen letzten Mistkerl noch zu Fall bringen und ihm ein für alle Mal das Lebenslicht ausblasen könnte, dann gäbe es keine Probleme mehr und ich würde mich gut fühlen.«

Und wir sagen: *Du kannst die Welt nicht von den Dingen befreien, die dich stören. Du musst deine Schwingung von den Dingen befreien, die dich stören. Und wenn du deine Schwingung von den Dingen befreit hast, die dich stören, können keine Dinge, die dich stören, mehr zu dir kommen.*

Aber du kannst dich nicht von deiner Schwingung *befreien*, weil es in diesem Universum, das auf Anziehung beruht, keinen Ausschluss gibt. In einem Universum, das auf Anziehung beruht, gibt es nur Einvernahme, und das bedeutet, wenn du dir dieses Ding, das du willst, ansiehst und *Ja* dazu sagst, nimmst du es in deine Schwingung auf. Aber wenn du dir dieses Ding ansiehst, das du nicht willst, und ihm ein *Nein* entgegenhältst, nimmst du es *auch* in deine Schwingung auf. *Die einzige Möglichkeit, wie du aufhören kannst, etwas anzuziehen, was du nicht willst, besteht darin, deine Aufmerksamkeit auf etwas zu richten, was du willst. Aber das kannst du nur in kleinen Schritten tun.*

Wir wollen dir das wirklich auf eine Weise vermitteln, dass es dir etwas Erleichterung bringt: Wenn etwas in deiner Schwingung aktiv ist, hast du dich schon eine Weile darauf ausgerichtet und kannst nicht plötzlich auf einen anderen Sender umschalten wie bei deinem Radio. Anders gesagt: Du kannst dich nur taktweise ein wenig die *Emotionale Skala* hinaufbewegen. Wenn du dich darauf eingestimmt hast (und das ist wirklich eine gute Art, es auszudrücken), wenn du dich auf eine Frequenz des Klagens über etwas *eingestimmt* hast ... dann wissen wir ja, es ist berechtigt. Du erfindest das alles nicht. Du beobachtest, was sich um dich herum abspielt. Wir wissen, dass es auch besser hätte laufen können. Sie hätten netter sein können. Sie hätten eingestimmter, verbundener und aufgedrehter sein können. Wären sie eingestimmter, verbundener und aufgedrehter gewesen, hättest du sie nur anzusehen brauchen, und du hättest dich besser gefühlt. Du weißt es, weil es *einige* liebenswerte Menschen in deinem Leben gibt. (Nicht so viele, aber es gibt einige liebenswerte Menschen in deinem Leben.) Die meisten sind unter zwei. [Erheiterung] Aber es gibt einige wirklich liebenswerte Menschen in deinem Leben, oder sie tragen Fell oder Federn. [Erheiterung] Die meisten von ihnen, die meisten Menschen, haben keine Kontrolle über ihre Schwingung. Wenn du also zu jemandem sagst: »Du musst immer in Harmonie mit dem sein, der du wirklich bist, damit ich, wenn ich dich ansehe, ebenfalls in Harmonie bin mit der, die ich wirklich bin«, dann verlangst du das Unmögliche.

*Du musst die Kontrolle über deine eigene Schwingung erlangen und zu jedem sagen: »Es ist nicht deine Aufgabe, in Harmonie zu sein, damit ich mich gut fühle. Es ist meine Aufgabe, mich in meiner Umgebung, Vergangenheit, Gegenwart und Zukunft nach Dingen umzusehen, die mich auf den Kurs dessen bringen, der ich wirklich bin.« Mit anderen Worten: Ihr sucht an all den falschen Plätzen nach Liebe, werte Freunde. Und der Platz, an dem ihr nach Liebe suchen wollt und sie auch findet, ist dieses erweiterte Du, die Quellenergie in dir, der Teil von Dir, der Liebe ist. Stimme dich auf diese Schwingung ein.*

## Alle beteiligten Komponenten werden zusammengeführt

Sagen wir also, dass du eine Ausrede benutzt, um nicht die Schwingungsmäßige Entsprechung zu *Dem-der-du-bist* zu sein ... Und dass du dein *Leitsystem* benutzt, bei dem es sich um deine *Emotionen* handelt. Deine Emotionen sind ein *Hinweis* für dich: Je besser du dich fühlst, desto mehr hast du die Lücke zwischen dir und Dir *geschlossen*. Je schlechter du dich fühlst, desto mehr hast du die Lücke zwischen dir und Dir *erweitert*. Wenn du dich unablässig beklagst und nicht gut fühlst, bedeutet das, dass du dich auf eine Schwingung eingestellt hast, die es nicht zulässt, dass du ein wirklich gutes Leben führst. Und jetzt sagst du: »Nun, es gibt eine Menge, worüber ich mich beklagen kann.«

Und wir sagen, das können wir uns vorstellen, denn als du dich auf eine Schwingung des Klagens eingestellt hast, wurde durch deine Denkgewohnheit dein Wohlbefinden behindert.

Also fragst du dich nun: »Wie stelle ich mich wieder um?«

Und wir sagen, indem du so oft wie möglich – bewusst und absichtlich – nach den besten Gedanken über das aktive Thema strebst, die du von dem Ort aus, an dem du dich befindest, denken kannst – indem du eher nach dem *Besten* strebst als nach dem *Schlimmsten*. Indem du nicht ständig denkst: *Wäre das nicht nett*, sondern stattdessen: *Wäre das nicht einfach großartig*. Indem du immer denkst: *Das gefällt mir daran wirklich,* statt: *Das gefällt mir daran aber gar nicht …*

Wenn wir dich irgendwie davon überzeugen können, dass du eine Quellenergie-Schwingung bist, die dich kraftvoll zu dem Wohlbefinden ruft, das du verdienst, und dass du, wenn du den Ruf dieser Quelle vernimmst und Schwingungsmäßig danach strebst, auf die Schwingung der Quelle hörst und dich ständig auf Gedanken zubewegst, die sich besser anfühlen, dass du dann im Nu hinsichtlich jedes Themas, das in dir aktiv ist, die Schwingungslücke zwischen *du* und *Du* schließen und das fröhliche, fortschreitende, intuitive, liebevolle, vitale und beschwingte Wesen sein wirst, das du deinem Geburtsrecht nach bist. Es ist nicht schwer, sobald du einmal verstanden hast, wie das alles funktioniert. Mit anderen Worten: Du brauchst von dieser Zusammenkunft nur das Wissen mitzunehmen, dass du Quellenergie bist und dich hier in diesem physischen Körper nur dann gut fühlen wirst, wenn du zulässt, dass du in Harmonie mit Dem-der-du-wirklich-bist schwingst.

## Wie du in deinen machtvollen Energiestrudel der Anziehung kommst

Hier ist die Art und Weise, wie der Schöpfungsprozess funktioniert: Du warst also Quellenergie. Ein Teil von dir trat in diesen Körper ein. Du vermischst diese Energie mit anderen, und du sendest ständig Wunschsignale aus, dorthin, wohin die Quelle in dir sie bringt.

Verstehst du, dass alles um dich herum eine Erweiterung ist oder die ausgedehnte, entfaltete Version einer vorangegangenen Schwingung? Alles ist zunächst *Schwingung,* bevor es zur *Gedankenform* wird und Gestalt annimmt. Selbst diese Welt, die sich für dich deutlich sichtbar auf ihrer Umlaufbahn dreht, war einst nur ein Konzept, ein Schwingungsentwurf. Und hier seid ihr nun, vollständige menschliche Wesen, in all ihrem körperlichen Sein, die Schwingungsmäßig diese Raum-Zeit-Realität interpretieren ... *Alles, was ihr um euch herum als echte körperliche Materie kennt – ist nur eine Erweiterung des Denkens.*

Alles, was in eurer Zukunft eintritt, hat sich jetzt bereits in dem, was wir eure *Schwingungsrealität* nennen, Schwingungsmäßig erfüllt. (Wir bezeichnen das als euer Schwingungskonto.)

Nun gibt es viele Menschen, die darüber verächtlich die Nase rümpfen. »Ach, Schwingungsrealität.« *Wir sagen, ihr solltet die Schwingungsrealität nicht verächtlich abtun, weil jede »Realität« aus der Schwingungsrealität entsteht. Und sie entsteht schnell, wenn ihr es zulasst.*

Du lebst am äußersten Rand der Ausdehnung. Die Manifestationszeit zwischen der Entstehung eines Gedankens und seiner Aneinanderreihung beträgt in manchen Fällen nur Sekunden. Du befindest dich deshalb immer kurz vor der sofortigen Manifestation: Das Erschaffen ist für dich nicht neu, du bist schon lange ein Schöpfer und hast bereits viel in Bewegung gesetzt, bevor du in diesen physischen Körper eintratest. Du hattest ein Schwingungskonto im Entstehen, bevor deine Füße hier überhaupt den Boden berührten. Und nun hast du mit dem letzten Gespräch, das du mit jemandem führtest, mit der letzten Sache, die du im Fernsehen sahst, mit dem letzten Buch, das du last, mit dem letzten Film, in den du gingst, und mit dem letzten Gedanken, den du dachtest, zu diesem Schwingungskonto und seinem brodelnden Entstehen beigetragen. Nein, es *wirbelt*. Es ist ein gigantischer *Energiestrudel der Anziehung.* (Du hast bereits vom *Gesetz der Anziehung* gehört, aber wenige kommen einem Verständnis der Macht des *Gesetzes der Anziehung* auch nur nahe. Dies ist das *Gesetz,* das Welten erschafft.) Hier ist nun diese wirbelnde Energie. Wie gelangte sie dorthin? Du hast einen Teil dorthin gebracht, bevor du geboren wurdest. Du hast ihn an jedem Tag deiner körperlichen Erfahrung dorthin gebracht ...

Hier ist also dieser *Energiestrudel des Werdens.* Dieser *Energiestrudel des Werdens.* Diese Schwingung, diese reine Schwingung aller Dinge, die du willst, all der veränderten Details, um die du gebeten hast, hier wirbeln sie, wirbeln, wirbeln, wirbeln. Und das *Gesetz der Anziehung führt alle* (hört genau zu) *alle beteiligten Teile zusammen.*

Was wir damit meinen? *Beteiligte Teile* sind »Dinge, die einander Schwingungsmäßig entsprechen«. Du hattest keinen Liebsten; also hast du um einen Liebsten *gebeten*. Du hattest einen Liebsten ohne Geld; also hast du um einen Liebsten mit mehr Geld *gebeten*. Du hattest einen Liebsten, der dich nicht besonders mochte; also hast du um einen Liebsten *gebeten,* der dich wirklich mag. Du hattest einen Liebsten, der deine Werte nicht teilte; also hast du um einen Liebsten *gebeten,* der deine Werte mit dir teilte.

Mit anderen Worten: Du hast dieses Konto aufgebaut, und dieses Konto ist Schwingungsmäßig lebendig, wahr und zieht an. *Hier* ist also deine Bitte in Bezug auf alle Arten von Themen, und *dort* – während deine Bitte pulsiert, weil sich um sie gekümmert wird, nein, weil sie bekannt ist, nein, weil die Quelle in dir sie ins Sein holt – versammelt das *Gesetz der Anziehung, das machtvolle Gesetz, das Welten erschafft, alle beteiligten Orte, Personen, Ereignisse und Dinge – alles, was nötig ist, damit das, worum du gebeten hast, durch diesen machtvollen Energiestrudel der Anziehung angezogen werden kann.*

Die Frage, die wir dir stellen möchten, lautet: Kooperierst du damit? Kooperierst du mit deinem eigenen Wunsch?

»Nein, ich bin sauer, weil er sich noch nicht erfüllt hat.«

Bist du eine Schwingungsmäßige Entsprechung zu deinem Liebsten?

»Nein, ich bin wütend auf den, den ich habe.«

Bist du eine Schwingungsmäßige Entsprechung zu dem Wohlbefinden, um das du gebeten hast?

»Nein, nein, ich bin einer Online-Chatgruppe beigetreten, und wir beklagen uns. [Erheiterung] Wir beklagen uns den ganzen Tag darüber, wie schlimm es ist. Nein, ich bin in meiner menschlichen Gestalt die einzige unkooperative Komponente meines Erschaffens.«

Was geschieht also mit deiner Schöpfung? Bekommen andere sie? Nein, sie haben ihre eigenen Schöpfungen.

»Wird meine Schöpfung sich also auflösen?«

Nein, sie wird einfach nur größer.

## »Gegensatz« heißt nicht, dass etwas schiefgeht

*Wir wollen, dass du den Ort erreichst, an dem du bereit bist, nicht einfach nur bereit, an dem du entschlossen bist, nicht einfach nur entschlossen, an dem du ganz versessen darauf bist, das Bedürfnis loszulassen, Dinge, die unkontrollierbar sind, kontrollieren zu wollen – wie alle anderen – und deine ungeteilte Aufmerksamkeit dem Einzigen zu widmen, das du kontrollieren kannst, nämlich wie du dich in jeder erdenklichen Situation fühlst.* Anders ausgedrückt, wir wollen, dass ihr diese Zusammenkunft mit den Worten verlasst: »Ich habe beschlossen, dass ich das Leben nehme, wie es kommt, und ich werde mich bei allem, was ich mache, nach besten Kräften bemühen.«

Nichts geht jemals schief, denn jedes Stück vom Gegensatz, egal wie falsch es zu sein scheint, hilft dir immer zu klären, was du *willst*. Und daran sollst du dich, so ist es unser Wunsch, vor allem erinnern: *Der Gegensatz, egal wie er sich in einem beliebigen Augenblick darstellt, trägt mächtig zu deiner Entfaltung bei. Und wenn deine Lebenserfahrung dir den Eindruck vermittelt, »etwas geht schief«, ist das eigentlich nur die Distanz zwischen den Dingen, die so richtig sind, und deiner aktuellen Perspektive auf sie.* Mit anderen Worten: Wenn du einfach akzeptieren könntest, dass du ein gewaltiges Schwingungsvermögen angehäuft hast, das nur dazu dient, von dir sofort angezapft zu werden, und dass, um es anzuzapfen, nichts weiter als deine Bereitschaft nötig ist, in Richtung dessen zu blicken, was du willst, damit du dorthin geführt wirst, nicht länger in Richtung dessen zu blicken, was du nicht willst – wird dein Leben sofort beginnen, für dich besser zu laufen.

Und das ist unsere stärkste Botschaft an euch: *Das Leben soll für euch gut laufen.* Ihr lebt, ob ihr es wisst oder nicht, als Empfänger eines Hurrikans der Gnade, der euch zu allen Zeiten zufließt, als Reaktion auf all das, worum ihr gebeten habt. Nicht ein Einziger von euch wurde als jemand aussortiert, der diese Gnade nicht empfangen darf. Ihr alle befindet euch im vollen Fluss dieses Hurrikans des Wohlbefindens. Und wenn ihr das versteht und euch mit einer Haltung der Bereitschaft hinzustellen beginnt, die Gunst dieses Wohlbefindens und dieses Wertes zu empfangen, die euch zu allen Zeiten zufließt, wenn ihr auch nur einen Hauch davon mitbekommt … und am besten bekommt ihr einen Hauch davon mit, indem ihr einfach an Ort und Stelle bleibt und euch nach Kräften bemüht, unter den positiven Aspekten, die euch umgeben, die besten zu finden. Haltet nach Dingen Ausschau, die ihr wertschätzen könnt, selbst wenn es nicht viele sind. Haltet nach Dingen Ausschau, mit denen ihr euch wohl fühlt, selbst wenn es mehr Dinge gibt, mit denen ihr euch schlecht fühlt. Richtet eure Aufmerksamkeit nach Kräften auf die besten Dinge, die sich in eurer Erfahrung abspielen, entschlossen, euch auf die am besten sich anfühlende Schwingung einzustimmen, die ihr gerade erreichen könnt.

*Heute ist es, egal wohin ich gehe, egal was ich mache, egal mit wem ich es mache, meine vorrangige Absicht, nach Dingen Ausschau zu halten und Dinge zu finden, die sich gut anfühlen, wenn ich sie sehe, wenn ich sie höre, wenn ich sie rieche, wenn ich sie schmecke, wenn ich sie berühre. Aus dieser vorrangigen Absicht heraus formuliere ich meine Bitten, mache meine Erfahrungen und übertreibe sie, rede über sie und schwelge in ihnen, in den besten Dingen, die ich hier und jetzt um mich herum sehe.* Wenn das dein Mantra ist, wirst du dich auf die beste Schwingung einstimmen, die du erreichen kannst, und wieder auf die beste und wieder auf die beste und wieder auf die beste – und dann wieder auf die beste. Und ehe du dichs versiehst, wirst du in der Nähe dessen schwingen, was sich auf deinem Schwingungskonto, in deiner Schwingungsrealität, abspielt.

## Bist du bereit, deinem Energiestrudel zu begegnen?

Diese Schwingungsrealität dreht sich und ist im Entstehen, und wenn du *Zorn, Furcht* oder *Verzweiflung* empfindest, bist du ihr nicht im Geringsten nahe. Wenn du in die Nähe der *Hoffnung* gelangst, wenn du anfängst, dich hoffnungsvoll zu fühlen, bist du in ihrer Reichweite. Wenn du dich hoffnungsvoll fühlst, zieht sie dich an; sie zieht dich an. Und sobald du *glaubst* oder *erwartest,* dass Gutes zu dir kommt – bist du im Energiestrudel. Und sobald du einmal drin bist, bist du nicht mehr die einzige unkooperative Komponente. Jetzt bist du eine kooperative Komponente. Und du begegnest deinem Geld. Du begegnest deiner Vitalität. Du begegnest deiner Klarheit. Du begegnest deinem Liebsten, deinem nettesten Nachbarn, den Dingen deiner Umgebung, die du dir gewünscht hast. *Du begegnest all den guten Sachen, die du dorthin gebracht hast, sobald du in die Nähe dessen kommst, was sich gut anfühlt. Und du kannst dich dort schulen – an einem Tag.*

Am nächsten Morgen könntest du Schwingungsmäßig *Dem-der-du-bist* so nahe sein, dass du Beweise dafür zu sehen beginnst. Du siehst, dass sich Bewegung abzeichnet. Dein Bankkonto verändert sich in die gewünschte Richtung. Die Leute in deiner Nachbarschaft werden kooperativer ... *Du hast die Kontrolle über alles, was dir begegnet, wenn du die Kontrolle über die Schwingung erlangst, die du anbietest, und du erlangst die Kontrolle über die Schwingung, die du anbietest, sobald du darauf achtest, wie du dich fühlst.*

Wenn du darauf achtest, wie du dich fühlst, und dich der Richtung zuwendest, die sich am besten anfühlt, wirst du innerhalb kürzester Zeit zur Schwingungsmäßigen Entsprechung *Dessen-zu-dem-du-geworden-bist* werden. Und dann sagen die Menschen, die dich beobachten: »Was ist denn mit dir passiert? Du bist einfach die ganze Zeit glücklich, und jedes Mal, wenn ich dich wiedersehe, ist dir etwas anderes Wundervolles widerfahren.«

Und du sagst: »Ich bin in den Energiestrudel gekommen.«

Und sie sagen: »Was?«

Und du sagst: »Ja, ich bin in den Energiestrudel gekommen, und jetzt bin ich ein Teil dieses Energiestrudels.«

»Was? Wie bist du da hineingekommen? Wo ist die Tür? Wo ist die Tür, ich will auch da hinein.«

Und dann sagst du: »Also, du hast selbst einen Energiestrudel, und du musst deinen Weg hinein *erfühlen*. Es gibt kein fertiges Drehbuch. Es gibt keinen detaillierten Leitfaden. Es gibt keine offensichtliche Tür. Es gibt kein Zahlenschloss. *Du musst deinen Weg hinein einfach erfühlen.«*

»Und woher weiß man, dass man auf dem richtigen Weg ist?«

»Man *fühlt* sich besser als vorher.«

»Also, mir steht der Sinn nach *Rache*.«

»Nun, wahrscheinlich bewegst du dich in die richtige Richtung. Denn unmittelbar vor der *Rache,* wie hast du dich da gefühlt?«

»Also, vor der *Rache* fühlte ich mich *ohnmächtig*. Nun habe ich *Rachegelüste*.«

»Gut. Du bist auf dem richtigen Weg.«

»Ich habe *Rachegelüste* und bin auf dem richtigen Weg zum Energiestrudel des Wohlbefindens?«

»Ja, klar. Kehre nur nicht zur *Ohnmacht* zurück, dann bist du auf dem richtigen Weg.«

»Was kommt nach der *Rache?«*

*»Zorn.* Du wirst auf viele Leute unglaublich zornig sein.«

»Oh, das habe ich schon hinter mir.«

»Nun, durchlebe es noch einmal, denn wenn du *zornig* bist, bist du auf dem richtigen Weg. *Zorn* ist besser als *Rache*. Es ist näher an deinem Energiestrudel.«

»Was kommt danach?«

*»Frustration. Überwältigung. Engherzigkeit.«*

»Hm, hm, so langsam verstehe ich. Was kommt danach?«

*»Hoffnung.«*

»Die empfinde ich schon lange nicht mehr.«

»Na, dann freue dich darauf. Freue dich auf *Hoffnung,* denn wenn du (sage das deinem Freund) in die Nähe der *Hoffnung* kommst, gelangst du in die Nähe des Energiestrudels. Hin und wieder (tagtäglich) wird etwas geschehen, was dir den Beweis dafür liefert, dass du der bewusste Schöpfer deiner Erfahrung bist. Wenn du *Hoffnung* empfinden kannst, und sei's nur in Bezug auf zwei oder drei Themen, wirst du tief genug in den Energiestrudel eintauchen, um *Glauben* zu entwickeln. Wenn du dir einen Weg zur *Hoffnung* bahnen kannst, und das ist nicht schwer, wirst du oft genug in den Energiestrudel gelangen, dass du anfangen wirst zu *glauben.«*

»Was denn zu glauben?«, wird dein Freund fragen.

- *Du wirst beginnen, an die Kraft deines Denkens zu glauben.*
- *Du wirst beginnen, an die Güte des Universums zu glauben.*
- *Du wirst beginnen, an den Wert deines Wesens zu glauben.*
- *Du wirst beginnen, an die Macht dessen Der-du-bist zu glauben.*
- *Du wirst beginnen, an das kooperierende Gesetz der Anziehung zu glauben und daran, wie es dich beeinflusst.*
- *Du wirst beginnen zu glauben, dass alles möglich ist.*
- *Du wirst beginnen zu glauben, dass du der Schöpfer deiner eigenen Realität bist.*
- *Du wirst beginnen zu glauben, dass du deine Gedanken kontrollieren kannst, indem du darauf achtest, wie du dich fühlst.*
- *Du wirst beginnen zu glauben, dass du alles sein, tun und haben kannst.*

»Das weiß ich«, wirst du deinem Freund sagen, »jetzt, da ich im Energiestrudel bin.«

Und was ist der *Energiestrudel?* Er ist einfach die Schwingungsmäßige, erweiterte Bekanntgabe dessen, zu dem du geworden bist. Alle kooperierenden Teile des Universums haben sich bereits dort versammelt. Sie sind dort und erwarten dich. Liebst du es nicht, das zu wissen?

Sie erwarten dich. Sie erwarten dich. Und was hält uns zurück? »Mir gefällt dies nicht, mir gefällt das nicht, mir gefällt dies nicht, mir gefällt das nicht.« Wirklich unbedeutende, belanglose, erbärmliche kleine Dinge, die du in deiner täglichen Erfahrung benutzt ... die du als Ausrede benutzt, um nicht in den Energiestrudel zu kommen. Ist das nicht Faulheit? Wo du doch genauso leicht nach einem *hoffnungsvollen* Gedanken wie nach einem *pessimistischen* Gedanken suchen kannst. Du könntest genauso leicht nach einem *Kompliment* wie nach einer *Schmähung* suchen. Du könntest deine Regierung genauso gut *loben*. Nein, fangen wir mit etwas weniger Schwerem an. [Erheiterung] Du könntest genauso gut nach einem Grund suchen, dich gut zu fühlen, wie nach einem Grund, dich schlecht zu fühlen. Du könntest genauso gut deinen Fernseher ausschalten wie ihn anschalten.

## Das Gesetz der Anziehung und auf dem Gesetz beruhende Grundannahmen

Wenn wir also zusammenkommen, ob nun dadurch, dass du etwas liest, was wir geschrieben haben, oder dadurch, dass du dir etwas anhörst, was wir gesagt haben, möchten wir, dass ihr versteht: Alles, was wir anbieten, und jedes Wort, das Esther aus unserer Schwingung übersetzt, wird mit der Absicht dargeboten, dir dabei zu helfen, dein Gewahrsein für die gültigen Grundannahmen, die den *Gesetzen des Universums* entsprechen, wiederherzustellen. Wenn du nämlich beginnst, die *Gesetze,* so wie sie sind, bewusst zu verstehen, und sie aus deinem bewussten Gewahrsein heraus auf die Probe stellst, werden sie dir jedes einzelne Mal ausnahmslos die Gültigkeit der folgenden Wahrheiten beweisen:

- Du bist der Schöpfer deiner eigenen Realität.
- Du warst wertvoll, bevor du dich in diesen physischen Körper fokussiertest, und du bist immer noch wertvoll, jetzt, wo du hier bist, ungeachtet aller Umstände.

- Du bist mehr Nicht-Körperliche Quellenergie-Schwingung, als dass du dieses Wesen aus Fleisch, Blut und Knochen bist, das du hier in diesem physischen Körper siehst.
- *Das Gesetz der Anziehung* reagiert generell auf jeden in gleicher Weise.
- *Das Gesetz der Anziehung,* das auf alles und jeden reagiert, besagt, *dass Gleiches sich gegenseitig anzieht,* sodass je nachdem, welche Schwingung gerade aktiv ist, das *Gesetz der Anziehung* sie noch aktiver macht, indem es ihr noch mehr Dinge zuführt, die ihr entsprechen.
- Du bist Quellenergie mit einer Perspektive, auf die das *Gesetz der Anziehung* reagiert, und du bist ein körperlich fokussierter genialer Schöpfer, der hier draußen in dieser Raum-Zeit-Realität am äußersten Rand der Ausdehnung und des Denkens in seinem großartigen Körper die perfekte Vielfalt lebt, und auch auf diesen Aspekt reagiert das *Gesetz der Anziehung.*
- Wenn das *Gesetz der Anziehung* auf deine beiden Schwingungsaspekte reagiert, empfindest du die Harmonie mit den beiden Schwingungsbeziehungen oder ihre Abwesenheit. Je besser du dich fühlst, desto mehr läuft *dieser* körperliche Anteil von dir mit *jenem* Anteil von dir synchron. Je schlechter du dich fühlst, desto weniger läuft *dieser* körperliche Anteil von dir mit *jenem* Anteil von dir synchron.
- Wenn das Leben in deiner körperlichen Gestalt dich veranlasst zu erkennen, was du *nicht* willst, veranlasst es dich auch zu erkennen, was du *willst* – ob du es aussprichst oder nicht. Wenn das geschieht, strahlst du einen Schwingungswunsch aus, den dein größerer Anteil empfängt, auf den es reagiert und zu dem es *sofort* wird – und im selben Moment beginnt das *Gesetz der Anziehung* auf diese neue gebildete Schwingungsversion deines Selbst zu reagieren.
- Es gibt eine *Schwingungsrealität,* die unablässig anhäuft, und sie ist dein wahres Selbst. Und es gibt die *körperliche* Realität, der du dich versicherst, indem du auf Holz klopfst, eine Realität des »Ich kann's sehen, schmecken, riechen, hörten, berühren«, und diese Realität unterscheidet sich nur geringfügig von der *Schwingungsrealität,* bei

der sich das manifestiert, woran du gerade lange genug gedacht hast, damit es jetzt auftaucht und dir ein Gewahrsein dessen gibt, wie deine Schwingung aussah.

- Alles, was du lebst, ist ein Hinweis auf die Manifestation deiner Schwingungsmixtur.
- Das Wohlbefinden, das du selbst bist und das sich in ständiger Entwicklung befindet, ist so groß und hält so lange an (denn es ist Ewig), dass es immer triumphieren wird – aber manche müssen erst sterben, bevor sie es erfahren.

Diese Seminare über das *Gesetz der Anziehung,* bei denen wir immer wieder betonen, wie wichtig es ist, die *Kunst des Zulassens* zu verstehen (was bedeutet, seine Schwingungsmäßige Harmonie mit dem, der man wirklich ist, zu finden), bieten wir euch als Hilfestellung an, damit ihr leichter in eure Schwingungsmäßige Harmonie mit dem, der ihr wirklich seid, kommt, und das Leben so lebt, wie es eure Absicht war, und stimulierend und mit einem guten Gefühl die Reine Positive Energie ausstrahlt und euch als der Inbegriff der Liebe zeigt, der ihr in Wahrheit seid.

*Die alles beherrschende Grundannahme, die in eurer körperlichen Realität missverstanden wird, lautet, dass es, wenn jemand etwas macht, was ihr nicht billigt, es eine gute Idee wäre, darauf hinzuweisen, um nicht noch mehr davon zu bekommen.* Aber je mehr ihr in der Realität auf das hinweist, was ihr nicht wollt, desto mehr haltet ihr ein konstantes Schwingungsmuster aufrecht, durch das ihr das, was ihr wollt, verhindert.

Die mächtigste Grundannahme, die wir in euch aktivieren wollen und die euch – das versprechen wir euch – für den Rest eurer Tage gute Dienste leisten wird, lautet: *Ein Glaube ist nur ein Gedanke, den ich immer wieder denke. Ein Glaube ist nur ein Gedanke, den ich unablässig denke. Ein Glaube ist nur meine Denkgewohnheit, sie ist nur ein eingeübter Gedanke – ein Glaube ist nur ein Gedanke, den ich oft denke.*

Warum spielt das jetzt eine Rolle? Wenn ihr etwas wollt und das Gegenteil *glaubt,* wird euer entgegengesetzter *Glaube* verhindern, dass das, was ihr glaubt, geschieht. Wenn ihr etwas wollt und es *glaubt,* gibt es keine Trennung, ihr bietet dann *ein* Signal an, und das *Gesetz der*

*Anziehung* wird es euch *sofort* bringen. Aber wenn ihr etwas wollt und es *bezweifelt*, wenn ihr etwas wollt und es *nicht glaubt*, sendet ihr entgegengesetzte Schwingungen aus, und in diesen Haltemustern könnt ihr euch für den Rest eures Lebens aufhalten.

»Ich will es, aber ... Ich will es, aber ... Es wäre schön, aber so etwas passiert mir nicht. Das hätte ich echt gern, aber ich will es schon so lange ...« Wenn du ständig solche Dinge sagst, wenn du dich weiter der *Realität stellst,* wenn du immer nur *Das-was-ist* wiederholst, wenn du immer nur *Das-was-ist* wiederholst – hältst du aktiv ein Schwingungsmuster in dir fest. (Ein Glaube ist nur ein Gedanke, den du immer wieder denkst.)

*Ein Glaube ist nur ein Gedanke, den du immer wieder denkst – und einzig der Glaube, den du hast, hält dich von den Dingen fern, die du willst. Ein Glaube ist nur ein Gedanke, den du immer wieder denkst. Und das Einzige, was dich von Dem-der-du-wirklich-bist, von dem, was du wirklich willst, fernhält, ist ein Glaube, der nur ein Gedanke ist, den du immer wieder denkst.* (Hast du dir das aufgeschrieben?) [Erheiterung]

»Wenn also ein Glaube nur ein Gedanke ist, den du immer wieder denkst, und ich einen Gedanken denke, der im Gegensatz dazu steht, was ich denke – *dann bekomme ich deshalb nicht, was ich will, weil ich einen Gedanken denke, der im Gegensatz dazu steht, was ich will.«*

Ist das nicht interessant? Offensichtlich, aber auch interessant – und eine ganz neue Art, mit Entscheidungen umzugehen. »Wenn nämlich ein Glaube nur ein Gedanke ist, den ich immer wieder denke, wie ist es dann, wenn ich lange genug einen Gedanken denke, den ich nicht glaube? Wenn ein Gedanke nur ein Gedanke ist, den ich immer wieder denke, warum dann nicht einen *hoffnungsvollen* Gedanken denken?«

»Das ist töricht, Abraham. Die Tatsachen sprechen dagegen. Die Tatsachen ...«

Ach ja, das ist doch diese falsche Grundannahme, über die wir bereits sprachen, nicht wahr? Die in Wahrheit statisch ist.

»Ihr meint also, indem ich mich der Realität stellte und meine Aufmerksamkeit auf dieses unerwünschte Ding richtete, habe ich mein Leben auf einer falschen Grundannahme aufgebaut?«

Selbst Esther sagt noch gelegentlich: »Aber, Abraham, das ist doch wahr, es ist wahr!«, als wäre das eine Vorbedingung dafür, dass ihr etwas eure Aufmerksamkeit schenkt.

Ein Glaube ist nur ein Gedanke, den du immer wieder denkst. Und als Mensch weist du so viele unproduktive Glaubenssätze auf, von denen die größten lauten: *Ich bin es nicht wert ... Ohne Leid kein Preis ... Ich muss unter einem Unstern geboren sein ... Das ist Karma ... Sicher die Schuld meiner Mutter ... Daran ist die Regierung schuld ...* [Erheiterung] *Diese* falsche Grundannahme willst du glauben, nicht wahr? *Daran ist die Regierung schuld. Wäre diese Grundannahme anders, dann wäre alles anders.*

Wir möchten euch sagen, dass ihr eure Macht zurückfordern könnt, indem ihr euch daran erinnert, dass ein Glaube nur ein Gedanke ist, den ihr immer wieder denkt. »Ein Glaube ist nur ein Gedanke, den du immer wieder denkst. Ein Glaube ist nur ein Gedanke, den du immer wieder denkst. Ein Glaube ist nur ein Gedanke, den du immer wieder denkst. [Erheiterung] Ein Glaube ist nur ein Gedanke, den du immer wieder denkst. Ein Glaube ist nur ein Gedanke, den du immer wieder denkst. Wenn ich einen Gedanken denke, aktiviert er eine Schwingung, und wenn eine Schwingung aktiviert wird, setzt mein Ort der Anziehung ein. Wenn ich weiter denselben Gedanken denke und wenn ich weiter diesen Ort der Anziehung aktiviere und wenn das *Gesetz der Anziehung* weiter auf diese aktive Schwingung reagiert, dann *werde ich weiter Ergebnisse erzielen, nicht, weil sie wahr sind, und nicht, weil sie Realität sind, sondern weil das die ständige Reaktion des Gesetzes der Anziehung auf einen Gedanken ist, den ich immer wieder denke.*«

Wenn ein Glaube also ein Gedanke ist, den du immer wieder denkst, und du erzielst damit Ergebnisse, die du *nicht* willst, wäre es dann nicht klug, damit anzufangen, einen anderen Gedanken zu denken?

»Oh, aber, Abraham, das erscheint mir nicht logisch. Ihr wollt, dass ich einen erfundenen und vorgetäuschten Gedanken denke? Ihr wollt, dass ich im Wolkenkuckucksheim lebe oder meinen Kopf in den Sand stecke? Ihr wollt, dass ich etwas vortäusche, was so nicht *ist*?«

*Ja.*

»Ihr wollt, dass ich fantasiere? Ihr wollt, dass ich mir etwas einbilde? Ihr wollt, dass ich Worte benutze, die nicht der Wahrheit entsprechen?«

*Ja.*

»Ihr wollt, dass ich so tue, als wäre ich schlank, obwohl ich doch dick bin?«

*Ja.*

»Ihr wollt, dass ich so tue, als wäre ich reich, obwohl ich doch arm bin?«

*Ja.*

*Wir wollen, dass du Gedanken denkst, die dem entsprechen, was du willst, bis du sie glaubst. Und wenn du die Gedanken denkst, die dem entsprechen, was du willst, bis du sie glaubst, werden dir Universelle Kräfte den Beweis für deinen Glauben bringen. Aber wenn du es erst sehen musst, bevor du es glaubst, kann der Beweis nicht kommen. Erst musst du es glauben, bevor du es sehen kannst.*

Was ist ein *Glaube?*

»Nur ein Gedanke, den du immer wieder denkst.«

Und was sagten wir gerade? Du musst den Gedanken denken, bis er *wird*. Du musst den Gedanken denken, bis du ihn glaubst – und wenn du ihn glaubst – *ist* er. So einfach ist das. (Wir sind fertig.) [Erheiterung] Also was hält dich davon ab? *Realität. Tatsachen.* Na und? *Alles, was du siehst, was du Realität nennst, ist nur geronnenes, verschmolzenes, kombiniertes Denken, ein Gedanke, den jemand lange genug gedacht hat.*

Wenn Esther uns fragt: »Abraham, sollte ich nicht daran denken, weil es *wahr* ist?«, antworten wir: Jegliche *Wahrheit* ist etwas, worauf genug Menschen oder eine Person lange genug ihre Aufmerksamkeit gerichtet haben, sodass es zu einem Gedanken wurde, den sie dachten und dachten und dachten und dachten und dachten – bis er seine Entsprechung anzog.

In eurer Umgebung – dem, was ihr glaubt – gibt es alles Mögliche, das dem entspricht, was ihr wollt. Und ihr glaubt an alles Mögliche in eurer Umgebung, das dem widerspricht, was ihr wollt. Wie wollt ihr das jemals sortieren? *Woher wollt ihr wissen, welche aktiven Überzeugungen in euch gute Dienste leisten und welche aktiven Überzeugungen in euch keine guten Dienste leisten? Wie wollt ihr die förderlichen Überzeugungen von den nachteiligen unterscheiden? Die förderlichen Überzeugungen fühlen sich besser an, wenn ihr sie denkt. Die nachteiligen Überzeugungen fühlen sich schlechter an, wenn ihr sie denkt.*

»Oh, aber, Abraham. Ich denke jede Menge Gedanken, bei denen ich nicht besonders viel empfinde.«

Denke sie auch weiterhin. Sie werden größer werden, und ziemlich bald wirst du es wissen. Mit anderen Worten – das ist die Schönheit des *Gesetzes der Anziehung:* In den frühen, subtilen Stadien könnt ihr den Unterschied vielleicht nicht spüren. Aber je länger ihr diese Gedanken denkt, desto aktiver werden sie, und je aktiver sie werden, desto mehr Anziehungskraft haben sie, und je mehr Anziehungskraft sie haben, desto offensichtlicher werden die Ergebnisse ausfallen. Genau wie du wusstest, dass es sein würde ... Das hier ist die perfekte Umgebung für einen Schöpfer, um zu erschaffen, und das wusstest du, als du hierherkamst.

Worüber willst du also reden? Wir reden gern mit dir über alles Wichtige. Nichts muss ausgespart bleiben. Die Entfaltung wird sich perfekt abspielen. Mach dir keine Sorgen, wenn du nicht in den Zeugenstand gerufen wirst, denn jemand *wird* in den Zeugenstand gerufen und sich dem Thema widmen, über das du reden willst.

Diese Zusammenkunft wurde einberufen, bevor ihr eure physischen Körper hierher gebracht habt, und so gibt es nichts, worüber ihr reden wollt, was nicht vollständig thematisiert werden wird. Ein wenig *unklar* ist noch, ob ihr es *hören* werdet oder nicht, aber wir versprechen euch, dass wir ausführlich darüber reden werden. Und je nachdem, wie nahe ihr dem Energiestrudel seid, der bereits erschaffen wurde, und diesen wundervollen, sich meisterhaft bis über die Grenze der Ausdehnung hinaus entfaltenden Gedanken, ob ihr sie nun hört oder nicht, wir werden uns nach Kräften bemühen, euch in diesen Energiestrudel hineinzuziehen, damit ihr sie vollständig hören *könnt*. Hm. Wir werden einen sehr schönen Tag haben. Fangt genau dort an.

## Muss ein Kind sich sein Wohlbefinden »verdienen«?

FRAGESTELLER: Wir haben ein Kind. Es ist jetzt sechs. Seit zwei Jahren ist der Junge bei uns, und wir nennen ihn das Abraham-Kind, er kam zu uns durch Erschaffen (durch *Zulassen*), und er ist sehr fröhlich und etwas ganz Besonderes. Ich bin jetzt an einem Punkt, an dem ich glaube, dass er haben darf, was er will und was er sich wünscht, aber wenn er *mich* um Dinge bittet, gefällt mir das nicht. »Darf ich ein Spielzeug haben? Darf ich diese Süßigkeit haben? Darf ich dies haben? Darf ich das haben?« In mir findet ein Kampf statt um die Worte: »Ja, hier ist das Geld. Hol dir, was du dir wünschst. Du darfst haben, was du willst.« Ich meine, worum er bittet, schadet ihm nicht, es ist nur so, dass ich versuche, nicht … Ich weiß nicht, *was* ich versuche … Aber es ist sehr schwer, einfach offenen Herzens zu geben. Und doch glaube ich aufgrund eurer Lehren, dass er bekommen sollte, was er will. Wenn wir die Mittel haben, ihm alles zu geben, was er will, und es schadet ihm nicht … Ich bin hin- und hergerissen, *warum er es nicht haben sollte*. Aber dann denke ich wieder: *He, Moment mal, kannst du das einem Kind nicht einfach offenen Herzens geben?*

ABRAHAM:

Also, anscheinend stehen wir kurz davor, eine weitere falsche Grundannahme aufzudecken: *Lässt du die Rute im Spind, verwöhnst du das Kind.* [Ja, genau.] (Ihr habt ihn in letzter Zeit wohl oft verdroschen?) [Erheiterung]

FRAGESTELLER: Wenn ihr ihn fragt, würde er das bejahen.

ABRAHAM:

Uns ist bewusst, dass dies eine Grundannahme ist, die ihr von uns übernommen habt. Ihr habt uns bei zahllosen Gelegenheiten sagen hören, dass, wenn du etwas für einen anderen tust, es genauso ist, als sagtest du: »Ich tue das für dich, weil ich sehe, dass du es nicht selbst kannst«, und deshalb ist das jetzt der Widerspruch, den ihr in euch verspürt. Ihr wollt ihm seine Inspiration ebnen, aber ihr wollt nicht der *ein-*

*zige* Energiestrudel sein, durch den sein Wohlbefinden fließt. Wenn er jedoch von einem Ort der reinen Erwartung aus fragt und ihr den Impuls verspürt, ihm seinen Wunsch zu erfüllen, seid ihr nur eine willfährige Komponente des Universums. Mit anderen Worten: Ihr und eure Mittel seid in sein Schwingungskonto hineingezogen worden, und ihr seid zu einer der kooperativen Komponenten geworden, die ihm helfen, alles zu erreichen, was er will.

Deshalb sagen wir euch: Ihr solltet euch dessen bewusst sein, dass ihr nur aus eurem *Wunsch* zu geben heraus handeln müsst, nicht aus eurer *Verpflichtung* heraus, dann kann er niemals aus dem Gleichgewicht geraten. Anders gesagt: Wenn er von seinem Ort reinen Wollens und reiner Erwartung aus bittet, könnt ihr es ihm kaum verwehren. Aber wenn er aus dem Gleichgewicht ist und etwas will, weil es eine Leere in ihm füllt und er sich bedürftig fühlt, dann fühlt es sich für euch *daneben* an – und dann ist es auch *daneben*.

**FRAGESTELLER: Oder er bittet manchmal um etwas von einem Ort des Denkens aus, sodass ich es ihm nicht gebe, weil er nicht mit seiner Frage harmoniert.**

ABRAHAM:

Genau. Und ihr wollt jetzt nicht alles zum Kippen bringen, indem ihr ihn auf eine falsche Grundannahme hinweist. Mit anderen Worten: Wenn er an diesem Ort ist, an dem er nicht *erwartet,* dass ihr ihm etwas gebt, und ihr übergeht eure Führung und seine Führung und spendiert ihm die Leckerei, legt ihr ihm eine falsche Grundannahme nahe, und das macht euch zu schaffen. [FRAGESTELLER: Ja, es ist schwierig.]

Ihr wollt also die ganze Zeit euch und ihm, eigentlich aller Welt, sagen: »Wenn du eingestimmt bist, kann dir nichts und niemand etwas abschlagen, und dann muss ich und müssen alle anderen Komponenten des Universums dir nachgeben. Aber wenn du nicht eingestimmt bist, wenn du bettelst und uns anflehst, wenn du es brauchst, wenn du von einem Ort der fehlenden Harmonie aus darum bittest, geschieht es nicht so einfach.«

Ihr könnt ihm im Wesentlichen Folgendes vermitteln ... ob er nun alt genug ist, es durch eure verbale Schilderung zu erfahren, oder nicht, jedenfalls ist dies die Grundannahme, die ihr durch die Klarheit eures eigenen Beispiels vermitteln solltet: (Jetzt sprichst du.) *Es ist meine Absicht, so sehr auf die Quelle eingestimmt zu sein, dass alles, was ihr entspricht, uns alle in die gleiche Nähe bringt – und sie sich entfaltet. Ich will nicht jemand sein, der deine fehlende Harmonie auszugleichen versucht. Aber ich strebe jederzeit nach deiner Harmonie. Deine Harmonie ist dein größtes Geschenk an dich und dein größtes Geschenk an mich. Meine Harmonie ist mein größtes Geschenk an mich und mein größtes Geschenk an dich, und das will ich zeigen.*

Du kannst es auf eine Weise, dass er es versteht, wenn du ihm die einfache Frage stellst: *Was willst du und warum willst du es?* Und wenn er erklärt, dass er es will, weil er es nicht hat, dann kannst du spielerisch lachen und sagen: »Also, das ist ein verrückter Grund. Wenn du etwas willst, weil du es nicht hast, dann inspiriert mich das dazu, deinen Teil des *Nichthabens* zu unterstützen statt deines Teils des *Habens*. Aber wenn du etwas willst, weil es Spaß machen würde, dann inspiriert mich das dazu, dabei mitzumachen.« Mit anderen Worten: Das solltet ihr ihm *zeigen*.

FRAGESTELLER: Das ist großartig, ja, sehr schön.

ABRAHAM:

Und er hat es auch schon begonnen zu verstehen, aber weil ihr es nicht konstant durchhaltet, ist er verwirrt.

FRAGESTELLER: Ja, ihr habt recht. Ich hatte den Eindruck, seinem Erschaffen im Weg zu stehen, und so ...

ABRAHAM:

Nun, ihr könntet zu ihm sagen: »Weißt du, wenn du mich aus deiner Gleichung herauslässt, könntest du vermutlich viel Größeres erschaffen, denn das habe ich auch ...«

FRAGESTELLER: Ja, das habe ich mir auch schon gedacht. Er könnte es so einfach haben. Warum bin *ich* mit im Spiel?

ABRAHAM:
Weil es Spaß macht.

FRAGESTELLER: Oh.

ABRAHAM:
Warum ist er in eurem Leben?

FRAGESTELLER: Weil es Spaß macht und Freude bereitet.

ABRAHAM:
Weil es Spaß macht ... Mit anderen Worten, ihr standet alle auf dem Schwingungskonto des jeweils anderen, und das *Gesetz der Anziehung* führte euch zusammen. Und das *Gesetz der Anziehung* führt auch all die anderen Dinge zusammen, und wie du siehst, macht es Spaß. Aber es gibt da eine falsche Grundannahme, die lautet: »Ich will ihn nicht verwöhnen, und ich will ihm nicht das Gefühl geben, dass er nur darum zu bitten braucht, und schon bekommt er es von mir.« Und wir antworten dir: Warum nicht?

»Nun ja, ich bin für ihn da, und in meiner Liebe zu ihm ... bekommt er es dann vielleicht immer von mir. Aber wenn er in die wahre Welt hinausgeht, wird er auf die wahre Welt schlecht vorbereitet sein.«

Und wir sagen dir: Er wird auf die Welt, die er durch das *Gesetz der Anziehung* erschafft, keineswegs schlecht vorbereitet sein, wenn er es von dir bekommt, sofern er in Harmonie ist; und wenn er nicht in Harmonie ist und du nicht in Harmonie bist – kann er es von dir nicht bekommen. Und so bereitet es ihn nicht falsch auf die Art und Weise vor, wie das *Gesetz der Anziehung* ihn behandeln wird.

*Schaffe gleich dort bei dir zu Hause einen Kernbereich, der das Gesetz der Anziehung, so wie du es kennst, nachahmt, dann wirst du dein Kind und dich auf alles vorbereiten, mit dem die Welt es behelligen kann, verstehst du? Es sind die Eltern, die mit diesen falschen Grundannahmen die Gesetze des Universums verzerren, sodass ihre Kinder schlecht vorbereitet in die Welt hinausziehen.*

*Harmonie* ist der große Faktor, und alles andere ist eigentlich nicht einmal zweitrangig, sondern steht sehr, sehr, sehr, sehr weit unten auf der Liste. Und es gibt so viele Menschen, die (das ist dieses Geschäft mit den falschen Grundannahmen, von dem wir reden) Entscheidungen über Richtig und Falsch treffen, und dabei ignorieren sie die Harmonie – während die Harmonie doch alles ist.

Wir wissen, wie ihr euch fühlt, und du hast recht, wenn du sagst ... (denn viele andere Eltern sagen es auch) ... dass es schwierig ist, wenn ihr versucht, für euer Kind die Grundlagen zu schaffen. Du willst, dass euer Kind erfolgreich ist, und du willst nicht, dass es auf der Straße spielt, und du willst nicht, dass es etwas hinunterschluckt, und du willst auch nicht, dass es mit Perversen im Park spielt. Mit anderen Worten: Es gibt alles Mögliche, wogegen du euer Kind wappnen willst. *Und wir wollen dir einfach sagen, dass ihr ihm nur durch die Darbietung eurer Harmonie seine eigene Harmonie zu zeigen braucht, und wenn ihr das zum Eckstein eurer Beziehung zu ihm machen könnt – habt ihr ihm etwas gegeben, worauf es immer zählen kann.*

Die perfekte Antwort, wenn euer Kind euch um etwas bittet, was sich für euch nicht gut anfühlt, lautet also: »Weißt du, keine Ahnung warum, aber das fühlt sich für mich richtig *daneben* an. Und eines habe ich mir geschworen, besonders in Bezug auf dich. *Wenn es sich nicht gut anfühlt, werde ich es nicht tun, bis es sich für mich harmonisch anfühlt.* Wenn es mir gelingt, es in etwas zu verwandeln, was für mich nach einer guten Idee klingt, sodass ich dann mit mir als Ganzes in Harmonie bin, dann sehen wir weiter. Aber bis dahin bitte mich nicht, etwas zu tun, was sich für mich so *daneben* anfühlt.« Das ist das Beispiel, das du deinem Kind geben solltest. *Ich handle niemals, wenn ich nicht in Harmonie bin. Ich handle niemals, wenn sich etwas daneben anfühlt ... Ich handle niemals, wenn sich etwas daneben anfühlt – und das hat nichts damit zu tun, wie sehr du es dir wünschst – ich handle niemals, wenn sich etwas daneben anfühlt.*

Und, ach, fändest du es nicht großartig, wenn jemand auf dem Spielplatz oder sonstwo dein Kind zu etwas zu überreden versucht, und es sagt: *»Ich tue nie etwas, wenn es sich daneben anfühlt.«* [FRAGESTELLER: Ich wäre begeistert.] *»Ich handle niemals, wenn ich nicht ...«*

»Komm mit und klaue mit mir in dem Laden da drüben Süßigkeiten. Ich tue das ständig, und es macht echt Spaß.«

*»Ich tue nie etwas, wenn es sich daneben anfühlt.«* [ FRAGESTELLER: Das ist fabelhaft.]

»Ach, komm schon, na los, wir werden schon nicht erwischt. Das ist okay. Wir brechen nur eine blöde Regel. Niemand wird's erfahren.«

*»Ich tue nie etwas, wenn es sich daneben anfühlt.«* »Ach, und warum nicht? Du Feigling.«

»Na, jetzt fühlt es sich noch mehr daneben an. [Erheiterung] *Du* fühlst dich für mich daneben an. Ich glaube nicht, dass ich noch mit dir spielen will; du fühlst dich für mich daneben an. Du fühlst dich für mich daneben an. Ich spiele nicht mit Leuten, die sich daneben anfühlen, und ich tue nichts, was sich daneben anfühlt. Ich richte mich lieber auf Harmonie aus. Das habe ich von meinem Dad gelernt.«

Hast du schon mal jemanden sagen hören: »Ich wette, das *machst* du nicht«, und du hast gedacht: *Das kannst du aber glauben, dass ich das nicht machen werde. Ich kann mich deinem Sog entziehen. Ich kann mich deiner negativen Erwartungshaltung entziehen.* Hast du schon mal erlebt, wie jemand dich von seinem Ort der *Nicht*-Erwartung aus zu etwas überreden wollte? Nun, wir übertreiben das hier sicher, aber du sollst ganz einfach erkennen, dass du dorthin gelangen musst, wo dein Traum für dieses Kind lebt ...

FRAGESTELLER: Um dort zu bleiben, ja.

ABRAHAM:

Du musst nicht dort *bleiben*. Du musst nur die *Gesetze des Universums* kennen (und die kennst du) und diese falschen Grundannahmen loswerden – denke einfach daran, dass du niemals dauerhaft jemanden zu etwas *motivieren* kannst.

Oh, dein Kind wird es tun, wenn du größer und stärker bist und wenn du ihm die Konsequenzen deutlich genug vor Augen führst. Du kannst selbst den Willen eines Pferdes brechen (und ein Pferd ist groß), nur wirst du dann niemals ein fröhliches Pferd haben. Aber wenn du das *Beste* in ihm siehst und dich dorthin begibst, wo sein Bestes ist, und dich *damit* harmonisch verbindest und ihm ein Zeichen anbietest – weißt du, dann bist du ein Teil der *Inspiration.*

*Hast du diese Erfahrung nicht selbst schon gemacht, wenn jemand dich liebt und das Beste von dir erwartet? Glänzt du dann nicht auf eine Weise, wie du noch nie zuvor geglänzt hast? Und fällt es dir nicht richtig schwer zu glänzen, wenn niemand solche Empfindungen für dich hat?*

Wir wollen, dass alle anderen belanglos für dich sind, und das sagen wir jedem. Wir wollen, dass alle die Personen auf den billigen Plätzen (und das schließt ihre Eltern mit ein) loslassen und sich um ihre eigene Schwingungslücke kümmern. Aber du bist ein bewusster Schöpfer, der dieses Wissen mehr als das Leben selbst in den Griff bekommen und an sein Kind weitergeben will. [ FRAGESTELLER: Absolut.] Und was für ein glücklicher Junge das ist. Wir meinen »glücklich« im Sinne des Wortes, wie du es verstehst. Es hat nichts mit *Glück* zu tun, sondern damit, wie sehr er von »Glück« reden kann, dass er in eine Umgebung gekommen ist, in der seine Eltern wirklich zu lernen versuchen, wie man nach den Regeln des Universums spielt, die beständig sind und nicht fehlerhaft.

FRAGESTELLER: Ich glaube, ihr habt es uns bereits beantwortet, aber als ich dort saß, sagte ich: *Wenn ich mit Gott sprechen könnte* (der, wie ihr sagtet, ich bin) … Was sind die drei großen Regeln der Kindererziehung?

ABRAHAM:

*Dieses Kind ist perfekt, so wie es ist, und es wird mehr … Es ist nicht hier, um deinen Absichten zu dienen … Es ist deine Aufgabe, an den Gedanken zu arbeiten, zu denen es dich inspiriert, bis du dich gut fühlst … Es ist nicht seine Aufgabe, dir zu gefallen.* Das waren vier, aber …

FRAGESTELLER: Vielen Dank.

## *Gibt es bei Liebenden angemessene Erwartungen?*

FRAGESTELLERIN: Ich weiß diese Gelegenheit zu einem Schwingungs-Check-up zu schätzen. Ich habe ihn bitter nötig. Eure Verweise auf Beziehungen leuchten mir alle sehr ein, und auch der Nachdruck, den ihr darauf legt, nicht voneinander abhängig zu sein, wenn es um die beiderseitigen Bedürfnisse geht. Das verstehe ich.

ABRAHAM:
Du wirst sonst jedes Mal in ein Loch fallen, weil es nicht seine oder ihre Aufgabe ist, dich aufzufangen.

FRAGESTELLERIN: Genau. So ist es mir passiert, besonders am Anfang. Erst ging es um entgegengesetzte emotionale Bedürfnisse und darum, sich nicht an jemand zu wenden, um wieder ganz zu werden … Diese Sache hatte ich jahrelang laufen. Und als Teil eurer Anmerkungen dazu, was es mit unserer Definition von gegenseitiger *Bindung* und *Erwartung* auf sich hat und wie viele dieses und jenes tun, »bis dass der Tod uns scheidet«. Also, ähm …

ABRAHAM:
Falsche Grundannahme, falsche Grundannahme, falsche Grundannahme. [Erheiterung]

FRAGESTELLERIN: Und ich bin auch so jemand, der zu viel auf euch gehört hat, sodass …

ABRAHAM:
Und es ist noch nicht einmal vorbei.

FRAGESTELLERIN: Ihr sagtet, dass diese Dinge nicht nur zu rigide sind, sie sind unrealistisch. Das macht absolut Sinn.

ABRAHAM:

Weil es auf falschen Grundannahmen beruht. Das wollen wir euch unbedingt klarmachen. *Ihr könnt nicht auf etwas aufbauen, dessen Grundlagen korrupt sind – und es jemals zum Funktionieren bringen, ohne mehr Kreativität hineinzustecken, als es wert ist.*

FRAGESTELLERIN: Eindeutig ist heute der Tag der falschen Grundannahmen. Aber manchmal, wenn ihr diese Dynamik beschreibt, klingt es so, als fehlte nicht mehr viel, um zu sagen … als hinge es mit den *Erwartungen* zusammen, die an Monogamie gestellt werden. Oder mit den *Erwartungen,* dass auch in schweren Zeiten jemand für dich da ist. Oder mit anderen Arten von *Erwartungen.*

Meine Frage lautet also: *Gibt es Erwartungen, die man in einer Beziehung aneinander hat und die nicht unrealistisch und zu rigide sind?*

ABRAHAM:

Dazu Folgendes: Natürlich ist es für euch angemessen, eure Möglichkeiten zu sichten und eure Vorlieben herauszufinden. Heikel wird es erst, wenn ihr euch eine Person aussucht und sie bittet, euren Vorlieben zu entsprechen, statt eure Vorlieben eurer Schwingungsrealität zu überlassen. Lasst das *Gesetz der Anziehung* alles zusammenführen – dann könnt ihr ernten, was ihr gesät habt. Das ist etwas ganz anderes. Natürlich sondiert ihr anfangs alles. Ihr sucht euch mit großer Entschiedenheit die Details dessen aus, was euch gefällt. Und alles daran ist wundervoll. Nur bittet diese Person jetzt nicht, all diese Dinge zu sein. Das ist es, was meistens schiefläuft.

*Lasst euer Schwingungskonto alles durchdringen und bemüht euch nach Kräften, ihm eure ungeteilte Aufmerksamkeit zu schenken, damit ihr zu seiner Schwingungsmäßigen Entsprechung werdet. Und dann, wenn das Gesetz der Anziehung alles zusammenführt und auch euch, weil ihr eine Entsprechung seid, mit ihm zusammenführt – dann gibt es keine Probleme mehr, die es auszubügeln gälte.*

Aber was du beschreibst, läuft eher folgendermaßen ab: Ihr sondiert die Daten und legt fest, was ihr *wollt,* doch ihr arbeitet nicht daran, zu einer Entsprechung dessen zu werden, was ihr *wollt*. Dafür richtet ihr eure Aufmerksamkeit jetzt auf das, was ihr *bekommen* habt. Indem ihr eure Aufmerksamkeit auf das richtet, was ihr *bekommen* habt, seid ihr keine Schwingungsmäßige Entsprechung mehr zu dem, was ihr *wollt*. Und nun sagt ihr: »Ich bin nicht diszipliniert genug, um danach Ausschau zu halten, was ich *will;* ich sehe mir an, was ich *bekommen* habe. Also musst *du* dich wohl ändern, um allen meinen *Erwartungen* entsprechen zu können. Wenn du soundso wärst, wäre ich ganz.« Und da geht es dann schief.

*Bittet nicht die Person oder die Leute, die euch herauszufinden halfen, wer ihr seid, zu dem zu werden, was ihr wollt, damit ihr haben könnt, was ihr wollt. (Oh, das war so gut.) Lasst sie vielmehr der erste Schritt sein (der Teil der Bitte). Benutzt eure Willenskraft und eure Entschlossenheit, um euch auf das zu konzentrieren, was ihr wollt – dann wird euch das Universum bringen, was ihr wollt.*

Es gibt dermaßen viele Menschen, die sich dabei einer falschen Grundannahme bedienen, und sagen: »Ich würde mich besser fühlen, wenn du eher *soundso* handeln würdest, und ich verabscheue dich dafür, dass du mich nicht genug liebst, um es auch nur zu versuchen.«

Und wenn die anderen es auf die Weise aussprechen könnten, wie es wirklich ist, würden sie sagen: »Hey, es ist nicht meine Aufgabe, alles das zu sein, was du willst. Es war meine Aufgabe, dir mehr Klarheit darüber zu verschaffen, was du willst. Und jetzt, da du dir Klarheit darüber verschafft hast, was du willst, siehst du da nicht, dass *ich* es nicht bin? Versuche nicht, mich dazu zu machen. Konzentriere dich darauf, was du willst, und lass *das* zu dir kommen – aber lass mich in Ruhe!«

»Nein, ich will, dass *du* es bist. Du hast meinen Wunsch inspiriert, und wenn du mich nicht zum Wachsen veranlasst hättest, hätte ich dieses Problem nicht. Deshalb schuldest du es mir jetzt, das zu sein, zu dem ich herangewachsen bin.« [Erheiterung]

*Hier kommt nun etwas, was ihr euch wirklich merken solltet: Wenn ihr fest an eurem Ort steht, in dem Wissen, dass ihr etwas wollt, was noch nicht eingetreten ist, und ihr habt nicht die Disziplin, in Richtung dessen zu blicken, was ihr wollt, sondern ihr blickt stattdessen auf das, was euch veranlasste, es zu wollen, und ihr spürt den Missklang dieser mangelhaften Ausrichtung – dann gibt es eine sehr kraftvolle Tendenz, für einen selbst unmerklich zuzulassen, dass das, was ihr bekommen habt, zum Auslöser dafür wird, dass sich eine Schwingung neu einrichtet. Ihr denkt dann weiter* <u>*diesen*</u> *Gedanken, der sich von dem, was ihr wollt, unterscheidet, aber ihr denkt den Gedanken eben weiter. Dadurch entwickelt ihr einen Glauben und/oder ein ständiges Gedankenmuster, das euch von dem, was ihr wollt, fernhält.*

Am besten können wir es so beschreiben, dass ihr euch mit jemandem austauscht, der euch veranlasst, *etwas* zu wollen. Wenn ihr dann *dem*, was ihr wollt, eure ungeteilte Aufmerksamkeit schenken könntet, stündet ihr da und das Universum müsste es euch liefern. Es ist deshalb recht verbreitet, dass jemand, der euch etwas erst nicht geben wollte, es euch dann gibt, weil ihr eure Schwingung ausgerichtet habt, und alles andere wäre auch unlogisch.

Du hast noch etwas über *Monogamie* gesagt. Wenn du jemand bist, der dieses Konzept vertritt, und dich mit jemandem austauschst, der das nicht tut, oder auch anders herum (es macht keinen Unterschied, wenn du dafür eintrittst und die anderen nicht), und du konzentrierst dich darauf, *was du willst* und *warum du es willst* – muss das Universum dir bringen, was du willst. Aber wenn du dich darauf konzentrierst, was die *anderen* wollen, ohne dass du es *willst,* dann richtest du deine Schwingung unwillkürlich darauf aus, was du *nicht willst,* und kannst nicht bekommen, was du *willst*. Und du denkst auch weiterhin, es wäre die Schuld der anderen Person, obwohl doch nur das, was in deiner Schwingung aktiv ist, überhaupt zu dir kommen kann.

Das ist lediglich eine andere Art, dir zu sagen, dass du alle anderen vom Haken lassen und einfach deine eigenen Gedankenmuster entwickeln musst, indem du dich darauf konzentrierst, was du willst. *Höre auf, andere Menschen große Rollen dabei zuzuweisen, dir zu geben, was du willst, wenn* <u>*du*</u> *doch als Einziger eine Entsprechung zu dem bist, was du willst – und beobachte, wie schnell das Universum dir genau das liefert, was du willst. Wenn das geschieht, wird es dir möglich sein, zu leben und leben zu lassen. Dann wird es dir möglich sein, die Welt so sein zu lassen, wie sie sich individuell entscheidet zu sein, weil sie dich nicht mehr daran hindern oder davon abhalten kann, das zu wollen, was du willst. Das könnte sie nie, aber manchmal fühlt es sich so an, als könnte sie es.*

Das ist wie bei der Geschichte mit der Tabascosoße im Kuchen, die wir einmal erzählten. »In dieser Küche gibt es Tabascosoße, und ich weiß, dass sie in meinem Kuchen landen wird.«

Sie wird nicht in deinem Kuchen landen.

»Nun, sie ist in der Küche, und da könnte sie doch in meinem Kuchen landen.«

Sie landet nicht in deinem Kuchen.

»Aber sie ist in der Küche, und sie könnte in meinem Kuchen landen, und deshalb würde ich mich viel besser fühlen, wenn sie nicht in der Küche wäre. [Erheiterung] Entfernt sie aus der Küche, damit sie nicht in meinem Kuchen landet. Ach, seht doch nur, jetzt *ist* sie in meinem Kuchen gelandet! Ich hab's euch doch gesagt. Ich hab's euch doch gesagt. Ich habe euch gesagt, sie würde in meinem Kuchen landen, weil sie in der Küche ist.«

Und wir sagen dir: *Sie landete nicht in deinem Kuchen, weil sie in der Küche war. Sie landete in deinem Kuchen, weil du den Blick nicht davon abwenden konntest. Sie landete in deinem Kuchen, weil du ständig darüber geredet hast, weil du ständig ihre Schwingung aktiviert hast.*

Eigentlich ist es viel belangloser, als du denkst, was die anderen Menschen in deinem Leben wollen, aber bedeutsam *ist*, was du glaubst, was sie wollen. Wenn du also deinen Blick einfach ständig darauf richten würdest, was *du* willst, und auf nichts anderes mehr achten würdest, müsste das Universum dir geben, was du willst, und in sehr viel mehr Fällen, als du denkst, von deinem gegenwärtigen Standpunkt aus.

*Oft kannst du aufgrund der Komponenten, die es in deinem Leben bereits gibt, genau das bekommen, was du willst. Du musst nicht an einen ganz neuen Ort gehen. Du musst nur ständig eine ganz neue Schwingung aufrechterhalten.*

Die Beziehung zwischen deiner *Erwartungshaltung* und dem, *was du siehst,* ist das Einzige, was du in deiner Umgebung jemals *spüren* wirst. (Diese Grundannahme wollten wir jetzt einfach mal etablieren.) Gut.

FRAGESTELLERIN: In Ordnung, vielen Dank.

ABRAHAM:
Nun, wir haben zu danken.

## Asheville/NC – Abschluss am Sonntag

ABRAHAM:
Wir haben diesen Austausch mehr genossen, als Worte zum Ausdruck bringen können. Ihr seid Schöpfer am äußersten Rand des Denkens und der Ausdehnung, und wir sind an Orte gegangen, an denen noch nie jemand gewesen war. Es ist aufregend, die Gedanken so weit zu tragen, und es ist befriedigend, die Harmonie zu spüren, die Ausrichtung, die sich heute bei so vielen von euch eingestellt hat.

Es hat sich hier ein Thema entfaltet, das wir für äußerst produktiv halten, und es ging mit der Auflösung so vieler falscher Grundannahmen einher und einer Ersetzung dieser falschen Grundannahmen durch solche, die auf dem *Gesetz* beruhen. Und wir möchten euch gerne noch eine letzte Grundannahme lassen: *Wir alle machen zu viel Aufhebens um all das. Es ist einfacher, als wir alle glauben. Geht ungezwungener damit um. Seid freundlich zu euch selbst. Unternehmt Dinge, die sich nach Spaß anfühlen. Haltet nach Dingen Ausschau, die euch Erleichterung bringen, und geht einfach an den Ort (euren Energiewirbel), an dem alles, was ihr wollt, schon für euch aufgereiht ist.*

Hier herrscht große Liebe für euch. Und wie immer verbleiben wir segensreich und für alle Ewigkeit unvollkommen.

# Falsche Grundannahmen

1. Ich bin entweder körperlich oder Nicht-Körperlich, entweder tot oder lebendig.
2. Weil meine Eltern schon lange vor meiner Geburt hier waren und weil sie meine Eltern sind, wissen sie besser als ich, was für mich richtig oder falsch ist.
3. Wenn ich mich nur heftig genug gegen unerwünschte Dinge wehre, werden sie verschwinden.
4. Ich bin hierhergekommen, um das Leben auf die richtige Weise zu führen und andere dahingehend zu beeinflussen, dass sie auf die gleiche Weise leben.
5. Weil ich älter bin als du, bin ich auch klüger als du, und deshalb solltest du zulassen, dass ich dich führe.
6. Wer ich bin, entschied sich an dem Tag, als ich in meinem physischen Körper geboren wurde.
7. Wenn ich mich nur genug anstrenge und schwer genug arbeite, kann ich alles erreichen.
8. Um mit einer anderen Person in Harmonie leben zu können, müssen wir die gleichen Dinge wollen und glauben.
9. Der Weg zu meiner Freude führt über das Handeln.
10. Ich kann nicht alles haben, was ich mir wünsche, und deshalb muss ich einiges von dem, was mir wichtig ist, aufgeben, um anderes zu bekommen.
11. Wenn ich eine unerwünschte Situation hinter mir lasse, werde ich finden, wonach ich suche.

12. Es gibt eine begrenzte Menge an Ressourcen, von der wir uns mit unseren Wünschen alle bedienen.
13. Es gibt richtige Lebensweisen und falsche Lebensweisen.
14. Es gibt einen Gott, der alles bedacht hat und hinsichtlich jeder Angelegenheit zu einer letzten und korrekten Schlussfolgerung gekommen ist.
15. Solange du in deinem physischen Körper bist, kannst du den wahren Lohn oder die Strafe für deine körperlichen Handlungen nicht kennen.
16. Wenn wir nur genug Daten darüber sammeln, zu welchen Manifestationen und Resultaten die Lebensweisen der Menschen auf Erden geführt haben und führen, können wir sie wirkungsvoll in die beiden Bereiche von Richtig und Falsch unterteilen.
17. Nur ganz besondere Menschen, wie der Gründer unserer Gruppe, kann die richtige Botschaft von Gott empfangen.
18. Wenn es uns gelingt, die unerwünschten Elemente in unserer Gesellschaft aufzuspüren, können wir sie eliminieren.
19. Eine Beziehung ist dann gut, wenn die vorherrschende Absicht der beteiligten Personen darin besteht, miteinander ins Einvernehmen zu gelangen und Harmonie zu finden.
20. Wenn ich meine Aufmerksamkeit auf Angelegenheiten körperlicher Natur richte, bin ich weniger spirituell.
21. Es ist meine Aufgabe als Elternteil, alle Antworten zu haben, damit ich meinen Kindern diese Antworten beibringen kann.
22. Ich kann erfolgreiche Menschen kritisieren und trotzdem selbst Erfolg haben.

# *Über die Autoren*

Begeistert von der Klarheit und praktischen Umsetzbarkeit der gechannelten Informationen jener Wesen, die sich selbst *Abraham* nennen, begannen *Jerry* und *Esther Hicks* im Jahre 1986, ihre erstaunlichen Erfahrungen mit Abraham einer Handvoll enger Geschäftspartner offenzulegen. Die beiden stellten gezielte Fragen über die *Anwendbarkeit der Prinzipien* des *Gesetzes der Anziehung* auf finanzielle, gesundheitliche und Beziehungsprobleme und waren von den Ergebnissen so beeindruckt, dass sie beschlossen, Abrahams Lehren einem immer größeren Personenkreis zu öffnen, der sich genau wie sie um ein besseres Leben bemüht.

Mit dem Kongresszentrum in San Antonio, Texas, als Ausgangspunkt, bereisen Esther und Jerry seit 1989 jährlich an die fünfzig Städte, in denen sie vor Personen, die an diesem progressiven Gedankenstrom teilnehmen wollen, eine Vielzahl interaktiver Workshops über das *Gesetz der Anziehung* abhalten. Und obwohl führende Denker und Lehrer auf der ganzen Welt dieser Philosophie des Wohlbefindens beträchtliche Aufmerksamkeit schenkten und viele von Abrahams Konzepten in ihre Bestseller, Vorträge, Reden, Filme und sonstigen Veröffentlichungen aufnahmen, wurde das Material vorwiegend mündlich weitergegeben, sobald die Teilnehmer begannen, den Wert dieser Form spiritueller Pragmatik für ihre persönliche Lebenserfahrung zu entdecken.

Abraham – eine Gruppe offensichtlich Nicht-Körperlicher Lehrer – spricht durch Esther von einer Umfassenderen Perspektive aus zu unserer Ebene des Verstandesvermögens, festgehalten in Schrift und Ton durch zahlreiche liebevolle, herzliche, brillante und erstaunlich schlichte Essays. Dabei verdeutlichen diese Wesen unsere Verbundenheit mit unserem liebenden und führenden *Inneren Wesen* und ermutigen uns zur beherzten Selbstermächtigung unseres Totalen Selbst.

Mit dem universellen *Gesetz der Anziehung* als zentralem Thema haben das Ehepaar Hicks und Abraham mittlerweile mehr als 800 Bücher, Kassetten, CDs und DVDs veröffentlicht. Erreichbar sind sie über ihre umfangreiche interaktive Website *www.abraham-hicks.com* und per Post unter Abraham-Hicks Publications, P. O. Box 690070, San Antonio, TX 78269.

## *Von Esther und Jerry Hicks sind erschienen:*

*The Law Of Attraction* (Allegria)
*The Law Of Attraction GELD* (Allegria)
*The Law Of Attraction FÜR JEDEN TAG* (Allegria)
*Wie unsere Gefühle die Realität erschaffen* (Allegria)

*The Law Of Attraction*
*Wunscherfüllung*
*Wünschen und bekommen*
*Absicht und Erfolg*

*The Law Of Attraction in Action Teil 1* (DVD)
*The Law Of Attraction in Action Teil 2* (DVD)
*The Law Of Attraction in Action GELD* (DVD)

*The Law Of Attraction* (CD)
*The Law Of Attraction GELD* (CD)
*Wünschen und bekommen* (CD)
*Wunscherfüllung* (CD)
*Absicht und Erfolg* (CD)

*The Law Of Attraction* (Kartendeck)
*The Law Of Attraction GELD* (Kartendeck)
*Das Abraham Channeling-Orakel* (Kartendeck)
*Wünschen und bekommen-Orakel* (Kartendeck)

# The Law of Attraction
## *Das Gesetz der Anziehung erleben*

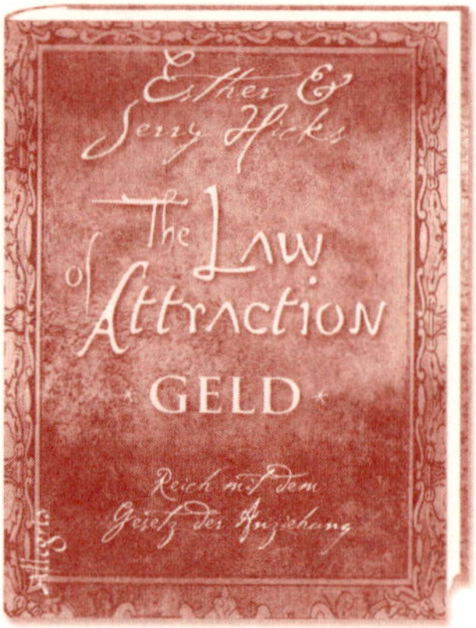


**ESTHER & JERRY HICKS**
**The Law of Attraction - Geld**
Gebunden, 304 Seiten
€ [D] 16,90
ISBN 978-3-7934-2161-0

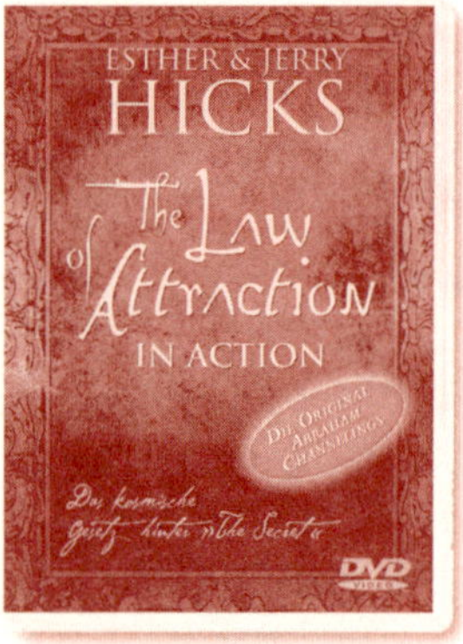


**ESTHER & JERRY HICKS**
**The Law of Attraction**
**In Action** - DVD
€ [D+A] 24,95
ISBN 978-3-7934-2134-4

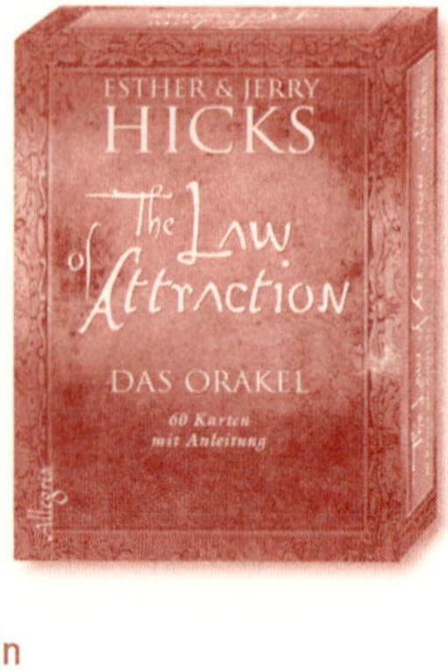


**ESTHER & JERRY HICKS**
**The Law of Attraction**
Das Orakel - Kartendeck
€ [D] 19,95
ISBN 978-3-7934-2159-7

**ESTHER & JERRY HICKS**
**The Law of Attraction**
Das Hörbuch - 3CDs, ca.190 min
€ [D+A] 19,95
ISBN 978-3-89903-573-5

vergriffen

5,–

242